JN190959

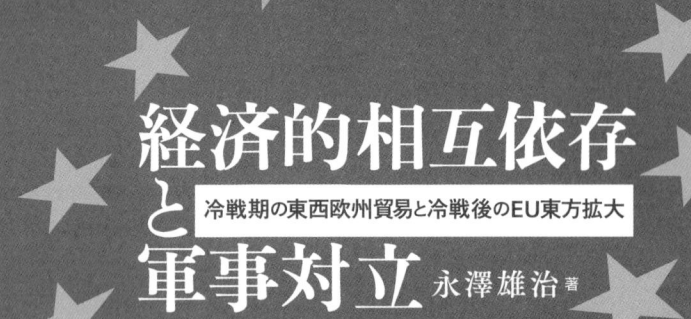

経済的相互依存と軍事対立

冷戦期の東西欧州貿易と冷戦後のEU東方拡大

永澤雄治 著

晃 洋 書 房

は じ め に

　本書は，冷戦初期の1940年代後半から2004年の EU 東方拡大までの期間において，西欧とソ連・中東欧間の「東西欧州貿易」を軸として展開された EC/EU の東方経済外交を描いたものである．なお「東西欧州貿易」という用語は筆者独自のものであり，通常の「東西貿易」とは区別して使用している（第2章注3参照）．

　冷戦以前において西欧と中東欧が経済交流を行うことは，地理的，文化的状況から考えて自然な現象であったといえよう．しかし冷戦期における東西欧州貿易は，異体制間貿易という特殊な性格を与えられることになった．第2次大戦が終結し冷戦が激化するまでの数年は，それまでと同様に西欧とソ連，中東欧の貿易は行われており，米政府も1947年までは，西欧の経済復興のためにソ連，中東欧からの輸入を認めていた．しかし，米ソ間の政治的，軍事的対立は経済領域にも及び，1948年に米政府は「対外援助法」を制定し，対共産圏禁輸措置を法制化した．この法律は米国のみならず他の同盟国も拘束する規定を有していた．さらに1949年11月に設立されたココム（対共産圏輸出統制委員会）規制が，西欧とソ連，中東欧の経済関係に亀裂をもたらす制度装置として導入された．だがこのような米政府による貿易制限措置が有効に機能したのは，1950年前後の5年程度であり，1954年8月のココムリスト改正を契機として，西欧とソ連，中東欧との貿易は持続的に拡大し，1980年代には，EC と中東欧は1つの経済圏を成立させるまでになった．冷戦末期の1989年には中欧3か国の対 EC 貿易が，対ソ連貿易を上回る規模になっていたのである．

　EC/EU の戦略は，米政府の「経済的封じ込め」とは対照的に，ソ連・中東欧に対する東方経済外交の軸に「東西欧州貿易」を据えたものであった．2004年の中東欧諸国の EU 加盟は，冷戦終結によって政治外交課題として現れたように見えるが，「東西欧州貿易」によって冷戦期に培われてきた東西間の経済的相互依存を土台として実現したものであった．「冷戦期の『東西欧州貿易』が EU 東方拡大の経済的基盤を形成しており，この点において EC/EU の東方

経済外交には，冷戦と冷戦後を通じて連続性がある」ということが本書の主張である．

また既存の研究との関係においては，冷戦期の東西間の貿易に関する研究は幾つもの先駆的な研究が発表されており，冷戦後の EU の東方拡大に関する研究は膨大な数に上る．しかし両者を一貫した視点からまとめた研究は筆者が知る限り存在せず，国内外の先行研究は，東西（欧州）貿易と EU 拡大を個別の事象として捉えている．

冷戦後の東方拡大に伴う EU の財政コストを考えた場合，拡大がもたらす経済的利益（単一市場の拡大による規模の経済効果等）のみで説明することは困難であり，欧州の政治的安定を目的とする EU の東方経済外交の視点が必要になる．さらに東西欧州貿易には，中東欧の加盟が比較的短期間で実現した理由の一端が隠されている．なぜなら冷戦期の東西欧州貿易は，冷戦後の EU と中東欧諸国の政治経済的接近を通商面から準備していたと理解できるからである．冷戦期の東西欧州貿易は，EC と中東欧の通商関係を持続的に構築したという点において，東方拡大に対し一定の歴史的役割を果たしたといえよう．この意味において東西欧州貿易は，冷戦と冷戦後を通じて東西欧州の通商関係における連続性を示す事象として位置づけることができる．さらにこの貿易を支えたEC/EU の東方経済外交も同様に一貫性があったといえるだろう．

冷戦期と冷戦後を通じて東西欧州の経済交流は，異体制間の東西欧州貿易から同体制間の東西欧州貿易へ，さらに中東欧の EU 加盟以降は域内貿易へとその形態は大きく変化しているように見える．しかし西欧と中東欧の経済交流という点において，その本質は変わっていない．第 2 次大戦後，西欧と中東欧の経済交流が継続され，冷戦後の EU 東方拡大の通商的基盤形成に寄与したという事象により，EC/EU の東方経済外交の連続性が示されていると考えられる．

理論的作業としては，経済的相互依存をめぐる「紛争と協調」論争に関する学説整理を行った．さらに EU 東方拡大に関する構成主義解釈を検討し，経済的費用便益だけではなく，政治的費用便益を設定することにより，合理主義と構成主義が接合可能であることを明らかにした．

本書の構成としては，1 章（「紛争と協調の経済的相互依存」）で経済的相互依存に関する分析概念を整理する．2 章（「第 2 次大戦後の東西経済関係」），3 章（「新

冷戦期の東西経済関係」），4章（冷戦末期の「東西欧州貿易」とEU東方拡大）で，「東西欧州貿易」に関する実証研究を行う．5章（「EUの東方拡大」）で，欧州委員会の『アジェンダ2000』を取り上げる．6章（「EU拡大をめぐる合理主義と構成主義の検討」）で，EU拡大に関する合理主義と構成主義を考察し，両者の接点を示したい．7章（「冷戦後の欧州の安全保障秩序」）で，NATO，OSCE，EUの展開を扱う．終章（「EC/EUの東方経済外交の連続性」）で，冷戦期から冷戦後にかけてのEC/EUの東方経済外交の連続性を明らかにする．

　余談だが，25年ほど前に，本書で示した私の構想に対し，2人の国際経済研究者から同一の否定的コメントを頂戴したことがあった．「冷戦と冷戦後で枠組が変わったので，その構想は無理ではないか」というものだったが，本書は私なりの回答である．

　最後に，本書内での表記について説明したい．「西欧諸国」，「西欧」は，EEC加盟国とEFTA加盟国を指すが，それに加え，EC，EUも使用している．またECとEUに関わる場合は「EC/EU」の表記とした．「中東欧」という表記は，冷戦期にはほぼ使用されておらず，「東欧」が一般的であった．当時の文献を直接引用する場合は，「東欧」の用語も使用している．その他，国名表示については，アメリカ，米国，西ドイツ，西独等の表記が混在しているが，国名を複数併記する際には，漢字を用いている．また政治家の肩書も当時のものを使用している．

　西暦表記について，1900年代を「19▉▉」と表記するのは，節や注の初回のみにとどめ，その後は，「19」を原則的に省略している．2000年代においても，節と注の初めに「20▉▉」と表記し，その後は「20」を原則的に省略しているが，読み難い場合は「20▉▉」としている．

目　　次

第1章
紛争と協調の経済的相互依存
——分析概念の検証——

は じ め に

　1970年代に入り米国の国際政治研究者によって政治と経済の関係に注目する研究が行われるようになり，その潮流が国際政治経済学（International Political Economy：以下，IPE）として形成された[1]．本章では，経済的相互依存に関するIPEの学説を整理し，相互依存が国家間の「紛争と協調」に与える影響について考察する．特に，ガワ（Joanne Gowa）とマンスフィールド（Edward Mansfield）による貿易と安全保障に関するモデル（「安全保障不経済」説）及びコープランド（Dale C. Copeland）の「貿易期待」説における分析概念の有効性を検証する．

　またリベラル派の仮説を批判するバービエリ（Katherine Barbiel）の論考やファレル（Henry Farrel）とニューマン（Abraham. A. Newman）による「武器化された相互依存（weaponized interdependence）」にも言及する．相互依存に関するIPE研究は国内の研究者も取り上げているが，経済的相互依存に関する分析概念の有効性を体系的に検証した先行研究はあまりなされていない[2]．本章の目的は，分析概念の検証作業を通じて「紛争と協調」論争を整理し，2章以降

1）　国家と市場の関係を分析することが，IPE の主要なテーマであることを指摘している研究に Gilpin [1987：邦訳 1990] がある．ギルピンは，相互依存が高まる世界市場と主権国家からなる国際政治との相克が IPE の主要なテーマであると指摘した．ギルピンはその後の著書で「政治経済」を「（国家などの）強力なアクターと市場との相互作用」（カッコ内は筆者補足）と定義し，社会的政治的事象は経済学の下位分野に置かれるものではなく，政治経済学は政治と経済の相互作用から派生する問題に関連すると主張した [Gilpin 2001：31；45].

で扱う「東西欧州貿易」の分析概念を構成することにある.

1. 経済的相互依存に関する仮説──紛争と協調

　国家間の「経済的相互依存（以下,「相互依存」と表記）」は, 国家間の「紛争と協調」にいかなる影響をもたらすのであろうか[3]. この問題は IPE における「ネオリベラリズム・ネオリアリズム論争」（以下ネオを省略）として, 長年続けられており, 本節ではこの論争に焦点を当てる[4]. なお「紛争」には武力行使を伴うものと経済摩擦のように武力行使を伴わないものがあるが, IPE における論争においても両者が混同して用いられ, 「相互依存」が紛争をもたらすという場合, 経済紛争を指しているケースもある. 経済紛争が増大してもリベラル派仮説が反証されたわけではない. 焦点は武力紛争にあるといえるだろう.

1.1　リベラリズム仮説の検証

　「相互依存」に関するリベラリズムの仮説は, 「相互依存が共通利益を基盤とした国家間の協調行動を促進し, 政策オプションとしての武力行使の誘因を低め, 結果的に武力紛争を抑止する」と要約できるだろう. ローゼクランス（Richard Rosecrance）は典型的なリベラル派の論者である. ローゼクランスによると, 国家は「貿易と領土」の2つの手段選択を迫られる. 貿易を通じて社会的厚生の増大を目標とする国家が「通商国家（trading states）」であり, ヘゲモニーの確立（あるいは少なくとも他国によるコントロールの排除）を目指し領土拡大を優先する国家が「領土国家（territorial states）」である［Rosecrance 1986：17-

---

2 ）　経済的相互依存を扱った主な邦語文献としては鴨・山本編［1982；1989］, 古城［1996］がある.

3 ）　古城［1998a：70-80；1998b：57-66］は相互依存論に関して「国家の自律性」と「国家間協調」の2つの論点で整理した. 「紛争と協調」という論点は, 相互依存に関する学説整理で広く用いられており, この論点からリベラリズムとリアリズムの論争をまとめた海外の研究に Baldwin ed. ［1993］, Blanchard, Mansfield and Ripsman eds. ［2000］, Mansfield and Pollins［2003］がある. .

4 ）　クレシェンツィ（M. Crescenzi）は「経済的相互依存が国家間の平和と紛争のどちらを導くのか」という命題は, 数世紀にわたりカントやルソーを始めとする研究者の関心を引き付けてきたと指摘した［Crescenzi 2005：2］.

28〕．ローゼクランスは，武力行使に伴うコストと通商関係から生じる経済的利益を政策決定者が考慮した場合，「相互依存」が進んだ国際社会において「武力行使への誘因は存在せず」，「通商国家は世界市場を通じて国内の経済発展が維持される方を選択する」と指摘した〔Rosecrance 1986：24-25〕．このようにローゼクランスは，「相互依存」の進展によって通商行為が侵略行為よりもはるかに便益的なものになるが故に，結果的に武力行使の抑制につながると主張したのである．

　これまでの歴史において「領土国家」が出現したのは第2次大戦までであり，それ以降は「通商国家」が台頭している〔Rosecrance 1986：22〕．「領土国家」には帝国主義時代の欧米諸国や第2次大戦に至る日本やドイツが当てはまるが，現在では典型的な領土国家は存在しないといってよいだろう．なぜなら，侵略行為自体が国際的正当性を持たないこと，科学技術の発展によって武器が高度化し破壊力が飛躍的に増大したこと，武力行使に伴うコスト（戦争に伴うコストと通商関係が停止もしくは著しく減少すること起因する損失等）の増大等を考慮すれば，政策決定者が合理的判断をする限り，通商よりも武力行使を選択するとは考え難いからである．この点に関しローゼクランスは，第2次大戦の西欧諸国が民主的な「通商国家」を創設し維持したパイオニアであり，お互いの犠牲を伴う領土侵略の意図は持たず，対外貿易を通じて経済的発展を目指す国家となったと指摘した〔Rosecrance 1993：127-128〕．

　このようにローゼクランスは，欧州共同体の構成国が「通商国家」モデルとして重要な意味を持つとした上で，特に共同体の東方拡大は，新規加盟国に政治的，経済的条件（民主主義，政治的安定，市場経済等）を課している点において，「通商国家」を観察する上で，重要なケースとして捉えている〔Rosecrance 1993：127-128〕．

　しかし「相互依存」関係においても「対立」の契機は存在する．「相互依存」という概念は本来の意味からいえば，水平的な関係を指すと考えられる．仮に

　　5）　ローゼクランスによる「領土国家」の正確な表記は「軍事・政治・領土国家（"mili-tary-political and territorial states"）」であるが，本章では「領土国家」とする．また現実の国家選択の多くは，「貿易と領土」の2つの選択肢の間に位置するといえるだろう．

財の輸出総額でこの関係を考えた場合，A国からB国への輸出額とB国から
A国への輸出額とが等しく均衡している状態が想定できよう．しかし，現実
的には貿易収支の完全均衡という状態は想定し難く，また貿易における取引品
目の重要度まで比較した場合，そのいずれにおいても水平的であること，つま
り量的・質的均衡が成立することは現実的とはいえないだろう．したがって相
互依存関係の実態は，量的・質的依存度に何らかの差があり，この差が大きい
場合，「相互依存」は垂直的依存に近づくわけである（逆に差が小さい場合は水平
的依存に接近する）．

　このような依存度の違いが対立の源泉となることを指摘したのが，コヘイン
（Robert O. Keohane）とナイ（Joseph S. Nye）であった．依存度に違いのある関係
は「相互依存」論の中で「非対称的相互依存」と定義されているが，コヘイン
とナイはこの非対称性が「パワー・ソース（a source of power）」になると指摘
した［Keohane and Nye 2012：12；邦訳 14］[7]．相対的に依存度の低い国が高い国に
対して何らかの影響力を持つということは，例えば貿易停止を政治交渉の手段
として用いることが可能な状態を指す．つまり相互依存関係は，依存度の低い
国が貿易停止や投資の引き上げを材料として相手国から政治的あるいは経済的
譲歩を引き出すことを可能とする．このような非対称的依存に基づくパワーの
行使をコヘインとナイは「相互依存の操作戦略（strategies of manipulating inter-
dependence）」として概念化した［Keohane and Nye 2012：14；邦訳 21］[8]．

　コヘインとナイは，非対称的相互依存に起因するパワー・ソースが用いられ
る例として，1970年代の米ソ間穀物貿易を取り上げた．米国は対ソ連穀物輸出

6） またボールドウィンは，欧州共同体の未来がリアリスト仮説とリベラル派仮説の検証
　にとって重要な試金石となると指摘した．ボールドウィンは，EUが2つの仮説検証に
　とって重要な意味を持つという点に関して，グリエコもコヘインも一致していると述べ
　た［Baldwin 1993：5］．

7） 邦訳では「非対称的な相互依存」及び「パワーの源泉」．この著作の初版は1977年，
　第2版が1989年，第3版が2001年，第4版が2012年に出版された．そのつど新たに章が
　加えられているが，初版の内容に関して一切修正は加えられていない．本節の引用ペー
　ジ数は第4版を用いた．またノール（Klaus Knorr）は，この初版と同時期に出版され
　た論考で，「パワーは非対称的相互依存から生じる」とナイ等と同様な指摘をした
　［Knorr 1977b：102］．

8） 邦訳では「相互依存を操作しようとする戦略」（邦訳：21）．

の代替的な政策を有しており（例えば穀物貯蔵の増加，国内価格の低下，対外援助），逆にソ連は米国からの輸入に対する代替策がないとして，米ソ間穀物貿易におけるパワー・ソースは米国にあると分析した［Keohane and Nye 2012：21］．しかし結果的にこの分析は誤りであった[9]．この研究が発表されたのが77年であるため，80年の対ソ連穀物禁輸（カーター政権）とレーガン政権下での禁輸解除の事例をコヘインとナイは踏まえられなかったわけだが，カーター政権が行った対ソ連穀物禁輸（米ソ穀物協定超過分の禁輸）は，国内の農業団体から強く反発される結果となった．大統領選挙期間中から対ソ連穀物禁輸の全面解除を公約していたレーガンは大統領就任後，1981年4月に禁輸措置を全面解除し，82年の対ソ連経済制裁では穀物輸出を制裁対象には含めなかった（3章で詳述）．

　逆にソ連は80年の禁輸措置に対して，アルゼンチン，カナダ，ブラジルから穀物輸入を行い，米国の禁輸分の穴埋めが可能となった．ソ連政府は，米国に代わる穀物調達先を開拓し，80年7月にアルゼンチンと穀物長期輸入協定を締結したのを皮切りに，81年5月にカナダと，81年7月にブラジルと長期協定を結んだ．米国の対ソ連穀物輸出は80年に約60％低下し，カナダとアルゼンチンからの輸出は数量ベースでほぼ3倍に達した．

　この事例が示しているのは，コヘインとナイの分析とは逆に，米国がソ連市場に対して輸出先としての「脆弱性（vulnerability）」を有していたことであり，コヘインとナイは輸出国の相手国市場に対する依存性を軽視していた．前述の通り，カーター政権の対ソ連穀物禁輸が国内の農業団体から強く反発された事例が示しているように，米国はこの当時，ソ連に対する禁輸分（1700万トン）を他に振り向けるだけの輸出市場を持っていなかったのである．貿易依存の程度は，輸出と輸入の双方から判断すべきだろう．非対称的相互依存関係においては輸出国が輸入国に対して常にパワー・ソースを持つのではなく，輸出国も輸出先市場へ依存している．通商関係がパワー・ソースに転化するか否かは，他国の政策変更に対する代替策の有無にかかっているのである．

9）　コヘインとナイは，「国内の利益集団が政策をコントロールしない限り」という留保条件をつけている［Keohane and Nye 2012：14；邦訳 20］（邦訳では「利益集団が政策を制御しない限り」）．実際にはこの条件は崩れ，国内農業団体の圧力で禁輸を解除したわけである．

1.2 リアリズム仮説の検証

リアリズムはリベラリズムとは逆に，「相互依存によって武力紛争の可能性は高まる」と主張する．リアリズムによれば，超国家的な世界政府が存在しない国際社会は本質的に無政府状態であり，国家の最大の関心は自国の安全保障に向けられる．国際経済において重要な財や資源に関して輸入依存を高めることは，相手国の貿易政策に対する脆弱性を高めるため，安全保障に最大の関心をおく国家は相互依存関係には消極的にならざるを得ない．逆にそのような財・資源を確保するために軍事侵攻への誘因が高まると指摘した．

1.2.1 ウォルツとグリエコの学説

この立場の代表的論者であるウォルツ（Kenneth N. Waltz）は，国際政治の無政府的構造は相互依存がもたらす脆弱性への国家的関心を集め，財や資源に対するコントロールを強化することで依存の程度を弱めようとする傾向を促し，国家間の協調行動を制限すると指摘した ［Waltz 1979：106；邦訳 140-141］[10]．さらに，依存対象をコントロールするかまたは依存の程度を弱めようとする国家の傾向は，財や資源に対するコントロールの範囲を広げようとする帝国主義的行動や自給自足的行動を説明すると述べた ［Waltz 1979：106；邦訳 140-141］．同様にミヤシャイマー（John J. Mearsheimer）は「重要な経済的供給において他国に依存している国家は，戦時あるいは何らかの危機に際して供給停止を恐れる」ため「供給源に対する政治的支配を拡大しようとして，資源や財をめぐる紛争を引き起こす可能性がある」と主張した ［Mearsheimer 1992：223］．

またグリエコ（Joseph M. Grieco）は，「相互依存」状況の中で関係国が貿易による利益を受ける場合においても，国家の関心は他国と比較した場合の利益（相対的利得）の増大にあり，結果的に利益の相対性をめぐる争いが生じるため，リベラリズムが想定する「協調」行動には結びつかないと主張した ［Grieco 1988：485-507；1990；1993：301-338］[11]．またウォルツはグリエコの見解を先取りする指摘も行っていた．ウォルツによると，国家は相互利益に基づく協調行動が

---

10) この訳書は，本来 autarky（自給自足経済）とすべき箇所が autarchy（専制政治）となっている原書の誤記を指摘している ［Waltz 1979：104；邦訳 138］．

可能な局面においても，その利益の配分に国家の関心があるため，協調的行動が顕在化することはないと主張した［Waltz 1979：105-106：邦訳 139-141］．さらにウォルツは，絶対的利得が双方に存在する場合においても，その利益の使い道への懸念が生じるため，他国の将来的行動と意図に関する不確実性が協調を阻害すると指摘した［Waltz 1979：105-106：邦訳 139-141］．このようなウォルツの主張は，「相対的利得」という概念は用いていないものの，グリエコの指摘と一致している．

　国家が「相対的利得」を目指すのか，それとも「絶対的利得」を目指すのかに関するリベラリズムとリアリズムの論争も解決していない．この問題に関してスナイダル（Duncan Snidal）は，この2つの利得の明確な区分はできないと指摘しており［Snidal 1991：701-26］，またコヘインは，それぞれの利得を追求する国家行動が類似しているため，特定することは困難であると述べている［Keohane 1993a：274-83］．しかしたとえ国家が相対的利得に大きな関心を払い，利益の相対性をめぐる紛争が生じるとしても（例えば貿易紛争も2国間の相対的利得をめぐる争いの1つである），この紛争が即座に武力紛争につながると考える理論的かつ経験的必然性はない．この点でグリエコは「貿易期待値」の低下が武力紛争につながると想定するコープランド（本章2.3節）と類似した思考様式に陥っている．[12]

　リアリストのこれらの主張に対し，コヘインは次のように反論した．協調的関係から生じる利益に非対称性が生まれ，それにより国家の「能力」がシフトした場合においても，この「能力」が軍事的敵対行為として用いられない限り，相対的利得に対する国家的関心は重要にはならない［Keohane 1993a：275-77］．

---

11)　グリエコの1993年の論考は，88年と90年の自身の論考に対するリベラル制度主義からの批判に対し，再反論したものである．この論考においてグリエコは，EC 及び EMS（欧州通貨制度）等の事例を踏まえ，GATT の東京ラウンドにおいて EC が相対的利得に基づく交渉を行ったとする解釈を再度強調した．

12)　この点は，「争点リンケージ」の問題として考えることができる．リアリストは安全保障以外の争点が安全保障の争点と間接的にリンクしていると考えるため，協調行動は導かれないと仮定しているのに対し，リベラル派はある争点領域における非協力が他の領域に及ぶことを恐れるために協力から逸脱することは控えると仮定する［石田 1998：52-53：62］．

　第2次大戦後，同盟国間のみならず非同盟国間の貿易紛争においても，2国間交渉やGATT，WTO等を通じての多国間交渉によって解決するという行動様式が定着していると見てよい．つまり経済紛争を解決する手段として武力を用いるという選択肢が，武力行使に伴うコストと問題解決手段としての合理性という観点から「現実的」とはいえないだろう．したがって利益の相対性をめぐる紛争が発生し，協調行動が阻害された場合においても，武力行使の可能性はリアリストが想定するほど高いとは考えられない．

1.2.2　K. バービエリのリベラリズム批判

　相互依存に関するリベラル派仮説を真っ向から批判しているバービエリ（Katherine Barbieri）の論考について触れたい．バービエリは「貿易と紛争」に関する学説を次の4つに整理している．①貿易が平和を促進するというリベラル派仮説，②非対称的貿易が紛争をもたらし，対称的相互依存が平和を促進するというネオマルキストの仮説，③貿易の増大が紛争をもたらすというネオリアリスト仮説，④貿易の影響は2次的であり，貿易と紛争は無関係であるとするリアリスト仮説の4つである［Barbieri 2005：22-38：2013：232-235］．その上でバービエリは，分析指標として以下の5つを用いている［Barbieri 2005：57-61］.[13]

　①i国のパートナー依存度 = $ij2$ 国間貿易額 $/i$ 国の全貿易額
　②i国の経済依存度 = $ij2$ 国間貿易額 $/i$ 国の GDP
　③ij2 国間の顕著度（Salience）= $\sqrt{i\text{国の依存度} \times j\text{国の依存度}}$
　④ij2 国間の対称度（Symmetry）= $1 - |i\text{国の依存度} - j\text{国の依存度}|$
　⑤ij2 国間の相互依存度 = ij2 国間の顕著度 × ij2 国間の対称度

　バービエリは，これら5つの指標を用いて，1870年から1992年までの「武力[14]

13）　1996年の論考でバービエリは，4つの指標を用い，対象時期も1870～1938年になっているが，リベラル派仮説を支持し得ないという結論は一貫している．この論考で①は，「i国の貿易シェア = $ij2$ 国間貿易額 $/i$ 国の全貿易額」と表記され，②を除く4指標が示されている（③，④，⑤の表記は同一）［Barbieri 1996：36-37］（この論考は Barbieri［2013］の著書にも再録されている）．

紛争」及び戦争と「相互依存」の相関を統計的に検証し，リベラル派仮説は統計的に支持し得ないという結論を導き出した．バービエリ仮説の魅力は，「相互依存の進展が平和を促進する」というリベラル派仮説が，必ずしも統計的に有意ではない点を指摘したことにある．しかしバービエリは，「相互依存が武力紛争を増大する」というネオリアリズム仮説を一般化することは避けており，あくまでリベラル派仮説の批判に留まっている．国家間の「相互依存」は平和と紛争の両方を促進する要因となるが，その原因は「相互依存」そのものにあるのではなく，国家間の他の要素であると結論付け，この問題を解くためには心理学や社会学の理論が示唆的であると述べている〔Barbieri 2005：135-136〕．

　第2次大戦後，右肩上がりで発展した貿易の量的推移とほぼ同様な傾向で推移している「武力紛争」を統計的に処理すれば，何らかの相関性は得られるかもしれない．第2次大戦後も朝鮮戦争，ベトナム戦争，中東戦争，湾岸戦争，イラク戦争などが発生しているが，これらは政治的要因によって引き起こされたと考えた方が良いだろう．また19世紀後半から20世紀にかけての帝国主義時代における「相互依存」と帝国主義が国際的に正当性を持ち得ない第2次大戦後の「相互依存」を同列に分析はできない．バービエリ自身が一般的結論を出すことを慎重に避けているように，相互依存と武力紛争の相関性に関しては個々のケースを観察する他なく，一般的結論を導き出そうとする研究方向は実りのある成果をもたらさないだろう．

　またバービエリは，レヴィ（Jack S. Levy）との共著論考で，戦争中でも交易していた，もしくは戦争終了後，急速に貿易が増大した事例を分析した〔Barbieri and Levy 1999：463-479〕．7つの事例の内，4ケースは19世紀後半から20世紀初頭にかけて起きたものであり，第2次大戦後の事例はフォークランド紛争など3ケースを取り上げているが，フォークランド紛争の際には貿易額はゼロ

---

14)　③と④の式内の「依存度」に関してパートナー依存度と経済依存度のどちらを指すのかバービエリは明示していないが，「2国間の顕著度はパートナーが互いに重要度である程度を示している」という記述から判断して，③はパートナー依存度を指していると考えられる〔Barbieri 2005：59〕．さらに④の対称度についても，「貿易関係において2国が平等に依存していれば，対称度は1となる」という説明があり，こちらもパートナー依存度を指していると考えられる〔Barbieri 2005：60〕．

ベースまで落ち込み，紛争後は急増した．7ケースのうち，戦争中も貿易が行われていると確認しうるのは3ケースしかなく，いずれも19世紀後半から20世紀にかけての事例である．キプロス紛争（1973-74年）の際は，紛争中もトルコ・キプロス間で貿易が行われていたが，このケースを一般化することはできない．

　戦争中も通商関係が維持されていた事例は，研究対象として示唆的ではあるが，フォークランド紛争時の英国とアルゼンチンの事例のように戦争中にゼロベースになった事例（たとえ紛争後貿易が増大しても）は反証材料とはならない．反証事例になるのは戦争中も開戦前と同規模で交易を維持していた事例のみであろう．また戦争中の敵国との交易は過去の事例にとどまらず，コソボ紛争でも確認された今日的現象という指摘もある．リベラル派仮説もリアル派仮説も「戦争勃発により当事国間の交易は停止あるいは大幅に減少する」とする点において一致するが，戦争中の交易事例は理論的示唆に富むと述べられている[Levy and Barbieri 2004：1-47]．

　バービエリ等が指摘するように，開戦中の通商事例は理論的検討に値するものであり，日米開戦後も，香港を経由して日本の対米貿易がなされていたケースも存在する．しかし開戦前と比べ大幅に減少した通商状態であれば，反証事例としては弱いだろう．開戦前と同規模の貿易が行われた事例のみが，反証可能性を担保するといえよう．

1.2.3 「武器化された相互依存」

　ファレル（Henry. Farrel）とニューマン（Abraham. A. Newman）らは，「武器化された相互依存（weaponized interdependence）」という概念を提示した[Farrell and Newman 2021：19-66]．この概念は，SWIFT（ドル建ての国際送金業務を担う国際銀行間通信協会）などの金融ネットワークのハブ国（米国）がネットワークを利用して経済制裁等を行うことを指している．例えば米政府は対イラン制裁でSWIFTの決済網からイランを排除したが，この措置は米・イランの二国間だけではなく，第3国の取引に対しても効果を持っていた．またロシア軍のウクライナへの侵攻に対して行われたSWIFTからの除外措置もこの典型であろう．

　ファレルらは，リベラル派が構造要因よりもアクターのパワー・ソース注目

し，特にネットワークの横断的なパワーの拡散において，相互依存が一方の脆
弱性よりも相互性をもたらす側面を強調していた，と批判している［Farrell
and Newman 2021：24］．また2014年のクリミヤ併合と東部地域への侵攻に対す
る金融対抗措置に関し，プーチン大統領等の発言を引用し，ドル依存の低下や，
ブロックチェーンなどの代替的決済への移行の可能性も指摘した［Farrell and
Newman 2021：51］．さらにイラン制裁をめぐるEUと米政権の対立も指摘し，
EUが新たな決済システムへの移行を模索している姿勢にも注目している［Far-
rell and Newman 2021：52］．

　ファレルらは，金融やデジタル通信における非対称的なグローバルネット
ワークこそが「武器化」されると主張しているが，他方，原油市場のように市
場自体が多角化されており，制御することが困難なケースも認めている［Far-
rell and Newman 2021：50］．

　これまでの経済制裁に関する議論は，制裁国と被制裁国という二国間関係や
同盟国と敵対国の関係を前提としていた．これに対しファレルらは経済ネット
ワークを利用した制裁措置という新しい形態に注目しているわけだが，「武器
化された相互依存」という概念自体は，本章2.1節で検討するステント（Angela
Stent）のリンケージ論の「ネガティブ経済連鎖（negative economic linkage）」を
経済ネットワークの中に置き換えたものといえるだろう．

２．相互依存と安全保障

　経済問題と安全保障の関係をテーマとした研究は初期の国際関係論（Interna-
tional Relations：以下，IR）では扱われてこなかった．ノール（Klaus Knor）とト
レイガー（Frank Trager）はこのテーマをIRにおいて「無視された領域」と指
摘した［Knorr and Trager 1977：v］．またマスタンドゥノ（Michael Mastanduno）
も国際政治学理論に関するサーベイ論文の中で，1960年代までのIRにおいて
は「経済と安全保障の関係は扱われていなかった」と述べた［Mastanduno
1999：185-186[15]］．IRの領域において経済と安全保障の関係が研究対象となるに
は，1970年代のIPEの出現を待たなければならなかった．

2.1　A. ステントのリンケージ論

　ステントはリンケージの枠組みとして，①「ネガティブ経済連鎖（negative economic linkage）」，②「ポジティブ経済連鎖（positive economic linkage）」，③「ネガティブ政治連鎖（negative political linkage）」，④「ポジティブ政治連鎖（positive political linkage）」の 4 つを提示した［Stent 1981：9-10］.[16]

　①は政治目標の実現のために敵対的な経済手段を用いることであり，他国の外交政策（あるいは国内政策）を変更させるために貿易停止等の措置を採ることを指す．このリンケージは他国の政策全般に対する変更を目的とする場合と，特定の政策変更を目的とする場合に分けられる．[17]②は政治目標のために友好的な経済手段を用いる場合で，他国の外交政策（あるいは国内政策）を変更させるために貿易による財（特に相手国が必要としている財）の提供等を指す．また①と同様に政策全般の変更を求める場合と特定の政策に関する場合とがある．[18]③は経済目標の実現のために敵対的な政治手段を用いる場合であり，この場合にも

---

15)　この論考の中でマスタンドゥノは，IPE が登場した後も，安全保障と経済の問題は個別に研究される傾向があったと指摘しているが，この理解は筆者とは異なる．本章 1 節で確認したように，相互依存と安全保障の問題は，相反する仮説をめぐる論争が引き起こされたわけである．

16)　「ポジティブ経済連鎖」により政治的な動機で開始された貿易であっても，貿易と政治過程はリンクせずに進展する可能性もある．この点をステントは「国家が明示的に経済と政治を相互依存的なものとする場合にのみリンケージは生まれる」と指摘した［Stent 1981：9-10］.

17)　経済制裁に関するその後の研究には Newnham［2000：73-96］がある．ニューナム（Randall E. Newnham）は「ポジティブな経済誘因 positive（economic incentives）」と「ネガティブな経済制裁 negative（economic sanctions）」とに分け，目的とする相手国の政策を特定のものと 2 国間関係全般のものとに分けている（この点はステントと一致する）．この論稿でニューハンは，政治目標のために経済的手段を用いる場合（ステントの①と②の分類）のみを対象としている．2002年の著作でニューナムは，ステントの議論を踏まえ，政治目標と経済目標，政治的手段と経済的手段を組み合わせた分析枠組みを提示した［Newnham 2002：17-19］.

18)　ステントの①と②の分類では，リンケージの対象となる政治目標が相手国の全般的な外交政策の変更と特定の外交政策の変更とに区別されているが，短期的目標設定と長期的目標設定の区別はない．「ポジティブ経済連鎖」の中にも，相手国の政策変更を短期的に求めるものと長期的視点に立ったものとは区別されるべきであろう（これと同様な指摘は，③と④にも当てはまる）.

他国の特定の対外経済政策変更を目標としたものと全般的なものとに分けられる．④は経済目標の実現のために的な政治手段を用いる場合であり，外交政策において政治的譲歩を行うことにより他国の対外経済政策の変更を求めることを指す．この場合にも特定の政策を目標とするものと全般的なものとに分けられる．

　ステントが用いるリンケージ概念は，冷戦期の「東西貿易」を分析する上で有効なツールとなる[19]．例えば冷戦時代に西独政府が，ソ連・中東欧諸国に対して行った東方外交（Ostpolitik）を考えてみたい．1969年に西独首相に就いたブラントはそれまでの東独に対する政治的承認の拒否姿勢を転換し，「一民族二国家」論を提唱することにより宥和外交を展開した．70年にソ連政府との間で「武力不行使」を主たる内容とする条約を締結し，同年，ポーランド政府との間に関係正常化のための条約を締結した．また72年には，東独政府との間で相互の国家承認を柱とする基本条約を締結した．この当時の西独政府は対ソ連・中東欧貿易を積極的に進め，信用供与も行っていた[20]．

　ブラントの東方外交を受け継いで西独首相に就任したH.シュミットは回想録の中でソ連・中東欧との貿易と信用供与は政治的利害に関わるものであったと述懐している［シュミット 1991：116］．またシュミットとコールの両政権で外相を勤めたゲンシャーが指摘したように，この当時の西独政府の政治目標は東西ドイツと東西欧州の統一であった［Genscher 1982：42-66；1998：Ch. 4］．つまり西独政府は東西ドイツ統一を実現するために，経済的相互依存を媒介としてソ連・中東欧との間に政治的宥和を確立する必要があったのである．これらの点からも西独政府が自覚的に推進した対ソ連・中東欧貿易は，ソ連・中東欧との長期的宥和を目標とした「ポジティブ経済連鎖」として理解すべきであろう．

---

19)　政治的手段（ないし目的）と経済的手段（ないし目的）との明確な区別が困難であることはステントも指摘している［Stent 1981：16］．

20)　ステントは対ソ連貿易が民間主導のため，西独政府はこの通商関係を政治的に利用することには構造的に困難であったと指摘している［Stent 1981：15］．本書が，西欧諸国政府は自由貿易を求める市場の動きを安全保障戦略の中に取り込んだという主張をするのは，この点を踏まえたものである（2章参照）．またステントは，ブラント政権以前においてドイツ問題解決のための対ソ連経済戦略は，ほぼ失敗に終わったと指摘した［Stent 1981：18］．

リンケージ論を用いた東西欧州貿易に関する実証分析は，2，3章で行う．

2.2　ガワとマンスフィールドによる「安全保障不経済」説

　貿易と安全保障の関係に焦点を当て自由貿易から生じる安全保障上のコスト
を明らかにしたのがガワとマンスフィールドである．彼らは経済学の概念であ
る「外部不経済（external diseconomy）」を援用して，「安全保障不経済（security
diseconomy）」という概念を創出した［Gowa 1989：1245-1254；1994；Gowa and
Mansfield 1993：408-417；Mansfield 1993：207-217；1994：247-253］[21]．

　経済学において「外部不経済」という場合は，ある経済主体にとってマイナ
スに作用する環境要因を意味する．ガワとマンスフィールドは必ずしも概念の
厳密な定義を示していないが，「安全保障不経済」とは国家の安全保障にとっ
てマイナスに作用する外部環境ないし活動を指す．ある国家が敵対国と自由貿
易を行うケースを考えた場合，貿易による経済的利益は自国のみならず敵対国
にも享受される．貿易によって増大した富が敵対国の軍備増強に用いられた場
合は，自国の安全保障を脅かすコストとなる．貿易は安全保障の外部要素であ
り，この外部要素が安全保障にとって不利に作用することが，「安全保障不経
済」である．したがってこの「不経済」を回避するには貿易相手国を同盟国に
限定することが必要となり，それによって「安全保障外部性」[22]は内部化される
［Gowa 1989：1245；Mansfield 1993：208；217］．

　またマンスフィールドは「個々の貿易業者は敵対国との交易による社会的コ
ストを考慮しない」とし，これを「市場の失敗」と捉えた［Mansfield 1993：
208］．つまり「市場の失敗」を回避するために，自由貿易に対する政府の介入
は正当化されることになる．ガワとマンスフィールドは囚人のディレンマに関
する利得行列を用いて「安全保障不経済」を分析しているが，分析に先立つ前
提として「貿易はそれに関わる国家の潜在的軍事力を増強させる」［Gowa and
Mansfield 1993：408］という仮説を先験的に用いている．この仮説を前提とする
ために，「現実の，あるいは潜在的敵対国との貿易は外部不経済を生む」［Gowa

---

21)　ガワが1994年に出版した *Allies, Adversaries, and International Trade* には *Ameri-*
　　can Political Science Review に載せた2つの論考が収録されているが，以下の引用
　　ページ数は初出論考を優先した．

and Mansfield 1993：408］という論理展開となるのである.

　しかし，この前提となる仮説を変えることによって異なる結論を導くことも可能であろう.「貿易の利益が敵対国の軍備増強に結びつくとしても，貿易による共通利益の拡大と相互依存の深化は武力行使自体の正当性と効果を低減する」という仮説も成立する. 仮に武力行使が発動されれば対戦国（及びその同盟国）との通商関係は影響を受けるため，貿易停止や投資の引き上げといった経済的コストを武力行使国は被ることになる. したがって互恵的通商関係に基づく共通利益の拡大と相互依存の深化は，その「利益と深化」の度合いが大きいほど，お互いの戦争決定に対して一定の抑止効果を持つと考えられる.

　当事国同士が通商関係を維持しようと考えれば，政治・外交関係に対しても一定の配慮をする必要が生じる[23]. ガワ等の概念を使って，この戦略を表現すれば次のようになろう.「自由貿易がもたらす『安全保障外部性』を内部化するのではなく，『外部化する（同盟国以外への通商関係の拡大）』ことによって，『安全保障経済（security economy）』を確保する.」

　マンスフィールドが指摘するように，市場において利潤を追求する企業が国家の安全保障のコストに関して敏感であるとは考えられないが，企業の自由貿易を求める行動様式を「市場の失敗」と位置づけるのは一面的過ぎる. なぜな

---

22)　ガワとマンスフィールドは「安全保障外部性（security externalities）」という概念も用いている. 経済学における「外部性」は，他の経済主体の活動から影響を受けることを指し，その活動が不利に作用する場合は「不経済」となり，有利に作用する場合は「経済」となる. ガワとマンスフィールドも「外部性」を「ある行為者が第 3 者に対し与えるコストあるいは便益」と定義した［Gowa 1994：6；Gowa and Mansfield 1993：417］. ガワの議論は国内の論者も取り上げている. 鈴木基史はガワの「安全保障外部性（security externality）」には言及しているが，「安全保障不経済（security diseconomy）」は取り上げていない. また鈴木の「安全保障外部性」に対する理解は本章（2.1節）で示したものとは異なる.「外部性（externality）」とは正・負両面の影響を意味する概念であるが，鈴木［2000：175］は security externality（鈴木の訳語は「安全保障の外部効果」）を「正の効果（ガワの概念では"positive externality"に相当する）」に限定している. 飯田［2007：25-26］は「セキュリティ外部性（security externality）」を紹介している.

23)　ただしこの戦略が成立するためには，「武力不行使」の利益（相互依存の維持）が「武力行使」による利益を大きく上回っているという認識を政策決定者が持つ必要がある.

ら企業の行動様式を自国の安全保障戦略に取り込むことが可能だからである．冷戦時代，EC 諸国は対ソ連，中東欧貿易（「東西欧州貿易」）を通じて経済的宥和外交を実践していたのである[24]．

　最後に，「安全保障経済（security economy）」と従来用いられてきた「経済安全保障」との違いについて触れたい．「経済安全保障」の意味する内容は多義的であり，戦時体制下での戦略物資の確保など財の安定供給という意味から，経済力を安全保障の手段として用いるものまで存在する[25]．本書での「安全保障経済」は，ガワ等の「安全保障不経済」の対立概念としてのみ用いている．

2.3　コープランドの貿易期待説（Trade Expectations Theory）

　コープランド（Dale C. Copeland）はリアリズム仮説を次のように要約している．国家の関心は安全保障，あるいは資源や市場のコントロールにあるため，「他国への依存の結果としてその国の政策に対し脆弱な国家は，その脆弱性を克服しようとして軍事力を用いる傾向がある」[Copeland 1996：11]．コープランドは 2 つの大戦を事例として，リベラリズムとリアリズムを比較した[Copeland 1996：5-16]．第 1 次大戦開戦前の欧州では，それまでの歴史で類を見ないほど国家間貿易が盛んに行われていたが，戦争を防ぐことはできなかった．この点では，相互依存によって戦争が発生するというリアリズム仮説が支持されるように見える[Copeland 1996：6]．

　しかしコープランドは，第 1 次大戦に至る30年間も同様に貿易レベルが高かったことを踏まえ，「たとえ相互依存が戦争の必要条件であったとしても十分条件ではなかった」と指摘した[Copeland 1996：6]．また1920年代は相互依存のレベルが高かったにもかかわらず，武力衝突は起きなかった（つまり20年代の相互依存は「平和」をもたらした）[Copeland 1996：6]．30年代になると保護主義

---

24)　EC 諸国は，非同盟国（ソ連・中東欧）との経済取引（貿易，投資，融資等）を宥和策として用いる安全保障戦略を実践していた．「東西欧州貿易」について以下の論考で分析した［永澤 1999：637-654；2009：2-21］．

25)　山影進は「経済安全保障」の多義性ないし概念的曖昧さを指摘し，①経済状態の安全を目標とするもの，②経済力による攪乱に対処するもの，③経済力を手段として用いるものに整理した［山影 1994：192］．

や経済ブロック化が台頭することで「相互依存」のレベルが低下し，国際緊張が高まり戦争が引き起こされた［Copeland 1996 : 6］．この点で第 2 次大戦に関してはリベラリズム仮説が適合しているように見える．30年代の日独両国は，重要な資源に関して他国に対する経済依存度が高かったため，この 2 国にはリアリズム仮説も適合する［Copeland 1996 : 6］．しかし20年代においても30年代と同様に，日独両国は他国への経済依存が高かったため，20年代に戦争が起きなかったことについてはリアリズムとは異なる説明が必要となる［Copeland 1996 : 6］．

　このようにリベラリズムもリアリズムも，2 つの大戦を整合的に説明することはできない．コープランドは，「将来の貿易期待（expectations of future trade）」という概念を導入することによって「紛争と協調」論争の理論的解決を試みた．コープランドは，リベラリズムもリアリズムも「相互依存」の帰結（リベラリズムは「貿易による利益」，リアリズムは「貿易停止による潜在的コスト」）に焦点を当てているが，2 つの理論は双方の帰結に至る条件を特定していないと批判した［Copeland 1996 : 39］．

　この点に関しコープランドは，「貿易期待」概念を導入することにより「相互依存」がいかなる場合に紛争の抑制につながり，またいかなる場合に武力行使に結びつくのかを示した．コープランドによるとリベラリズム仮説が適合するのは，将来の貿易レベルが高まると政策決定者が予測した場合である．貿易への期待が高い場合，政策決定者は将来的な貿易による利益を考慮するため，現時点での武力行使の誘因は低下する．逆に高レベルの相互依存性を有する国家であっても将来的に貿易は制限されると考えた場合は，リアリズム仮説に近づくこととなる．政策決定者が将来の貿易に悲観的になり重要な財に関する貿易停止を恐れた場合，「平和の期待値（expected value of peace）」は低下し，武力行使という選択肢が合理的なものになると指摘した［Copeland 1996 : 16-41］．

　つまり高レベルな「相互依存」は，「将来の貿易期待値」次第で，平和にも戦争にも結びつくというわけである．コープランドの説は，「相互依存」の程度と非対称性に関する議論から「紛争と協調」に関する仮説を引き離し，「将来の貿易期待」という新しい変数によって説明しようとする点に特徴がある．したがって現時点で貿易レベルが高かったとしても将来的な「期待」が低かっ

たとすれば，「相互依存」は武力行使に対する歯止めにはならず，また逆の場合であっても「期待」が高かったとすれば抑制効果を持つことになる．

しかし，政策決定者の「期待」という行為体の認識に関わるものを説明変数とすることは，その「期待値」をどのように確定するのかという方法論上の問題が生じる．コープランドは 2 つの大戦前の独と欧米諸国の関係を事例として分析しているが，当時の独が英，仏，米によって経済的孤立を余儀なくされていたという「状況証拠」を提示するだけで，その「状況」が政策決定者にどのように「認識」されていたかを明示していない〔Copeland 1996 : 26-39〕．つまり，[26]「貿易期待値の低下」を正確に測定するためには保護主義の台頭や貿易制限措置等の「状況」を提示するだけでは不十分であり，その状況に対する政策決定者の「認識」を明らかにしなければならない．「貿易期待」説を実証研究に用いる場合の方法論上の困難さはこの点にある．

また，将来的に貿易が制限されると予想される場合においても，これが即座に「平和の期待値」の低下をもたらすとは限らない．なぜならコープランドが例としてあげる石油貿易のケースで，将来的に禁輸措置が行われると輸入国によって予測され，「平和の期待値」が低下しても，即座に軍事行動の選択肢が合理的なものになるとは考え難い．[27]重要な財を求めて拡張政策に傾斜するという国家観は，20世紀前半までの帝国主義的国家行動を説明するとしても，20世紀後半以降の国際政治状況を説明するための分析視点にはなり得ないからである．

コープランドは，2000年の『大戦の起源（*The Origins of Major War*)』〔Copeland 2000b〕に続き，2015年にこれまでの研究を集大成した著書『経済的相互依存と戦争（*Economic Interdependence and War*)』〔Copeland 2015〕を発表した．この著作でコープランドは貿易期待説を用いて，18世紀後半から冷戦終結まで

26）　当時の独政府において「ブロック経済」が脅威として認識されたにせよ，それだけで侵略行為を説明することができないだろう．

27）　日本政府の対米開戦の引き金となったとされている米政府による対日石油禁輸（1941年 8 月）に関しては，禁輸の直前まで軍の「期待値」は高く，南部仏印侵攻によって禁輸措置が実施されるとは考えていなかった．禁輸措置と対米交渉の失敗により，期待値が著しく低下し，開戦に踏み切ったことになる．

の事例を広範に分析している．コープランドはデタント期においてクレムリン
の貿易期待が「ソ連政府の平和行動」に結び付き，デタントが崩れ米ソ間の緊
張が高まった時期は貿易期待の低下で説明しうると考えている［Copeland
2015：301-310］[28]．コープランドは1972年の米ソ通商協定の終焉とともにデタント
も崩れ，1975年以降は貿易期待の低下によりソ連の敵対的行動が表面化するよ
うになったと指摘している[29]．

　しかし，1972年の米ソ穀物協定の期限が切れる75年には米ソ間で新たに5年
間の穀物協定を締結しており，コープランドはこの点を見落としている．米政
府の「1974年通商法」が相手国の移民政策変更を条件としたため，ソ連政府は
これを拒否し，併せて1972年の通商協定も破棄したが，米ソ貿易の中心である
穀物輸出は継続されていたのである．またコープランドの冷戦分析は米ソ間を
中心としており，ECとソ連・中東欧には関心を払っていない．米ソ間の緊張
が高まり，両国の貿易期待が低下した1980年代前半に，ECとソ連・中東欧関
係は全く異なる動きを示し，東西欧州貿易は増大したのであった（3章）．

　このようにコープランドの仮説には幾つかの問題はあるが，「紛争と協調」
論争に対し新たな説明変数を創出した意義は評価できるだろう．

おわりに

　本章では相互依存に関する国際政治経済学の分析概念を整理し，特にガワ等
の「安全保障不経済」説とコープランドの「貿易期待」説で用いられている分
析概念の有効性を検証した．これらの検討を通じて指摘できるのは，経済的相
互依存に関するリベラリズムとリアリズムの論争は，一般理論の形式において

---

28)　コープランドは1980年代前半の西側諸国による対ソ連経済制裁及び西欧諸国とソ連・
　　中東欧の「東西欧州貿易」には関心を払っていない．また米ソ間でSALT Ⅰ（第1次
　　戦略兵器制限交渉）が進展していたかに見えた状況下においても，ソ連政府は核兵器増
　　産を継続し，SS20を配備したわけであり，「平和的行動」はもたらさなかった．また
　　2000年の論考では，1970-74年のデタント期と1985-91冷戦終結期だけを扱っているが，
　　1980年代前半の対ソ経済制裁を分析対象から外したている［Copeland 2000a：15-58］．
29)　コープランドは「貿易協定の終焉がデタント崩壊と大国同士の敵対的関係への回帰の
　　主要な原因の1つである」と指摘した［Copeland 2000a：39；2015：310］．

解決されることはないということである．「経済と政治」の相互作用に関して，全ての事例に当てはまる仮説（一般理論）は存在せず，リア・リベ論争もそれぞれの仮説から除外される事例を指摘し合い，またその事例を再理論化することに半世紀以上を費やしてきた．そこに費やされた時間とエネルギーは学術的営為だとしても，「生産的」とはいえないだろう．

　相互依存と安全保障の関係について，一般理論的な結論を導こうとする方向は妥当なのだろうか．具体的な事例の中でその仮説の有効性を検証する地道な作業こそが重要であり，個々の事例分析の積み重ねによって，限定的な結論を導く研究方法が有効だと考える．次章では，相互依存論の観点から「東西欧州貿易」に関する実証分析を行う．

第2章

第2次大戦後の東西経済関係
—— 冷戦初期から1970年代までの「東西欧州貿易」——

は じ め に

　冷戦によって欧州が東西に引き裂かれることで，「西欧」と「中東欧」という用語は単なる地理的区分を意味するだけでなく，政治性を帯びることになった．元来，西欧と中東欧は歴史的，文化的つながりが深く，幾多の戦争を通じて支配と従属の関係を持ちながらも，経済交流を維持していたことは自然なことであった．したがって冷戦以前，「東西欧州貿易」という現象は，一般の国家間，地域間貿易となんら変わる点はなく，欧州における近隣諸国間貿易として行われていたのである．

1）「西欧」は，当時のECとEFTA（欧州自由貿易連合）加盟国を指す．また国連の貿易データを用いる場合は，旧ユーゴスラヴィアも西欧に含まれる．

2）「中東欧」は，ポーランド，ハンガリー，チェコスロヴァキア（現在のチェコとスロヴァキア），ルーマニア，ブルガリア，バルト3国を指す．ただし国連の貿易統計を用いる場合は，ウクライナ，ベラルーシ，モルダヴィア（現在のモルドバ）も含む．

3）冷戦期において「東西貿易」という用語が示す範囲は2つあった．広義では，途上国を含め社会経済体制を異にする諸国間の貿易を指し，狭義では，OECD諸国とソ連・中東欧との貿易を意味した．本書ではさらに範囲を狭め，西欧とソ連・中東欧間貿易に焦点を当てるため，「東西欧州貿易」と表現する．通常，東西貿易に関する統計データを用いた論考は，OECD諸国と共産圏との貿易という枠組みで分析することが大半であるが，本書では米政府と西欧各政府による対ソ連・中東欧戦略の違いを貿易データの面で実証する必要性から，米国と西欧諸国を分けてそれぞれの貿易額を算出している．なお「東西欧州貿易」という用語は，筆者だけが使用しているため，他の論者の論考に言及する場合は，彼らが使用している「東西貿易」に振り替えている．また筆者自身が「東西欧州貿易」を使用したのは，2009年の論考からであり，それ以前は「東西貿易」を使用していた．

　しかし冷戦により「東西欧州貿易」は，異体制間貿易という特殊な性格を与えられることになった．第2次大戦が終結し冷戦が激化するまでの数年は，それまでと同様に西欧とソ連・中東欧間の貿易は行われており，米政府も1947年までは，西欧の経済復興のためにソ連・中東欧からの輸入を認めていた．その後，米ソ間の政治的・軍事的対立は経済領域にも及び，48年に米政府は「対外援助法（the Foreign Assistance Act of 1948）」を制定し，対共産圏禁輸措置を法制化した．この法律は米国のみならず，他の同盟国も拘束する規定を有していた．さらに49年11月に設立され50年1月に発効したココム（対共産圏輸出統制委員会）規制が，西欧とソ連・中東欧との経済的相互依存関係に亀裂をもたらす制度装置として導入された．しかしこのような米国主導による貿易制限措置が有効に機能したのは，50年前後のわずかな期間でしかなく，54年のココムリスト改正を契機として西欧とソ連・中東欧との貿易は持続的に拡大していったのである．

　本章では，冷戦直後から70年代後半までの「東西欧州貿易」の動向を時系列的に観察し，西欧各政府が米政府からの政治的圧力に抗い，独自の対ソ連・中東欧経済外交を追求していたことを統計データ等によって示したい．本章は，3つの時期区分に沿って，「東西欧州貿易」の動向を分析する[4]．第1期は，40年代後半から，米ソ対立の激化によって「東西欧州貿易」が厳しい締め付けを

4）　第2次大戦後から1970年代にかけての東西貿易を分析した他の研究者の時期区分を簡単に整理する．チェプルコ（Aleksander Czepurko）は75年に発表した著書の中で，47-54年，55-70年，71年以降の3区分を提示した［Czepurko 1975：1-33］．東西貿易に関して先駆的研究を発表した経済学者のカールソン（Gunnar Adler-Karlsson）は68年に東西貿易に関する著作を発表し（この研究は67年までを対象とする），47-53年，53-67年に区分した［Adler-Karlsson 1968：3-111］．ただしカールソンの記述では，58年の原子力エネルギーに関するココム・サブリスト改定の前後でも区分されている．国際政治経済学の研究者であるマスタンドゥノ（Michael Mastanduno）は92年にそれまで単独で発表していた論文をまとめ東西貿易を対象とした著作を発表した．この本の中で，マスタンドゥノは49―58年，58―68年，68―79年に区分した［Mastanduno 1992：64-185．81年に，経済学者の野尻武敏は東西の経済関係に関する論考の中で，45-53年，54-65年，66-75年，76年以降の4つに区分した［野尻 1981：42-57］．54年のココムリスト改正で区分する点は多くの研究者で一致しているが（ただしマスタンドゥノは54年の改正から58年の改正までを連続したものと捉えている），その後の東西貿易の回復と成長に関する区分が異なる．

受けた53年までの時期である．第2期は，54年のココム改正を契機として西欧とソ連・中東欧との貿易が急速に回復し，その後，安定的に貿易額が伸びた60年代後半までの時期である．第3期はデタントの機運が高まるなか西欧とソ連・中東欧間で長期経済協力協定が多数結ばれ，西欧とソ連・中東欧貿易が飛躍的に拡大した70年代後半までの時期である．

　またこの事例を対象とする研究の多くは，西欧各政府の戦略を伝統的貿易形態への回帰，又は政治と経済の分離（いわゆる「政経分離」）という視点から捉えていた[5]．本書では，西欧各政府が対ソ連・中東欧関係において「政治」と「経済」をリンクし，自由貿易を望む企業の経済合理的行動を宥和的な外交政策に取り込み，経済と政治を連動させる独自の対ソ連・中東欧外交（「東方経済外交」）を目指していたことを明らかにしたい．

1．冷戦初期の「東西欧州貿易」

　第2次大戦で疲弊した西欧にとって経済再建のために，「東西欧州貿易」は軽視し得るものではなかった．第2次大戦前の貿易データの入手は困難であるが，1937年の西欧全体のGNPに占める対中東欧貿易額は，輸出で10%，輸入で11%であった［Mastanduno 1992：74］．またソ連・中東欧にとっても西欧との貿易は伝統的に重要な意味を持っており，1938年におけるソ連・東欧の全輸出額に占める地域別シェアでは，米国向けが4.1%であったのに対し，西欧向けは68.4%であった[6]．西欧がソ連・中東欧から輸入していた主な品目は第1次産品であり，ソ連から木材，ポーランドから石炭，ウクライナから食料等を輸入していた．

　つまり冷戦前の西欧とソ連・中東欧は，貿易を中心とした経済的相互依存関係にあったわけである．したがって第2次大戦後，「東西欧州貿易」復活を望む声が高まったのは，本来の伝統的な貿易パターンへの回帰という意味で，経済的には自然な要求であった．

5）　例えば，注4文献及び山本［1982a］．

6）　U. N.［1964：22；24］より筆者が算出．

　第2次大戦後，西欧とソ連・中東欧との貿易は，毎年開かれた2国間交渉によって進められ，西欧が東側から輸入するためにはそれに見合った輸出をする必要があった．東側は大戦以前，農産物と繊維等の軽工業品を輸入していたが，戦後は急速な工業化を実現するために，生産機械等の資本財を必要としていた．西欧は主な輸入品目であった第1次産品を輸入するために，東側の要求に応える形で資本財の輸出を行っていた．

　東西欧州における経済的相互依存関係を，戦略的観点から規制したのが米政府であった．47年当時，米政府の輸出規制策の目的は，ソ連に対する戦略物資の輸出制限にあり，西欧の経済復興の必要性からそれ以外の品目で西欧が東側と貿易を行うことを黙認していた．しかし対ソ連外交で強硬策を主張していた米国防省と連邦議会の圧力によって，48年に米政府は「対外援助法（the Foreign Assistance Act of 1948)」を制定し，対共産圏禁輸措置を法制化した．この法律は米国のみならず他の同盟国も拘束する規定を有しており，117条D項が定めた対共産圏禁輸商品を輸出した国に対して，米政府はマーシャルプランを停止することが義務付けられていた．49年に西欧全体が米政府から受けた援助額は62.76億ドル（贈与49.11億ドル，借款13.65億ドル）であり，西欧と東欧の貿易総額18.44億ドルの3.4倍の規模であった［Adler-Karlsson 1968 : 46］[7]．西欧各政府は，マーシャルプランと引き換えに禁輸措置を受け入れたわけである[8]．

　さらに米政府は，英，仏，伊，ベネルクス3国と協同し，49年11月にココム（対共産圏輸出統制委員会）を設立した[9]．ココムの目的は，ソ連を始めとする共産圏諸国の軍事力の強化に直結する戦略物資と高度技術品の輸出を制限することにあった．しかしこの「戦略物資」の範囲が，兵器や原子力関連資材等に限定されず，民生品目も含まれる場合は，「東西欧州貿易」に影響することになる[10]．米政府は，西欧とソ連・東欧との経済関係を規制するための制度装置を導入し

7）　カールソンのデータは対東欧であるが，1948年の国連データによる対ソ連・中東欧輸出では，西欧の対ソ連・中東欧輸出で8.9億ドル，ソ連・中東欧の対西欧輸出で11.8億ドルであった（本章図2-1）．

8）　カールソンは，西欧各政府が不本意ながらも禁輸措置に協力した背景には，従わない場合は援助を停止するという米政府の脅しがあったと主張した［Adler-Karlsson 1968 : 45］.

たわけである[11].

　米国防省と議会は対ソ連全面禁輸を主張していたこともあり，ココムリストにおける戦略物資の範囲をめぐっては，当初から民生品まで広く規制対象に含めようとする米政府と軍事関連品に限定しようとする西欧各政府との間で対立が生じていた[12]．50年の発足当初，西欧の主張に沿って軍事関連品目を中心とし

9）　ココム（Coordinating Committee for Export Controls）が設立されたのは1949年11月22日であり，翌年の1月1日から実施された．ココム設立の日付に関しては，49年11月説と50年1月説がある．本書では，49年11月の全体会議においてココム設立に各国が合意したことを重視して（オランダ，ルクセンブルグは反対），49年11月をココム委員会の設立とする．ただしココムが実質的に活動を開始するのは50年1月であるため，リストの発効は50年1月とみられている．加藤が指摘するように「何をもってココムの設立とみなすか」という点で説は分かれる［加藤 1992：62］．ノルウェー，デンマーク，カナダ，西独は50年に加盟した．

10）　発足当初は物資の輸出統制に重点が置かれていたが，1960年代半ば以降は，技術移転の規制へとシフトした．ココムの政策決定は非公開のため，その実態を把握することは困難だが，規制対象商品を列挙したリスト（ココムリスト）の決定は全会一致で行われ，全ての加盟国には拒否権が与えられていた［山本 1983：1-10］．したがってココムにおける各国間の交渉は拒否権行使を避けるために妥協工作が展開されることになった．ココムリストを強化しようとする米政府に対し，規制緩和を求める西欧各政府が米政府から再三妥協を引き出し得た制度上の理由もこの点にあった．

11）　ココムは，紳士協定の形式をとっていたため規制に違反した関係国や企業に対し法的制裁を加えることが困難であった．1987年に問題となった東芝機械によるココム違反事件に関しても，米国は同年6月に上院議会において包括貿易法案を提出し，東芝製品の輸入禁止等を含む外国企業制裁条項を追加することを可決した．つまり，ココム規制違反は制裁発動の理由を与えても，発動の法的根拠を得るには何らかの国内法を整備する必要があった．ココム加盟国は最終的に欧米16カ国と日本，加えて協力国が27カ国となったが，94年3月に廃止された．代わって設立されたのがワッセナー協約であるが，96年7月の設立総会には33カ国が参加し，同年11月1日に発行した．ワッセナー協約が規制対象とするのは，通常兵器と軍事転用可能な汎用技術合計約110品目である．

12）　例えば，鉄とゴムを戦略物資に含めるか否かを争点として，米政府と英政府の主張は全く異なっていた．鉄鋼製品に関して米政府は，戦前の粗鉄の対日輸出が真珠湾攻撃に帰結したことを理由として，戦略物資に含めようとしたのに対し，英政府は，鉄が平和的産業の育成のために必要であり，鉄鋼関連品目に対する全面的禁輸措置は戦略的見地からも正当化されないと主張した．またゴム製品に関しても，天然ゴムを輸入に頼り，合成ゴム生産に補助金を投じていた米国は戦略物資に含めることを主張していたが，国際収支が赤字であった英政府は，共産圏に対するゴム輸出によってドル不足を補おうとしていたため，米政府の主張とは真っ向から対立した［Adler-Karlsson 1968：1］．

た127品目のみを規制対象とすることで合意されたが，52年には400品目にまで拡大したと考えられている[13]．

　50年から52年にかけてココムリストが拡大した要因として，米政府が48年に制定した対外援助法と51年に制定された「バトル法（Battle Act）[14]」による同盟国に対する締め付けの強化があった．50年1月に発効したバトル法は，米政府からの支援を受けている全ての国に対し，米国の対共産圏輸出規制と同様の義務を課すものであった．特に問題となったのは，条約発効前に西欧企業とソ連・中東欧との間で交わされていた多くの契約も規制対象とした点であり，この点に関して西欧各政府は強く反発した．

　またバトル法には，義務違反国に対して援助の停止を行うことが規定されていた．このように相互援助法とそれに続くバトル法は，米国による対共産圏輸出規制に同調しない西欧の国に対しマーシャルプランによる援助の停止を規定していたため，ココムリストをめぐる交渉においても米政府は，西欧各政府に対し強い影響力を有していたわけである．

　またココム交渉において米政府の主張に根拠を与えた政治的背景としては，48年6月のソ連軍によるベルリン封鎖と50年6月に開始された朝鮮戦争による東西間の緊張の激化があった．またココム発足に先立ち49年4月に調印された北大西洋条約に基づき NATO（北大西洋条約機構）が形成され，「トルーマン・ドクトリン」に代表される米政府の対ソ連強硬姿勢が立ち現れたのもこの時期であった．

　図2-1は1938年から60年代前半の東西間の輸出額を，西欧とソ連・中東欧間，米国とソ連・中東欧間で分けたものである．大戦前と大戦直後の貿易統計は断続的な数値しか取れないが，48年から53年にかけて西欧とソ連・中東欧間

---

13)　126品目が全面禁輸，1品目が量的規制の対象となった［加藤 1992：59］．なおココムリストは当時，非公開だったため，禁止品目数を推計している各機関，研究者間でかなりのばらつきがあるが，本章では英米で公開された1次資料を用い，ココムに関して広範に分析した加藤の論考に依拠する．

14)　バトル法は「相互防衛支援制限法（the Mutual Defense Assistance Control Act）」の通称である．この法律は共産圏との貿易と国家の安全保障を関連付けたものであり，軍事関連物資に限らず，民生品目についてもソ連・中東欧への輸出を制限することを目的としていた．

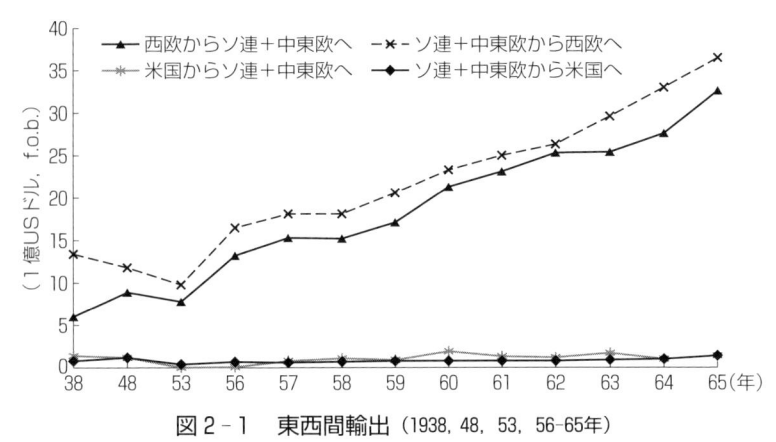

図2-1　東西間輸出 (1938, 48, 53, 56-65年)

注) 1. 東西ドイツ間取引は含まれない.
　　2. 中東欧にアルバニアを含み, 旧ユーゴスラビアは含まず.
　　3. 38〜56年までは断続的な数値しか入手し得ない.

出所) U. N., *Yearbook of International Trade Statistics 1964* より作成.

の貿易は後退し, 西欧の対ソ連・中東欧輸出で8.9億ドルから7.8億ドルに減少し (12.4%減), ソ連・中東欧の対西欧輸出で11.8億ドルから9.8億ドルに減少した (16.9%減). 他方, 西欧とは対照的に, 米国は冷戦以前から対ソ連・中東欧貿易に対し積極的ではなく, 貿易額も西欧とソ連・中東欧間貿易に比べ低い数値しか示していなかったが, この時期の減少率は西欧を大きく上回った. 米国の対ソ連・中東欧輸出額は, 48年の1.2億ドルから53年には0.2億ドルに減少し (83.3%減), ソ連・中東欧の対米輸出額は, 48年の1.2億ドルから0.4億ドルに減少した (66.7%減).

　49年から53年にかけての「東西欧州貿易」の停滞は, ココムによる貿易制限の影響であった. 特に米政府は国内企業の共産国輸出に関して厳しく制限したため, もともと低調であった米国の輸出が80%以上減少するという結果になった. それに比べ西欧の輸出額が, ココムが強化され米政府による厳しい貿易制限が行われた状況下においても, 12%程度の減少にとどまったことは注目すべきである. 例えば51年当時の西欧諸国のGNPに占める対ソ連中東欧輸出額の比率は, オランダで50%, ベルギーで34%, 英で26%, 仏で16%, 西独で16%であり, 米の5%とは対照的であった [Mastanduno 1992: 74-75].

　その1つの要因として, 「東西欧州貿易」を継続するために西欧各政府が

採った戦略があった．前述のバトル法は発効以前に結ばれた契約に対しても制限の対象としたが，西欧各政府はこの措置を国際法違反として，契約を遵守し，バトル法には従わないことを明確に主張した[15]．つまり，西欧各政府は米政府の貿易制限措置に対し法的根拠を示して対抗し，またココム規制に「例外措置」を認めさせることにより，「東西欧州貿易」を維持しようとしていたのである．ココムとバトル法をめぐる米政府と西欧各政府との確執については本章2節で触れる．

またこの時期のスターリン政権は，自給自足的経済政策を遂行していたため，それがこの時期の低下の一因となったとも考えられる．この説を主張するのは，クロフォード（Beverly Crawford）である．クロフォードは朝鮮戦争中も「東西貿易」はさほど低下しなかったことを根拠に，米国主導の対ソ連・中東欧貿易制限策が効果的ではなかったと主張した［Crawford 1990：260-267］．50年代前半の「東西欧州貿易」の低迷は，スターリンによる自給自足策が原因であると結論付けた．

しかし**図2-1**に示されているように，48年から53年にかけて「東西欧州貿易」が低下したことは事実であり，西欧の対ソ連・中東欧輸出で12%減，ソ連の対西欧輸出で17%減となった．クロフォードの論考の問題点は，この時期の「東西欧州貿易」の低下とソ連の自給自足策との一義的な因果関係の根拠を明確に示していないことにある［Crawford 1990：260-267］[16]．

この時期の米国と西欧の対ソ連・中東欧貿易の減少率の違いは，両者の政治経済戦略の違いを明確に現わしていたといえるだろう．つまり米政府にとって，自国経済において重要な位置づけにはなかった対ソ連・中東欧経済関係は，容易に政治戦略の道具とすることが可能であったのに対し，西欧にとってソ連・中東欧との経済関係は伝統的に重要な意味を持っており，米政府による圧力に抗しても継続する必要性があったといえよう．さらに西欧にとって「東西欧州貿易」を重視する姿勢は，経済的利益にだけ還元されるものではなく，安全保

---

15) このような西欧各政府の抵抗に対し，米政府は西欧に対する援助停止を実行することはなかった．

16) また西欧の対ソ連輸出減少の原因の1つにスターリンによる自給自足策が当てはまるとしても，ソ連の輸出の低下は別の要因で説明する他ない．

障戦略としての性格を持っていたということが本書の主張である．これについ
ては，本章 4 節及び 3 章で検討する．

2．ココムリスト改正と「東西欧州貿易」の拡大

1953年のスターリン死去と朝鮮戦争の休戦を境に，ココム発足当初から存在
していた対ソ連・中東欧貿易をめぐる米国と西欧の対立はココムリストが規定
する戦略物資の範囲をめぐる争いとして再び表面化した．結果的に西欧の主張
を大幅に米政府が認める形で，54年 8 月にココムリストの改正が発効した．こ
の改正によって，それまで460品目に拡大された禁輸対象のうち196品目の禁輸
解除がなされた[17]．西欧各政府の要求に沿う形で全面改正がなされた背景には，
西欧諸国の順調な経済復興と52年にマーシャルプランが完了し[18]，バトル法によ
る締め付けの機能が大きく低下したことが指摘できる．

例えば，52年の西欧と中東欧間の輸出総額（約17.4億ドル）は，同年の米政府
による対西欧経済援助総額（約13.5億ドル）よりも上回り，それまでの関係は逆
転した［Adler-Karlsson 1968：46-47］．つまり，50年に入ってからの米国の対西
欧経済援助の大幅な低下に伴い，バトル法等による締め付けの効果が低下した
と考えられる．

図 2－1 に示されているように，西欧とソ連・中東欧間の貿易は，ココムリ
スト改正を契機として急速に成長した．53年から56年にかけての西欧の対ソ
連・中東欧輸出は7.8億ドルから13.2億ドルまで上昇し（69.%増），ソ連・中東
欧の対西欧輸出は9.8億ドルから16.5億ドルまで上昇した（68％増）．ココムに

17）　ココムリストの品目数は文献によって異なるが，この数値は公開された 1 次資料を用
　　　いている加藤洋子の論考による［加藤 1992：182-183］．カールソンの論考では450品目
　　　のうち約200品目の禁輸解除がなされたとある［Adler-Karlsson 1968：92］．
18）　マーシャルプラン（正式名称は「欧州復興計画」）は48年から52年にかけて行われ，
　　　西欧18カ国が援助対象となった．米国はこの計画を通じて130億ドルもの巨額の支援を
　　　行ったが，48年当初は食料，農業支援が主たるものであり，その後，工業生産部門の支
　　　出にシフトし，49年後半以降は西欧諸国の軍事力増強が重視されるようになった．マー
　　　シャルプラン完了時には，西欧の工業生産は戦前の水準を35％上回り，農業生産も戦前
　　　の水準を10％上回った．

よって東西の経済領域においても「鉄のカーテン」が引かれたわけだが，リスト改正によってこのカーテンが開きかけると急速に貿易が拡大した事実は，「東西欧州貿易」に対する西欧とソ連・中東欧の潜在的要求の強さを示している．ココムリスト改正によって活発になった西欧とソ連・中東欧間貿易は，極端に低迷していた米国とソ連・中東欧貿易とは対照的であった．

　またソ連・中東欧にとって，「東西欧州貿易」に対するインセンティブはさらに強く，朝鮮戦争中の52年4月にモスクワで開かれた国際経済会議において，ソ連政府自ら「東西（欧州）貿易」の拡大を西側に呼びかけたのである．さらに56年にフルシチョフがスターリン批判を行い，西側との平和共存路線を打ち出すなど東西デタントの気運は高まった．58年7月にはココムリストの改正が決定され，禁輸品目は181から118品目に削減された［ソ連東欧貿易会 1989：80］．58年の改正を契機に西欧とソ連・中東欧貿易がさらに進展して，59年の輸出額は対前年比で西欧の対ソ連・中東欧輸出が15.2億ドルから17.1億ドルに上昇し（12.5％増），ソ連・中東欧の対西欧輸出が18.1億ドルから20.6億ドルまで上昇した（13.8％増）．この輸出額の伸びは，58年の輸出額が西欧，ソ連・中東欧双方ともに対前年比でほぼ横ばいであったことを考えた場合，ココム改正が輸出促進的に作用したと考えられる．西欧の対ソ連・中東欧輸出額は，57年で15.3億ドル，ソ連・中東欧の対西欧輸出額は同年，18.1億ドルであった．

　56年から60年にかけての輸出の伸びは，西欧の対ソ連・中東欧輸出で13.2億ドルから21.3億ドルへ上昇し（61.4％増），ソ連・中東欧の対西欧輸出は16.5億ドルから23.3億ドルへと上昇した（41.2％増）．同期間の世界の輸出額の伸びは23.3％であり，西欧とソ連・中東欧間貿易が世界貿易の成長率を大きく上回り，活発に行われたことが示されている[19]．

　56年10月にハンガリー動乱はあったものの，欧米各政府は介入せず，反共主義を掲げていたダレス国務長官もソ連軍の介入に対し何も措置を講じなかった．しかし60年代に入ると61年8月のベルリンの壁の出現や62年10月のキューバ危機によって，米ソの政治的緊張は極度に高まる事件が発生した．しかし東独政府によるベルリンの壁建設に対し，ソ連と共にベルリンを共同管理していた米

---

19)　U. N.［1964：22：24］より算出．

英仏各政府はソ連政府に対し異議申し立ては行ったものの，何らかの対抗行動をとることはなく，事実上黙認していた．また米ソ間での緊張が極度に高まったキューバ危機に関しても，米政府の海上封鎖に対し，ソ連が軍事的に対抗することはなく，トルコのNATO軍基地におけるミサイル撤去を条件として，ソ連政府はキューバからのミサイル撤去に応じたため，危機は半月足らずで回避された．

　実際にこの時期の西欧とソ連・中東欧間貿易に対し，この2つの危機はさほど影響をもたらさなかったといえるだろう．**図2-1**に示されているように，61年から62年の輸出額は，西欧の対ソ連・中東欧輸出で23.1億ドルから25.3億ドルへ上昇し（9.5%増），ソ連・中東欧の対西欧輸出は25.0億ドルから26.3億ドルへ上昇した（5.2%増）．ただし62年から63年にかけては西欧の対ソ連・中東欧輸出額はほぼ横ばいであった（63年の対ソ連・中東欧輸出額は25.4億ドル）．しかしキューバ危機はわずか半月足らずで解決したため，この事件が翌年の貿易額に大きな影響を与えたとは考えがたい．

　なぜなら63年のソ連・中東欧の対西欧輸出額は，29.6億ドルと上昇し（12.5%増），米国の対ソ連・中東欧輸出も穀物輸出が増大したことを受け，62年の12.0億ドルから1963年には16.5億ドルへと上昇した（37.5%増）からである．また米ソの政治関係においても，キューバ危機をきっかけとして，63年にはホットライン協定が米ソ間で調印され，両国の対話に向けた努力も生まれ，同年に部分的核実験停止条約を米ソは締結した．

　60年代前半の2つの危機を回避することによって，米ソ間には平和共存のための政治的取り組みが開始され，63年のホットライン協定に続き，67年のジョンソン米大統領による戦略兵器制限交渉の公式提案[20]，68年には核拡散防止条約が締結された．68年，チェコスロヴァキアの民主化運動に対しワルシャワ条約機構による軍事介入があったが，これに対してもハンガリー動乱と同様に欧米各政府は介入しなかった．このような政治環境の中で，60年代後半の西欧とソ連・中東欧間貿易は順調に発展した．

---

20)　この提案から1年半後，ソ連政府は同意したが，ソ連軍によるチェコスロヴァキア侵攻のため開始が遅れ，1969年にヘルシンキでの予備会談から開始された．

3. 1970年代の「東西欧州貿易」

　1970年から75年にかけて，西欧とソ連・中東欧間貿易は飛躍的な成長を見せた．図2-2は65年から83年までの東西間輸出を示しているが，西欧の対ソ連・中東欧輸出額で58.4億ドルから216.9億ドルへと上昇し，3.7倍に拡大した．ソ連・中東欧の対西欧輸出額も，同期間で61.2億ドルから182.2億ドルへと上昇し，3.0倍に拡大した．[21]　もっとも世界の輸出額も同期間で2.8倍に拡大しており，西欧とソ連・中東欧貿易も世界規模の貿易拡大基調を背景として進展したわけである．しかし西欧とソ連・中東欧間の相互輸出の伸びが，世界の輸出額の上昇率を上回っていたことは，東西欧州間貿易の活況の程度を示している．

　70年代における「東西欧州貿易」の拡大傾向を支えた要因の一つとして，60年代から70年代にかけて西欧とソ連，中東欧の間に多数の貿易・経済協力協定（政府間），産業協力協定（企業間）が締結されたことが指摘できる．フィンランドとソ連が51年から5ヵ年の貿易協定を締結したのを皮切りに，西側先進国とソ連，中東欧の政府間協定数は60年に23件，66年に55件，70～75年に80件の協定が実効していた．[22]　産業協力締結数は75年5月に1157件に達しており，その内83.5％が西欧諸国とソ連，中東欧間の締結であった．ユーゴスラビア（当時）を含めば1587件に達した産業協力協定の内容は，小規模な下請け契約から大規模で長期的な資源開発プロジェクトまで多岐にわたっていた．[23]

　この時期の「東西欧州貿易」は，制度化へ向けて動き出したといえるだろう．協定による「制度化」は，米ソ間の政治状況の変化によって簡単に影響されないだけの自律性を「東西欧州貿易」に付与することになる．なぜなら一旦締結された協定は，デタントの気運に変化が生じても，契約によって示された一定の貿易額及び貿易量，経済交流（専門家派遣を含む）等を保証するからである．

---

21)　ソ連の対西欧輸出の基本品目は鉱物燃料であり，石油輸出先として西欧の比重は高まっていた．70年代前半のソ連の石油輸出量の35％程度が西欧向けであった．

22)　ソ連東欧貿易会1974年8月『東西貿易調査月報』: 21.

23)　当時の産業協力協定に関しては次に説明がある [UN ECE 1973 : 3-14 : 1977 29 : 156-159]（*Economic Bulletin for Europe*）.

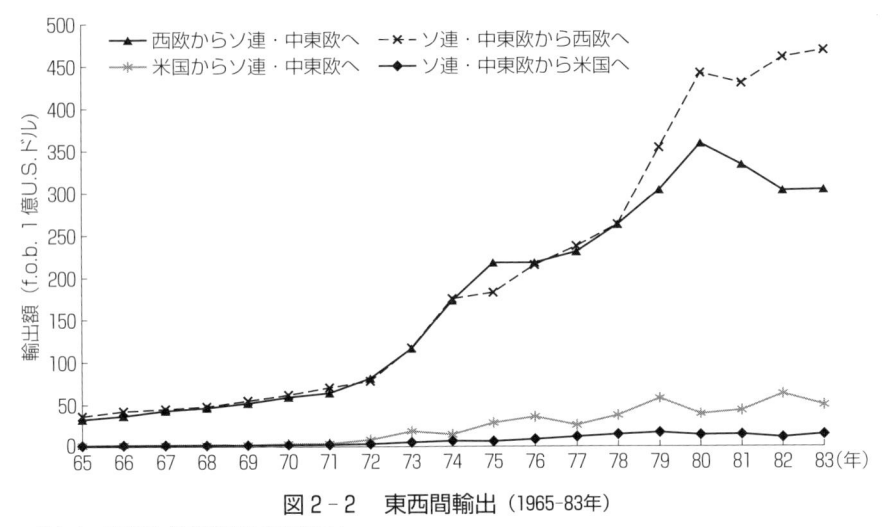

図2-2　東西間輸出 (1965-83年)

注）1. 東西ドイツ間取引は含まれない.
　　2. 中東欧にアルバニアを含み, 旧ユーゴスラビアは含まれない.
出所) U. N., *Yearbook of International Trade Statistics 1964* より作成.

1章で検討したコープランドの「貿易期待」を用いれば, この時期の東西欧州間貿易は制度化されることにより, 双方の「貿易期待」は一層高まったといえるだろう.

　米国の対ソ連・中東欧輸出も同期間で飛躍的に上昇したが (7.9倍), その規模は西欧の対ソ連・中東欧輸出額の13％程度であった. 米国の対ソ連・中東欧輸出が増大した要因は, 米ソ貿易の中核である米国の対ソ連穀物輸出が, 72年のソ連の深刻な穀物不足によって加速されたことにある. 米ソ穀物貿易は, 63年秋に, ソ連が米国, カナダ, オーストラリア等から大量の小麦を買い付けたことから本格的に開始された.

　72年7月に米ソ間で穀物協定が締結され, ソ連は75年間までの3年間で7.5億ドル以上の買い付けをすることで合意した. 72年の穀物協定の後, その期限が切れる75年には5年間の穀物協定を締結し, 余剰穀物を抱える米国と穀物不足に悩むソ連の間で, 穀物をめぐる相互依存関係は形成されていった. それに伴い米国の対ソ連向け輸出額に占める穀物輸出のシェアは増大し, 72年から79年にかけて平均で60％を占めていた. ソ連・中東欧の対米輸出は同期間で2.8

倍増大したが，その規模は対西欧輸出額の 3 ％程度であった．70年代前半，西欧とソ連・中東欧間貿易と米国とソ連・中東欧間貿易はともに成長傾向を示したが，その貿易規模は前述の通り対照的だった．

このように急激に拡大してきた「東西欧州貿易」も，70年代後半に入ると幾つかの問題に直面した．東西間の貿易不均衡とそれに起因するソ連・中東欧の累積債務問題である．この累積債務問題に対処するために，ソ連・中東欧が採った政策は，対西欧向け輸出促進策と西欧からの輸入制限措置であった．また西欧側にも，「東西欧州貿易」を停滞させる要因が存在した．73年秋に始まる第 1 次石油ショックによる深刻な不況の影響により，75年から76年にかけての西欧の対ソ連・中東欧輸出はほぼ横ばいであった（図 2 - 2）．

他方，ソ連の対西欧原油輸出は大幅に伸びた．特に西欧の輸出が停滞した同期間において，イタリアは688万トンから1198万トンに，イギリスは150万トンから405万トンにソ連からの原油輸入を拡大した．図 2 - 2 に示されているように，ソ連・中東欧の対西欧輸出は順調に伸び，特に1979年には第 2 次石油ショックによる燃料価格の上昇もあり，対前年比で34.7％増の353億ドルに達し，貿易収支の改善に役立った．

また西欧の対ソ連・中東欧輸出の平均成長率は，76年から79年にかけて8.9％であり，66年から69年にかけての平均成長率（12.2％）と比べても極端に低い数値ではなかった．1970年代前半が急激に成長したため，70年代後半は相対的に低調であったかに見えるが，この平均成長率からわかるように70年代後半の西欧とソ連・中東欧間貿易は決して停滞していたわけではなかった．

70年代前半に「東西欧州貿易」が急激に増大した政治的背景としては，東西デタントの気運が高まったことがあげられる．米ソ間では72年から75年まで毎年首脳会談が開かれ，72年のニクソンのソ連訪問の際に米ソ戦略ミサイル数の上限を定めた SALT Ⅰが調印された．翌73年のブレジネフの訪米時には両国間に核戦争防止協定が調印されるに至った．こうして米ソ間では，戦略核管理としてデタントが進んでいた．

東西の政治的緊張の接点である東西ドイツ間の交流も，ブラントの東方外交によって活発に行われるようになった．それまで「1つのドイツ」を主張していた西独政府はブラント政権の出現によって外交政策を方向転換し，72年まで

にソ連，ポーランド，東独の各政府との間で，和解と関係改善を旨とする条約を締結した[24)]. また，米英仏ソ4国間でベルリンに関する協定も締結された. 他方，73年から75年にかけて欧州安全保障協力会議（CSCE）が開催され，米ソを含めた欧州35カ国が参加し，欧州の信頼醸成，東西経済協力，人権に関する拡大会議が行われた. 最終的に合意されたヘルシンキ宣言には，東西間の経済協力と欧州の安全保障とのリンケージが前文に盛り込まれた.

4.　冷戦初期から1970年代までの「東西欧州貿易」に関する分析

4.1　冷戦初期の「東西欧州貿易」

　本節では，冷戦初期の「東西欧州貿易」に関する2つの論点を取り上げる. 第1の論点は，西欧各政府が米政府との対立を辞さず，ココムリストの範囲を狭め，「東西欧州貿易」を促進しようとした意図は何か，というものである. ココム交渉における西欧各政府の選択について代表的な解釈は，「経済的自由主義」の視点から理解する立場である. 本章でいう「経済的自由主義」とはギルピン（Robert Gilpin）の定義に基づき，「国内的，国際的経済関係を編成する最も効率的な手段が市場と価格メカニズム」であり，「市場は人間のニーズを満たすために自発的に生まれ，一旦，市場が形成されるとその内在的論理に従って機能する」と仮定する立場である［Gilpin 1987：27；邦訳 27-28][25)].

　特に注目したいのは，後者の定義であり，市場が有する内在的論理とは，費用・便益の観点から経済的利益を最大化する行動様式と考えることができる. したがって敵対国との通商関係もこの立場から見れば正当化されることになる[26)].

---

24)　ブラントは，1969年の総選挙において，SPD（ドイツ社会民主党）を躍進させ，第3党であった自由民主党との連立に成功し，戦後初のSPD首班政権を樹立した. 首相就任後，東方外交を展開し，西独の国是と見られていた「1つのドイツ」論に代えて，「一民族二国家」論を提唱し，70年に，ソ連とポーランドの各政府と和解条約を締結し，東独政府と首相会談を実現させるなど緊張緩和外交を推進した. 72年には，東西両独間で基本条約を結ぶまでに至った.

25)　なお引用文の訳語に関しては一部変えている.

26)　また別の論考でギルピンは，経済的自由主義を，経済的利益が政治的利益に対し優先する立場であると定義した［Gilpin 1971：49-50].

　例えば，「東西貿易」に関して先駆的研究を発表したカールソン（Gunnar Adler-Karlsson）は，経済的動機に重点を置いて，次のように説明した．「第1に西欧諸国にとっては，伝統的な東西貿易が米国よりもはるかに重要であり，西欧各政府はその点で，東西貿易を維持，拡大を望んだのである」［Adler-Karlsson 1968：41］[27]．戦争によって破壊された産業を立て直し，経済復興を計ろうとしていた西欧諸国にとって「東西欧州貿易」は，伝統的にも，経済的にも重要な意味を持つ通商関係であり，開戦前よりも大きな生産力を有していた当時の米国の状況とは根本的に異なるとカールソンは主張した［Adler-Karlsson 1968：41］．またカールソンは，「西欧諸国は，東西貿易に関して同盟のいかなる政治的配慮よりも各国の経済的利益に大きな関心を払った」というブラウナーヘルム（Erik Braunerhielm）等の指摘を肯定的に引用していた［Adler-Karlsson 1968：41］．

　第2次大戦後の西欧諸国の経済は極度に疲弊しており，このような経済状況下において西欧各政府はソ連・中東欧との貿易を経済復興の足がかりの1つにする意図を持っていたことは確かであろう．経済的自由主義の立場からは，疲弊した経済を立て直すためにはたとえ体制が異なる国家であって通商関係を維持することは正当化される．むしろ利潤最大化を求める企業にとっては，経済的利益が見込めれば，政治的敵対国であってもその取引は合理的行為となる．

　従来の研究では，「東西欧州貿易」を促進しようとする西欧各政府の動機は経済的利益から説明されてきた．カールソンの他に，この立場から説明している研究者としてマスタンドゥノ（Michael Mastanduno）があげられる．マスタンドゥノは「東西貿易における西欧の第1の目的は経済的なものであった」［Mastanduno 1992：74］と指摘した．マスタンドゥノはその根拠として，西欧諸国の個々の経済規模は相対的に小さく，またGNPに占める貿易の割合（貿易依存度）が高かったことをあげている．さらに1937年当時の西欧のGNPに占める貿易額の比率が，輸出で10%，輸入で11%が対中東欧であったことを指摘し，「戦後，西欧諸国は伝統的な東との貿易の再開を望んでいた」と述べた［Mas-

---

27）　カールソンは政治的動機についても言及しており，対東独外交をめぐる米政府と西独政府との対立等が指摘されているが，欧州全体にかかわる安全保障戦略としての分析はなされていない．

tanduno 1992：75].

　この代表的な2人の解釈に共通しているのは，西欧にとって「東西貿易」は，経済的重要性と同時に伝統を有していた点である．「東西（欧州）貿易」は西欧にとって伝統的な通商関係であったとする点は筆者の認識と一致する．ココムやバトル法によってソ連・中東欧との通商関係が制限されることに，西欧各政府が反発する動機の1つはこの点にあった．

　第2の論点は，50年から52年にかけてココムリストは拡大され，前述のように127品目から400品目にまでなったが，ココム参加国は交渉において拒否権を有していたにもかかわらず，なぜリストの拡大を認めたのかというものである．

　カールソンは，その理由を米国政府のマーシャルプランに代表される対西欧向け援助に求めた．「なぜ西欧諸国は禁輸措置に反対していたのにもかかわらず，米国の要求に従ったのであろうか．その答えは米国に協力しない場合は援助を停止するという米政府の脅しにある」とカールソンは指摘した［Adler-Karlsson 1968：45］．つまり当時の西欧各政府は，「東西（欧州）貿易」による利益よりも米政府が提供する援助を優先したというのである．

　またマスタンドゥノは，東西貿易に対する制限措置についての論考の多くは，米政府の強制力に焦点を当てているが，朝鮮戦争をきっかけとして西欧各政府は東西貿易の安全保障上のリスクと経済的利益を再考し，米政府の「経済戦争（economic warfare）」に自ら加わったと述べた［Mastanduno 1992：65；105］[28]．冷戦初期においてソ連に対する軍事的脅威の認識が，西欧各政府にも共有されていたことは確かであろう．西欧が軍事関連品目に関する輸出制限に賛成した事実は，このことを示している．しかし非軍事関連品目に関しては反対していたのであり，西欧各政府が安全保障リスクを考慮し，自ら禁輸措置に従ったとまで言い切れるのであろうか．マスタンドゥノは米国側の資料に依拠していることもあるが，この当時の西欧各政府の外交姿勢はマスタンドゥノの理解とは異なると考えられる．

　例えば49年2月，英商務省大臣ウイルソンは，東西貿易の発展は健全なもの

---

[28]　マスタンドゥノは，「西欧各政府は東西間の緊張が頂点に達した際に，対ソ連経済戦争に加わる意思を示した」と主張した［Mastanduno 1992：105］．

であり，政治とは切り離すべきであると述べた［Adler-Karlsson 1968：37］．また朝鮮戦争勃発後の50年8月，英国首相アトリーは，英国は東西欧州の商業分野において鉄のカーテンを引くことはしないと明言した［Adler-Karlsson 1968：53］．50年9月に英政府は，戦略物資に関しては禁輸するが，原料，木材輸入等の対ソ連貿易の継続を決定した［Barker 1983：211］．また51年9月に，英国商務省大臣ハートレイは，東西貿易に関して米国と英国の立場が全く異なると述べた［Adler-Karlsson 1968：39］．その理由としてハートレイは，対ソ連貿易に何ら重要性を持たない米国にとって貿易停止はたやすいが，英国はソ連・中東欧から必要な食料や資源を輸入していること指摘し，東西貿易の重要性を説いた［Adler-Karlsson 1968：39］．

　1953年4月に国務長官ダレスと会談した西独のアデナウワー首相は，ココムリスト以外の品目に関しても中東欧への輸出制限を求めた米政府に対し，西独外交の優先課題である東西ドイツ統一にとってマイナスになるという判断において，他の西欧諸国と同程度の輸出制限にのみ賛同すると述べた［Crawford 1990：266］．

　これらの発言に示されているように，英政府や西独政府は，「東西欧州貿易」に関して米国の外交姿勢に全面的に追随することは明確に拒否していたのである．この次期に西欧各政府が採った交渉戦術を，クロフォードは次のように説明した．西欧各政府は，米政府内部において「東西貿易」に関する見解が分かれることを利用し，ココム交渉において，「例外措置」を認めさせることによって，ココムの禁輸品目の輸出を合法化したのである［Crawford 1990：268-272］．この「例外措置」が認められたことによって，西欧諸国はココムの審査を経ずに輸出が可能となった[29]．

　当時の米国防省と連邦議会は，西欧同盟諸国を強制的に米政府の禁輸措置に従わせることを主張したが，米国務省は，対ソ連・中東欧禁輸を強制することによって西欧との同盟関係に亀裂が生じることを懸念していた．西欧各政府は，

29）　ただし，この「例外措置」を西欧諸国がどの程度利用して禁輸品の輸出を行ったかは，正式に発表されていない．1979年までの30年間に12回しか適用されなかったという説と，西欧各政府はこの措置を相次いで適用し，高度技術品をソ連・中東欧へ輸出したという説がある［山本 1983：4］．

このような米政府内部の見解の相違を利用したというのである．ココムの例外措置は，西欧各政府がNATOにおける「非協力」を脅しの材料とすることによって，国務省から妥協を引き出した結果であるとクロフォードは述べた［Crawford 1990：268-272］．

　このように西欧諸国は，対ソ連・中東欧貿易を維持するために，ココム交渉において例外措置を認めさせ，禁輸品目の輸出を合法化することに成功した．本章1節で確認したように，1950年代前半の西欧諸国の対ソ連・中東欧貿易は48年水準よりも低下したが，その減少率をリスト改定前年の53年までに，輸出で12.4％減（8.9億ドルから7.8億ドル）に抑えられたのは（図2-1），西欧諸国企業がこの例外措置を利用して輸出を行ったことが影響していたとも考えられる．

4.2　西欧諸国の「東方経済外交」

　大戦後の疲弊した西欧経済にとって，対ソ連・中東欧貿易がもたらす経済的利益は重要な意味を持っていたことは，前節で紹介した他の研究者が指摘する通りである．その重要性については，単に東側から提供される食料や資源が経済復興のために必要であっただけではなく，対ソ連・中東欧輸出に関わる産業において雇用創出効果が大きかったことがあげられる．特に東西貿易に直接あるいは間接に関与する産業と労働者にとって，ソ連・中東欧との通商関係の維持は死活問題ともいえたのである．例えば，1952年にイギリス労働党指導者のベバンは，ランカシャー地方の失業は米国の禁輸措置が原因であると非難した［Adler-Karlsson 1968：41］．さらにベバンは，禁輸措置がソ連よりも英国経済を害するとして，冷戦による措置が，英国に対するのか，あるいはソ連に対するものなのか，という疑問すら呈した［Adler-Karlsson 1968：41］[30]．

　しかし西欧各政府が経済的動機のみで，「東西欧州貿易」の維持と拡大を望んだと考えるのは性急であろう．なぜなら西欧諸国とって，ソ連・中東欧との通商関係は経済的利益を意味するだけではなく，欧州の安全保障秩序を安定させるための手段とみなされてきたからである．ソ連・中東欧を西欧との経済的

---

[30]　ベバンは，西独を東側市場から切り離したことにより，他の市場における西独の競争力（対英国）を強化したのは米政府に他ならないと非難した．

相互依存関係に引き入れることが，欧州でのソ連の軍事的脅威の低減につながると西欧各政府は認識していた．

　チャーチル英国首相は1954年2月の議会演説の中で，核の相互脅威時代において，共産圏とのあらゆる交流経路を用いる必要性に触れ，東西通商関係を平和促進のエージェントとして位置づけ，「鉄のカーテン越しに英国とソ連・東欧が貿易を発展させていくこと」を歓迎する発言を行った［Adler-Karlsson 1968：91］．ここでチャーチルが述べていることは，1章で検討したステント（Angela Stent）の「ポジティブ経済連鎖」に他ならない．チャーチルが，ソ連との平和共存を政治目標として掲げ，ソ連・中東欧との通商関係を推進することの重要性を認識していたことは注目すべきであろう．

　またこの発言の中に，チャーチルの対ソ連・中東欧外交の二面性が表れている．チャーチルは54年初頭にダレス国務長官によって示された大量報復戦略への一定の支持は表明しながらも，それと並行して通商を軸とする対ソ連・中東欧宥和策を進めようという意図があったと考えられる．

　このようなソ連に対する希望的観測が，1946年当時は米政府内部でも優勢であったことをパラード（Robert A. Pollard）は指摘した．パラートによれば，1945〜46年にかけて米国防省，商務省，国務省の政策担当者の多くは，貿易を媒介とする経済的浸透がソ連の東欧に対する支配力を低減すると考えていたが，47年半ばにはこの戦術を諦めたとされている［Pollard 1985：161-162］．1947年12月に，国家安全保障会議（NSC）は議会の圧力を受け，米国の戦略物資の対欧州全面禁輸を勧告した．この勧告は，西欧経由でソ連圏に戦略物資が輸出されるのを防ぐことを目的としたものであった［Pollard 1985：161-162］．

　さらに西独のブラント政権が展開した東方外交は，西欧の対ソ連・中東欧戦略の本質を考える上で有益な材料を提供している．69年に首相に就任したブラントは「一民族二国家論」を提唱し，緊張緩和外交を展開した．70年にソ連との間で「武力不行使」を内容とする条約を締結し，同年ポーランドとの間で関係正常化のための条約を結び，72年に東独との間で，相互の国家承認を柱とする基本条約を締結した．ギャッジー（Anthony Tuo-Kofi Gadzey）はこのような西独政府の東方外交には，「経済力を対外政策の手段とする」意図が存在していたことを指摘した［Gadzey 1994：179］．

　このギャッジーの論点について，ステントは，「ネガティブ経済連鎖」と「ポジティブ経済連鎖」の2つの分類に整理した．前者は政治目標のために貿易停止等の否定的な経済手段を用いる場合で，後者は政治目標のために貿易による財の供給など積極的な経済手段を用いる場合を指す．「ポジティブ経済連鎖」の中にも長期的政治目標を掲げる場合と短期的目標を掲げる場合が考えられるが，西独政府が東方外交によって目指したものは，長期的宥和策としての「ポジティブ経済連鎖」であったといえよう．

　冷戦下における西独政府の政治目標は，欧州の安定と東西ドイツ統一であった．シュミット政権とその後のコール政権において外相を勤めたゲンシャーはその回想録の中で，「1967年にアルメル報告を出す段階において，NATOはドイツ問題（the German question）が欧州の平和にとって重要であり，防衛力強化と同時に東側との対話と協力を進めるという「二重戦略（dual strategy）」を推進することで一致していた．またこの戦略の根本的な目的はドイツと欧州の分断の修復にあった」と指摘した〔Genscher 1998：95〕．

　この目標を実現する上で米政府による対ソ連・中東欧戦略への追随はマイナスとなると判断したことが，西独政府の東方外交の出発点であった．またゲンシャーは，外相在任中に東西関係について発表した論考の中で，西欧にとってデタントとは，二重戦略のうちの一方を指すと述べた〔Genscher 1982：42-66〕．この場合の「一方」とは，東側との対話，協調を進めるというものであった．

　このような西欧の外交姿勢は，前述のチャーチルの外交戦略や79年のNATOの二重決定においても一貫して継続されてきたと見ることができよう．さらにゲンシャーは，大戦後から60年代半ばまでのソ連は自給経済的性格が強く，他国に対する依存度は高くなかったが，60年代後半以降，開放的になり，西側との通商関係も盛んになったという認識を示した〔Genscher 1982：42-66〕．しかし西側が，ソ連経済との通商関係を利用してソ連からの政治的妥協を引き出すほどには至っていないとしながらも，経済制裁ではソ連の軍事力増強に歯止めをかけることはできないと指摘した〔Genscher 1982：42-66〕．

　ギャッジーは東方外交の動機を次のように説明している．第2次大戦直後の西独政府は，「冷戦での西側の勝利がドイツ統一をもたらす」という希望を持っていたが，1960年代に入ると西独政府は米国の核戦略の行き詰まりを目の

当たりにし，ドイツ統一のためには「冷戦自体の最終的な解決が不可欠である」という認識に立ち，米国の対ソ連・中東欧戦略に代わるオルタナティヴを必要としていた［Gadzey 1994：178-179］．

　この当時の西独政府は「東西欧州貿易」を積極的に進め，信用供与も行っていた．ブラントの東方外交を受け継いで西独首相に就任した H. シュミットは回想録の中で「ブラントの東方外交を容認したブレジネフ指導部の動機の一部にも経済的なものがあった．これに対して，我々にとって東方との貿易と東方への信用供与は純粋に政治的利害に関わるものだった」と述懐した［シュミット 1991：116］．また，シュミットは80年３月の連邦議会での演説の中で，ソ連・東欧との貿易は欧州の安定とって重要な要件となるという見解を述べた［Stent 1981：238］．

　このようなシュミットの見解は，当時の西独政府にとってソ連・中東欧との通商関係が，政治的動機によるものであったことを示している．このことを裏付ける貿易データがある．EC の対ソ連・中東欧貿易依存度（この場合は全輸出額に占める対ソ連・中東欧輸出の割合）は60年代後半から70年代を通じて，３〜５％程度のシェアを占めるだけであった（表3-2）．

　つまり大戦直後とは異なり，経済成長を成し遂げた西欧諸国にとって対ソ連・中東欧貿易が持つ経済的重要性が低下したことに伴い，「東西欧州貿易」を積極的に支持する経済的動機も低下し，その代わり政治的動機が表面化したと見ることができる．欧州の中で唯一国家分断を経験した西独政府の外交姿勢において，この点がより鮮明に現れたといえるだろう．貿易依存度のデータでは，西独政府を始めとする西欧各政府がソ連・中東欧との通商関係に固執するのかを説明することはできない（貿易依存度の相違における「東西欧州貿易」の非対称性に関しては，３章3.1節で扱う）．

　このことを説明するには，欧州の安定と東西ドイツ統一を実現するために，互恵的通商関係を媒介としてソ連・中東欧との間に政治的宥和を確立することが，当時の西独政府の第一義的外交目標だったと捉えることが適当であろう．冷戦直後から西独政府にとって東独との通商関係は特別の意味を持っており，西独政府は禁輸対象国に東独が入ることに関して特に強く反対していた．この理由としてカールソンは，ドイツ統一という目標を実現するためには，禁輸措

置によって東独との間に経済的亀裂が入ることを避けようとしたと指摘した〔Adler-Karlsson 1968：44-45〕.

　西独にとって東独が特別な「貿易パートナー」であったことを示すのが，次の事実である．西独政府は，冷戦初期から東独に対し貿易上，破格の優遇措置を与えていた．例えば東西ドイツ間貿易が精算勘定で決済され，東独政府は支払いでハードカレンシーを要求されず，東西ドイツ間貿易は国内取引として扱われていた．また東独の輸出には付加価値税が課されるだけで，関税は免除されていたのであった．

　このように西独政府が，冷戦初期の段階から対東独貿易を国内取引としみなし，貿易上の優遇措置を与えていたという事実は，西独政府がドイツ統一を実現するために友好な通商関係を維持することを重要視していたことの現れである．これらの点からも西独政府にとっての「東西欧州貿易」は，ソ連・中東欧との長期的宥和を目指した「ポジティブ経済連鎖」として理解すべきであろう．米政府は冷戦初期から一貫してソ連・中東欧に対し「ネガティブ経済連鎖」を採ってきたわけだが，西独の東方外交と通商政策は米政府とは逆の性格を持つものであり（「ポジティブ経済連鎖」），その点で独自の外交戦略を有していたといえよう．さらに西独政府の外交姿勢の変化を示す事例として，次のものがある．アデナウワー政権は，62年の米政府による対ソ連禁輸措置には従ったが，82年のパイプライン建設に対する米政府の禁輸措置に対して，シュミット政権は，英，仏，伊の各政府と協力して，強硬に対抗し，最終的に米政府を禁輸解除にまで追い込んだのである（この事例は 3 章で分析する）．

　ステントは1962年と80年代の西独政府の外交姿勢を比較して，「西独は独自の『東西貿易』政策を展開しており，この領域に関する米国の姿勢はもはや受け入れられない」と指摘した〔Stent 1981：238〕．ステントが「独自の東西貿易政策」として位置づける西独の対ソ連・中東欧外交は，貿易と東西ドイツ統一をリンクした長期的宥和策としての「ポジティブ経済連鎖」として捉えられよう．

　このような外交姿勢は西独政府だけではなく，他の西欧各政府にも共有されていたと考えられる．欧州安全保障協力会議（CSCE）のヘルシンキ宣言がそれを示している．CSCE が1973年から75年にかけて開催され，米ソを含めた欧州

35カ国が参加し，欧州の信頼醸成，東西経済協力，人権に関する拡大会議が行われた．最終的に合意されたヘルシンキ宣言には，東西間の経済協力と欧州の安全保障とのリンケージに関して注目すべき内容が含まれていた．宣言の前文には，「貿易，産業，科学技術，その他の経済活動の分野における協力の進展は，欧州と世界全体の平和と安全の強化に寄与する」という認識が示されたのである [Dominik ed. 1981：349]．

　この宣言は，経済協力と欧州の安全保障をリンクする考え方が，この当時の欧州において共通認識になっていたことを表している．もっともこの宣言に示された安全保障観と欧州における安全保障の実態は区別されなければならない．1978年にソ連は SS20 の欧州配備を行い，それに対抗する形で NATO の二重決定がもたらされ，80年代前半の「新冷戦」へと移行するわけであり，70年代を簡単にデタント期として捉えることはできない．しかしこのような認識が最終文書の中に盛り込まれた意義は軽視されるべきではないだろう．

　最後に，日本で東西貿易の先駆的研究者の１人である山本武彦と米国で IPE の観点から研究を行ったクロフォードに言及したい．山本は1950年代から70年代にかけての東西貿易を「政経分離」と「政経不可分」という概念で分析した [山本 1982a：98；1982b：90]．山本によれば，西欧各政府が追求していた戦略が「政経分離（通商関係を米ソの政治的対立から切り離す）」であり，ココムやバトル法を用いた米政府の戦略が，「政経不可分（通商関係を政治戦略に利用する）」である．また山本は1992年の論考の中で，キューバ危機等による米ソ直接対決の政治的危機にもかかわらず，「西欧の対共産圏経済外交はその影響を受けることなく，むしろ通商関係の拡大による交換システムの構築にイニシアティブを発揮していった」と指摘し，「東西欧州間には政治と経済との非連携（de-linkage）ダイナミックスが作動し始めたのである」と述べた [山本 1992：262]．

　山本は，デタント期における東西欧州間の経済依存関係が米ソ間の政治状況から自律的であったことを強調する．冷戦初期とは異なり，60年代以降は東西欧州間の経済的依存関係が，東西冷戦の直接的影響を排除しうるだけの自律性を獲得したという点は，山本の分析の通りである．それでは自由貿易を求める市場の動きに対し，西欧各政府はどのような意図を持ってそれを支持したのであろうか．本書では，「東西欧州貿易」を推進しようとした西欧各政府の意図

を，経済復興等の経済的動機によってのみ説明するのではなく，「経済」の背後に政治的意図が存在していたと考える．その意図とは，ソ連・中東欧との経済的相互依存の形成を欧州の政治軍事的安定，ひいては欧州統一につなげようとする宥和外交である（この仮説の根拠は3章及び6章で示す）．2004年のEUの東方拡大は，まさに欧州統一を実現する試みに他ならなかった．

　他方，クロフォードは，ココム交渉において西欧各政府が非軍事物資の制限には抵抗し，ココムの「例外措置」を引き出すことにより，東西貿易において「独自戦略（strategies of self-assertion）」[Crawford 1990：256]を追究したことを明らかにした．しかしクロフォードも西欧の戦略を「政経分離」として捉えている．「対外経済政策と国家の安全保障政策を密接に関連付けて考える米の政策決定者とは異なり，ヨーロッパ人は2つの領域を区別していた」[Crawford 1990：256]というクロフォードの指摘は，山本の「政経不可分」と「政経分離」という認識と同一のものである．[31]

　この説に対し，本書は前述のように，西欧各政府が追求していた東方経済外交が，「政治」と「経済」とを分離させるだけではなく，「経済」領域の相互依存関係を欧州の安全保障という「政治」の領域へ連動させるものであったと考える．西欧各政府は，ソ連・中東欧を西欧との経済的相互依存関係に引き込むことによって，軍事的脅威を低減し欧州の政治軍事的安定を実現しようとしたのである．[32]この点においてこそ，西欧と米国の戦略は対照的であった．

　前述のように米政府の対ソ連・中東欧戦略は，貿易制限措置によって「経済」を「政治」に従属させるものであった．つまり米国も西欧も，ソ連・中東欧との通商関係を政治的意図によって利用するという点では一致していたわけである．しかし西欧の戦略は，「経済」を「政治」に従属させるものではな

---

31)　西欧の「独自戦略」を支えた制度的理由として，米国の場合は対外通商政策の決定過程において国防省が関与するが，西欧諸国の貿易政策に国防省が関与しない点を指摘した．仏軍事省は1981年まで輸出ライセンスに関与できず，西独国防省は輸出ライセンスに対して拒否権を持っていたが，拒否権が行使されることは無かった．また英国防省は，諮問的役割を果たすだけだった[Crawford 1990：256-257].

32)　この点に関してはクロフォードも同様な見解を示した．「貿易のようなポジティブ誘因は，西側との相互依存関係の網にソ連を引き込み，この結びつきが欧州の軍事的脅威を低下し得る」[Crawford 1990：256].

かった．西側の市場経済のもとでは，たとえ政府が政治戦略の必要性から企業に対し貿易促進を働きかけたとしても，個々の企業が損益を考慮せずに取引を行うことはないだろう．西欧各政府の対ソ連・中東欧戦略を支えたのは，基本的には利潤を求める企業の経済活動であり，各政府は「経済的自由主義」に基づく企業の通商行為を外交戦略に取り込んだのである．

お わ り に

本章では，冷戦初期から1970年代後半にかけての東西欧州貿易を観察することによって，西欧各政府が独自の東方経済外交を行っていたことを示した．この外交は，欧州の政治的安定，ひいては東西欧州統一を政治目標とした長期的宥和策としての「ポジティブ経済連鎖」であり，「ネガティブ経済連鎖」を追及した米政府の外交とは対照的であった．

西欧各政府が追求していた東方経済外交は，「政治」と「経済」とを分離させるのではなく，「経済」の相互依存関係を欧州の安全保障という「政治」の領域へ連動させるものであったといえよう．西欧各政府は，ソ連・中東欧を西欧との経済的相互依存関係に引き込むことによって，軍事的脅威を低減し欧州の政治軍事的安定を実現しようとしたのであった．

米政府の対ソ連・中東欧戦略は，貿易制限措置によって「経済」を「政治」に従属させるものであった．米政府も西欧各政府も，ソ連・中東欧との通商関係を政治的意図によって利用するという点では同質性があったが，西欧各政府の戦略は，「経済」を「政治」に従属させるものではなかった．西側の市場経済のもとでは，たとえ政府が経済外交の必要性から企業に対し貿易促進を働きかけたとしても，個々の企業が損益を考慮せずに取引を行うとは考えがたい．西欧各政府の東方経済外交を支えたのは，基本的には利潤を求める企業の経済活動であり，各政府は「経済的自由主義」に基づく企業の通商行為を外交戦略に取り込んだのである．

このような西欧各政府と米政府の戦略の違いがより鮮明になるのは，次章で扱う80年代前半の「東西欧州貿易」をめぐる米政府と西欧各政府との対立においてである．

第3章
新冷戦期の東西経済関係
——1980年代前半の「東西欧州貿易」と対ソ連経済制裁——

は じ め に

　1979年12月のソ連軍によるアフガニスタン侵攻を契機として，「新冷戦[1]」といわれるまでに米ソ間での政治的緊張が高まるなか，「東西欧州貿易」は新たな展開を見せた．2章で述べたように，それまでの「東西欧州貿易」は，米ソ間のデタントという政治的環境の下で進展してきたわけだが，デタントが後退した「新冷戦」期に，西欧諸国の対ソ連・中東欧貿易は拡大したのである[2]．同時期に米国の対ソ連・東欧貿易が大きく減少したのとは，対照的な結果を示した．本章では，「新冷戦期に，西欧諸国とソ連・中東欧間貿易はなぜ増大したのか」という問題を取り上げる．

　上記の問題に対し本章では，「冷戦初期から西欧各政府には，米政府の対ソ連・中東欧戦略を相対化する意図が存在しており，デタント期に東西欧州貿易として醸成され，新冷戦期にEC独自の対ソ連・中東欧戦略が顕在化した」という仮説を提出する．

1）「新冷戦」に関しては当初から虚構説が指摘されていた．しかし，アフガニスタン侵攻について米ソ間で事前に合意がなされていたこと示す根拠は乏しい．またこの時期に「冷戦」を演出するために，このような合意が成立するほど米ソ間で親密な情報交換がなされていたとすれば，1981年12月のポーランドの戒厳令に関しても何らかの合意がなされたと考えるのが自然であり，これらを裏付ける根拠が乏しいため虚構説は説得力に欠ける．

2）1970年代から80年代にかけて，ECの加盟国も増えているが，本章で西欧諸国という場合は，2章・注1の「西欧」と同様に，ECとEFTA加盟国を指す．また国連の貿易データを用いる場合は，ユーゴスラヴィアも西欧に含まれる．

　米政府と EC のソ連・中東欧に対する外交政策上のアプローチの違いは，「東西欧州貿易」に現れている．冷戦下の「東西欧州貿易」に対する米政府の戦略は，国内の貿易規制法とココムを通じて，東側に対し「経済的封じ込め（Economic Containment)」を実施し，経済を政治に従属させるものであった．これに対し EC の戦略は，経済を政治から引き離そうとしたと考えられていた（2章で検討した「政経分離」説)．しかし EC の戦略は，単に政治と経済の分離では捉えきれない側面を持つ．なぜなら EC は，自由貿易を求める企業の動きを外交戦略の中に取り込むことにより，経済と政治を連動させる独自の対ソ連・中東欧戦略を目指していたと考えられるからである．またこの点は，西欧諸国が，ソ連から大量の天然ガス輸入を行うことによって，ソ連に対するエネルギー依存を強める選択を行ったことにも示されている．1982年の西シベリアパイプライン建設をめぐる米政府と EC との対立を観察し，西欧独自の「東方経済外交」を明らかにする（「東方経済外交」は，EC 独自の対ソ連・中東欧戦略を指す)．

　先行研究との関係では，経済研究者による従来の研究は異体制間貿易という「東西欧州貿易」の特殊性は認識しながらも，通商関係としての分析にとどまっていた．チェルプルコ（Aleksander Czepurko)，田尻武敏，小川和男等の研究［Czepurko 1975：野尻 1981：42-57：小川 1977］は，東西の通商関係に対する外交戦略的視点からの分析が十分ではなかった．冷戦体制下における「東西欧州貿易」は，経済現象であると同時に政治外交にも関わるものであった．いわば「東西欧州貿易」は，政治と経済との結節点となっていたのである．外交と通商関係をリンクさせるには国際政治経済学（IPE）の分析視点が必要となるが，この分野における既存の IPE 研究（カールソン，マスタンドゥノ，クロフォード，山本武彦）［Adler-Karlsson 1988：241-279：Mastanduno 1992：Crawford 1990：251-283：1993：山本 1982a：1982b］は，西欧諸国の対ソ連・中東欧貿易を主として経済的動機によって説明しており，西欧独自の外交戦略に対する指摘が十分ではない．

　他方，ジェントルソン（Bruce W. Jentleson）は，対ソ連経済関係において米政府は政治的動機を優先し，EC 加盟国政府は経済的動機に基づくとしながらも，「シベリア・ガスパイプラインに関する西欧の利益が純粋に経済的なものであると考えるべきではない」とし，さらに「この問題は外交戦略をめぐる米政府と西欧の争いに他ならない」と指摘した［Jentleson 1986：190］．ジェントル

ソンがいう「外交戦略」の争いは，西欧の中距離核ミサイル配備とレーガン政権の限定核戦争構想をめぐる対立を指すが［Jentleson 1986：190-191］，83年に中距離核ミサイルの西欧配備を承認した事実を見れば（例えば，83年11月，伊議会と西独連邦議会は国内配備を認める政府決定を可決した），EC 加盟国は最終的にレーガンの核戦略を受け入れたわけであり，ミサイル配備をめぐる対立は NATO の枠組みに亀裂を生じさせるものではなかった．つまり EC 加盟国政府は，軍事面では NATO の枠組みを維持する一方で，経済面で独自の東方経済外交を追求していたのである．

　本章では，西欧とソ連・中東欧との通商関係を政治外交の観点から捉え直すことによって，西欧独自の東方経済外交を浮き彫りにしたい．また 1 章で整理した概念を使って上記の事例を分析し，新冷戦期における EC の東方経済外交はステントのいう「ポジティブ経済連鎖」であり，ガワとマンスフィールドのモデルは米政府の対ソ連・中東欧外交には適合するが，EC の東方経済外交を説明しえないことを示す．

1．「東西欧州貿易」と対ソ連経済制裁

1.1　アフガニスタン問題における対ソ連経済制裁

　本節では，1980年代前半に行われた米政府と EC の対ソ連経済制裁[3]に焦点を当てる．この時期の米ソ間の緊張の激化は，「東西欧州貿易」にいかなる影響を与えたのであろうか．本節では79年のアフガニスタン問題（79年12月のソ連軍によるアフガニスタン侵攻）の際に米政府と EC が行った対ソ連経済制裁を事例として，両者の戦略の違いを明らかにしたい．

　アフガニスタン問題への対応としていち早く対ソ連経済制裁を決定したのは米政府であり，EC も同様な措置を求められた．80年 1 月に米政府が行った経済措置は，① 米ソ穀物協定に基づく800万トンを除く超過分1700万トンの禁輸，

3）　1980年代初頭の EC 加盟国は 9 カ国であり，南欧（ギリシャは81年 1 月加盟）と北欧は加盟していなかった．本章で西欧諸国という場合は，2 章と同様に，95年の EU 加盟15カ国とスイス，ノルウェーを指し，「EC 加盟国」という場合は加盟 9 カ国を指すものとする（81年 1 月以降に関しては10カ国）．

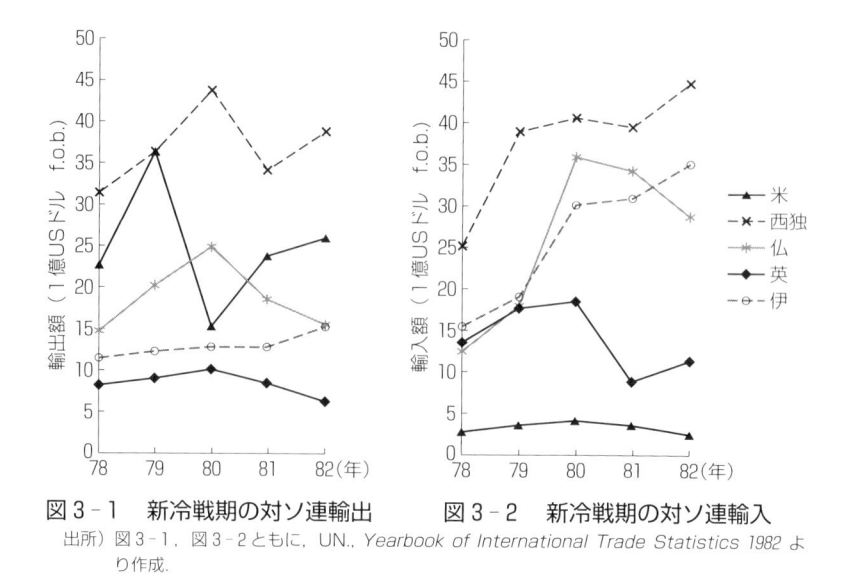

図3-1　新冷戦期の対ソ連輸出　　図3-2　新冷戦期の対ソ連輸入

出所）図3-1，図3-2ともに，UN., *Yearbook of International Trade Statistics 1982* より作成.

②高度技術品の輸出ライセンス発給停止の2つを柱とするものであった
［Hufbauer, Schott and Elliott 1990：163-174］．米国にとって対ソ連貿易の柱は穀物
と高度技術品の輸出であり，この制裁措置は，米国の対ソ連貿易の根幹に関わ
るものであった．

　それに対しECの制裁措置は，1．米政府の対ソ連穀物禁輸分の穴埋めは行
わない，2．対ソ連・中東欧穀物輸出を監視下に置く，3．バターの対ソ連輸
出補助金の停止の3つを柱とするもので，貿易への影響の少ない内容だった[4]．

　図3-1，図3-2と図3-3，図3-4は，1980年前後の欧米諸国の対ソ連輸
出入額を，年単位（図3-1，図3-2）と四半期単位（図3-3，図3-4）で表した
ものである．実際に80年の米国の対ソ連輸出額は対前年比で58.1％も減少した．
米政府の制裁措置は実効性の高いものであったことが，輸出額の大幅な減少か
らも裏付けられる．これに対しECの措置は，対ソ連貿易の根幹である工業品
の輸出やエネルギー資源の輸入は制裁対象から外されていた．ECの制裁措置
は貿易に対する影響の低い品目に限定したものであり，EC加盟国は米政府の

4）　*The Economist,* Jan. 19, 1980, p. 44.

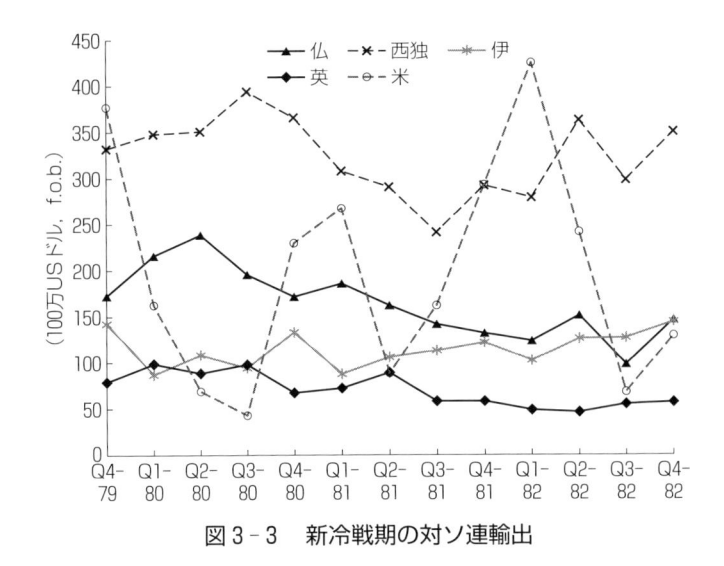

図 3 - 3　新冷戦期の対ソ連輸出

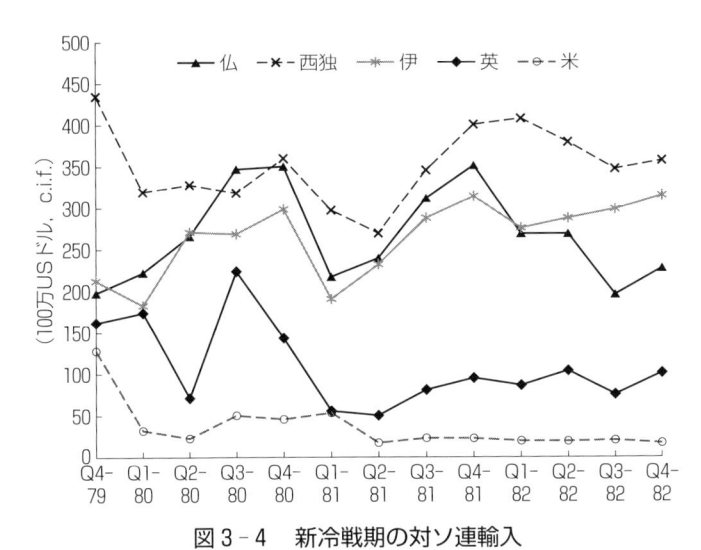

図 3 - 4　新冷戦期の対ソ連輸入

注）米国は輸出（f.a.s.），輸入（f.o.b.）．
出所）図 3 - 3，3 - 4とも OECD, *Monthly Statictics of International Trade*
（http://masetto.sourceoecd.org/，2009年 7 月21日閲覧）より作成．

姿勢に対し形式的に同調しただけであった．実際に80年の EC 加盟 4 カ国の対ソ連輸出は増大し，輸出の対前年比で西独が20.7％増，仏が22.4％増，英が13.5％増，伊が4.1％増であった（図 3 - 1，図 3 - 3）．

同期間の EEC，EFTA と中東欧貿易は，西欧からの輸出が154.1億ドルから164.7億ドルへ6.9％増，中東欧からの輸出が142.9億ドルから167.3億ドルへ17.1％増となり，相互輸出が拡大した（4 章図 4 - 4）．またココムリスト改正に関する報道によると，80年 7 月に軍事転用 8 品目が追加される一方で産業用品目は緩和され，全体としては149品目から145品目に減少した[5]．

米政府と EC による制裁措置は，それぞれの対ソ連戦略の違いを反映していたと見ることができる．米政府は対ソ連貿易において輸出制限措置という「ネガティブ経済連鎖」を実施したのに対し，EC はあくまで形式的同調にとどまり，対ソ連貿易を維持する姿勢を明確にしたのである．

1.2　ポーランド問題における対ソ連経済制裁

次に1981年12月のポーランドでの戒厳令布告に端を発し[6]，米政府と EC が82年に行った対ソ連経済制裁について観察したい．米政府の制裁措置は，① 天然ガス開発資材の輸出許可停止，② 穀物協定の交渉延期，③ 高度技術品の輸出停止の 3 つを柱とするものであった[7]．穀物に関しては，新規の長期穀物協定交渉の停止に留め，81年 4 月に解除されていた対ソ連穀物禁輸措置の新たな発動はなかった．

また米政府が80年当初から再三提案していたココム規制の強化については，規制に反対する EC 加盟国政府との確執は続いていた．結果的には，82年12月の戒厳令の停止後，84年 7 月にコンピューター輸出を自由化する代わりに，ソフトウエアーと通信技術に関して新たな制限を設けるという妥協が，米政府とEC との間で成立した[8]．

5）　朝日新聞，1980年 7 月 4 日．
6）　ポーランド自主管理労組「連帯」が，中東欧では認められていない労働者のストライキ権を政府から獲得した後，さらに共産党政権の是非を国民投票に付すことを要求したのに対し，ヤルゼルスキ首相は，1981年12月12日，国家緊急事態を宣言し結社の自由を制限した．

　EC の措置は工業品，贅沢品を中心とする59品目の輸入制限であり，輸出に関しては制裁対象にはならなかった[9]．この輸入制限によりソ連の対 EC 輸出額は 1 ％強減少することが見込まれたが，前回の制裁同様，ソ連からの輸入の根幹であるエネルギー資源は制裁対象からは外された．ポーランドに対しては公的債務繰り延べ協議の無期限延期が西側16カ国で決定され，また NATO 外相会議において食料品を除く新規公的信用供与停止が決められた［UN ECE 1982（*Economic Bulletin for Europe*. 34）[10]：36］．

　米政府は，このような EC の制裁内容に対し満足しなかったため，米政府の貿易制裁に従わないのであれば，欧州企業に対しても制裁対象を広げるという警告を出した．この警告は，西欧の企業が受注契約を結んでいた西シベリア天然ガスパイプライン計画に対して実行に移されたが，この点は次節で扱う．

---

7)　*Financial Times,* Dec. 30, 1981. 米政府の制裁措置の詳細は次の通りである．政府内の対ソ連買い付け委員会を閉鎖し新規の長期穀物協定交渉を停止．コンピュータ，エレクトロニクス，その他の高度技術製品のソ連に対する輸出許可証の発行，更新の停止．広範囲の石油，天然ガス設備の輸出許可制度の発足と関連許可証発効の停止．全てのソ連船舶に対し新規の入港規制を実施し，エネルギー，科学技術についての米ソ交換協定の更新停止．米企業の海外子会社による石油，天然ガス設備の対ソ連売却を禁止（この措置は86年 6 月に米企業のライセンス生産をする外国企業に対しても適用され，EC からの反発を買ったが，この点は次節で触れる）．ポーランドに対しては次の通り．1982年に期限が来る公的債務の繰り延べについての協議を無制限に停止．食料以外の物資について新規の公的信用供与停止．輸出入銀行のポーランド向け輸出金融保険の停止．米国領海におけるポーランド漁業権の停止．ポーランド向け高度技術商品に対する輸出許可証の廃止．米国内での民間航空の保持する権限の停止．

8)　*Financial Times,* July 16, 1984. *New York Times,* July 17, 1984. ココムに関する決定は非公開であるが，1982年から84年にかけて，3 回のココム交渉が開かれ，コンピューター製品等に関する規制が強化され，特に80年にココムの例外規定が対ソ連輸出に関しては廃止されたという指摘もあった［Mastanduno 1988b：267-268］．

9)　*Financial Times,* Mar. 16, 1982. EC が禁輸対象とした59品目（キャビア，アラーム付き腕時計等）については，次の資料に全品目掲載されている．EC, *Official Journal*, L72 Vol. 25, 16 Mar. 1982. pp. 15-18. また西独政府の措置は，海上航海，内陸河川運航，科学技術協力の 3 協定の締結についての交渉停止，78年締結の経済協力協定の制限（協定自体の破棄ではなく制限した形での適用）であり，英政府は，英ソ技術協力の削減を決定した．

10)　米政府は独自にポーランドに対し，最恵国待遇の停止，高度技術品に対する輸出停止等を行った．

米政府の制裁内容は，実効性の高いものであったが，穀物禁輸は行われなかったため，82年の米国の対ソ連輸出が対前年比で10.2％上昇した．国内農業団体の反対を受け，穀物輸出を制裁措置に含めなかったことが要因である．

ECの制裁措置は，贅沢品等の輸入量の少ない品目に限定されたものであり，結果としてEC加盟4カ国の対ソ連輸入額合計は，対前年比で5.6％増加した（図3-2，図3-4）．EC加盟4カ国の対ソ連輸出額合計は対前年比で2.9％増加したが，輸出に関しては制裁対象から外れているため，制裁との直接的関連はない．各国別に見ると，対ソ連輸入では，インフレ抑制策等の影響で対前年比16.2％と減少した仏を除いて，西独（対前年比13.5％増），伊（同18.0％増），英（同29.1％増）と上昇した．対ソ連輸出は，西独（同14.2％増），伊（同16.7％増），仏（同16.2％減），英（同24.4％減）という結果であった．

この時期に英，仏の輸出が低下したのは，外貨不足と累積債務に悩むソ連・中東欧が西欧からの輸入を抑制していたことが影響した．ソ連・中東欧は70年代において工業化促進のためプラント輸入を目的として，西欧諸国から大量の資金調達をしてきたがその多くは輸出信用であり，ソ連・中東欧の外貨不足を補うために供与されたものであった．しかし，東側の投資効率の問題と西側からの資本財の輸入が製品輸出として現れるまで時間を要するため，輸出拡大による貿易収支均衡を図ることが容易ではなかった．

ソ連・中東欧各政府は，81年以降，西側からの輸入を穀物等の必需品に限定すると同時に，資本財の輸入を制限し貿易収支の均衡に注力した．2章の図2-2に示されているように，81年から82年にかけてのソ連・中東欧からの対西欧輸出額は，429.2億ドルから460.2億ドルまで，7.2％増大したのに対し，西欧の対ソ連・中東欧輸出は，同期間で333億ドルから302.7億ドルまで，9.1％減少した．この時期のソ連・中東欧の対西欧輸出の増大と輸入の減少は，東側による貿易収支不均衡の解消策の結果と考えるべきであろう．また中東欧各政府は，80年代前半に西欧からの輸入抑制策と並行して輸出促進策を採ったため，輸出は比較的順調に伸び，結果的に経常収支も改善されたのである[11]．

表3-1は西欧諸国（EU15で算出）の対ポーランド貿易（1979-85年）を表したものである．81年から82年にかけて西欧の対ポーランド輸出は減少し，ポーランドからの輸入は前年並みだった．ポーランドはヤルゼルスキ政権下において

表 3 - 1　EU15の対ポーランド貿易 (100万 US ドル)

年	79	80	81	82	83	84	85
輸入	294	327	202	198	195	236	239
輸出	301	335	208	163	154	158	172

出所) OECD. *Monthly Statictics of International Trade* (http://masetto.sourceoecd.org/. 2009年7月19日閲覧) より作成。

極端な輸入抑制策を採り、82年のポーランドの輸入総額は対前年比34%減と大幅に減少し、EU15の対ポーランド輸出も同22%減少した。

また、同時期に開かれていた CSCE (欧州安全保障協力会議) [12] において、ポーランド問題が取り上げられることはなかった。CSCE マドリッド会議 (1980年11月～83年9月) において、82年にポーランド問題をめぐり米ソ間の対立が激化したため実質審議が行われないまま、82年3月から同年11月まで休会した。特に米政府が対ソ連経済制裁を強化した6月から11月の制裁解除まではこの休会期間と重なっており、CSCE の枠組みにおいてこの問題を協議することはなかったと考えられる。休会以前においても、ソ連側は、ポーランド問題とマドリッド会議での議題をリンクしようとする西側の姿勢を拒否したため、マドリッド会議問題が直接議題によることはなかった。またポーランド代表は、マドリッド会議に NATO の政治姿勢を持ち込もうとする西側の姿勢を「NATO のシナリオ」として非難した。

11) ただし、中東欧の対 EEC、EFTA 輸出は輸出促進策にもかかわらず、1981～84年にかけて150.3億ドルから154.3億ドルと僅かに増加しただけであった。中東欧製品の競争力の問題に加え、この時期の西欧諸国の景気悪化が影響していった。

12) 新冷戦期の CSCE に関しては Sizoo and Jurrjens [1984：133-136：203：236] に説明がある。またアフガニスタン問題に関してはすでに制裁に対する対ソ連経済制裁については、マドリッド会議が開かれた80年11月にはすでに実施されていたため、CSCE で審議されることはなかったと考えられる。またマドリッド以前の会議は、ヘルシンキ会議から2年後の77年から78年にかけてベオグラードで開かれた。したがってベオグラードでのアフガニスタン侵略に関して、CSCE で直接、話し合われることはなかったと考えてよいであろう。

2. 天然ガスパイプライン建設をめぐる米政府と EC の対立

西シベリアの天然ガスを西欧7カ国（西独，フランス，イタリア，オランダ，ベルギー，オーストリア，スウェーデン）に供給するため，ウレンゴイからチェコスロバキアを経て西独に至る総延長3500マイルのパイプラインの敷設が計画された．西シベリアでの天然ガス・共同開発は1973年にソ連側から提案され，世界最大のガス田であるウレンゴイ開発について西側企業とソ連側の交渉が78年までに開始されていた [Crawford 1993：158]．この計画によって，ドイツ銀行協会を中心とした EC 加盟国銀行はパイプラインの建設資金の約120億ドルを融資する見返りに，上記7カ国は1984年の完成後，ソ連から年間400億立方メートルの天然ガス供給を受け，ソ連は毎年約100億ドルを得ることが見込まれた[13]．

パイプライン完成後，90年までの西欧諸国の天然ガス対ソ連依存率は，西独が30％（総エネルギー需要の6％），仏が30〜35％（同4％），伊が35％（同7％），オーストリアが80％（同15％）と予測された[14]．ソ連はこのプロジェクトに必要な開発資材を EC 加盟国企業に求め，パイプライン関連の輸出契約がソ連機械輸入公団と英，仏，伊，西独の各企業との間で，81年9月から11月にかけて締結された[15]．

この契約には前例が存在し，70年2月に西独政府がソ連との間に締結した「パイプライン・天然ガス」取引協定がこれに当たる．この協定は，西シベリアで開発される天然ガスの輸送に必要な大口径鋼管と融資を提供し，その見返

---

13) *The Economist* Feb. 21, 1981：13：*The Economist,* July 10, 1982：63. ドイツ銀行を中心とした西独銀行協会は，1981年7月1日に，コンプレッサー・ステーションに関して34億マルクの対ソ連融資に合意した [Lenway and Crawford 1986：50]．

14) ソ連東欧貿易会1983年4月（調査月報）：23.

15) *Finaicial Times,* Oct. 10, 1981, *Finaicial Times,* Oct. 21, 1981. 1981年9月30日に，ソ連輸入公団と伊のヌーヴォ・ピニョーヌ（Nuvo Pignone）社がコンプレッサー・ステーション19基の販売契約を結び，また同日，ソ連の輸入公団が西独のマンズマン（Mannesmann）社と仏のクルソ・ロワール（Creusot-Loire）社との間で，コンプレッサー・ステーション22基の販売契約を結んだ．また81年11月20日，ソ連輸入公団と西独のルーラガス（Ruhragas）A. G. 社は，パイプライン完成後供給される天然ガスの価格と量に関して契約した [Lenway and Crawford 1986：50]．

りに西独は20年間にわたって年間30億立方メートルの天然ガス供給を受けるというものであった．この協定が成立して以後，西欧諸国とソ連との天然ガス共同開発プロジェクトは，西欧からの開発資材及び資金の提供とプロジェクト完成後のソ連からの天然ガス輸出を組み合わせたものになっており，81年の契約内容も70年の協定を踏襲したものであった．

　西欧諸国は，この建設計画によって西欧の鉄鋼，機械産業に対し雇用創出効果がもたらされること，またソ連から天然ガスを輸入することによりエネルギー供給元を分散化し，中東へのエネルギー依存を低めることが可能となる点を歓迎した．その背景には石油ショック以降，西欧のみならず他の OECD 加盟国も，OPEC への石油依存度の低減策を模索していたことが指摘できる．この場合の「依存」とは2つの意味を持ち，エネルギー源としての石油に対する依存と石油供給元としての中東への依存であった．したがって石油の代替エネルギーと代替供給元を見出すことが OECD 加盟国に共通する政策課題であった．この2つの条件を満たすものが，西欧諸国にとってはソ連からの天然ガス輸入という選択肢であった．

　これに対しレーガン政権は，EC 加盟国の対ソ連エネルギー依存の増大を懸念し，さらに天ガス供給に伴う外貨の流入は間接的にソ連の軍事力増強につながるとして，契約締結前から反対の姿勢を示していた［Crawford 1993：161-163］[16]．81年7月のオタワ・サミットで，レーガンは西欧各首脳に対しパイプライン計画の放棄を訴えたが，その説得は失敗に終わった．西欧各政府はココム見直しには同意したが，パイプライン計画は堅持する姿勢を示した［Hufbauer, Schott and Elliott 1990：205］．西欧各政府に対する説得工作に失敗した米政府は，当初このプロジェクトに関する禁輸措置の対象を自国企業の対ソ連輸出に限定して

---

16)　クロフォードは，IEA（国際エネルギー機関）が1983年に西欧のソ連に対するエネルギー依存の増大を警告する報告書を提出したが，これに対抗する形で EC はソ連からの天然ガス輸入計画を推進した事実を取り上げた［Crawford 1993：161-162］．天然ガスプロジェクトに関する米政府の制裁解除に対し，EC は，IEA による調査が完了するまでソ連からの天然ガス輸入について新規の契約交渉を見送ることで同意した．そして83年3月に IEA が報告書を提出したことにより，西欧とソ連との天然ガス契約交渉も再開された．IEA は，90年までに英国を除く西欧の天然ス需要の35％が，ソ連とアルジェリアからのものになるという予測を発表した［Crawford 1993：161-162］．

いたが，82年6月18日，レーガン政権は対ソ連禁輸措置を強化し，海外の米系子会社の製品や米企業からライセンスを受けて生産している外国企業の製品も禁輸対象に含めることを決定した[17].

この決定は，開発資材の輸出契約を結んでいたEC加盟国企業の対ソ連輸出を，事実上禁止するものであったため，加盟国政府からの反発を招いた．82年7月9日，シュミット西独首相は，「西独政府は自国企業がソ連との間に結んだ契約を遵守する」という声明を発表した [Lenway and Crawford 1986 : 51]．サッチャー英国首相も，「問題なのは1つの強力な国家が，契約履行を停止し得るか否かだ」と述べ，レーガン政権の対応を批判した[18]．さらにミッテラン仏大統領とサッチャーは，天然ガス輸入契約が欧州の安全保障を危険にさらすという米政府の主張に反論する共同記者会見を開き，米政府による対抗制裁を直ちに取り下げるようレーガン政権に求めた [Jentleson 1986 : 190]．

ECとしても公式に反対し，同年7月14日，欧州委員会は米国務省へ外交文書を送り，米国内法の域外適用にあたる米政府の措置に抗議し制裁解除を求めた[19]．さらに同年8月12日，欧州委員会は再び米国務省に対し外交文書を送り，この措置が「国際法に反し，ECの通商政策への受け入れがたい介入である」とする見解を伝えた[20]．欧州委員会による対米批判と前後し，英，仏，伊，西独の各政府は自国企業に輸出を命じ，各企業は輸出を強行した．これに対し米政府はEC加盟国に対する報復措置として，英，仏，伊，西独の関連企業への輸出停止を行ったが，EC加盟国の輸出は止まらず，同年11月13日に米政府が禁輸措置を解除することで決着がついた[21]．

次に，EC加盟国政府の対応と企業の動きを見ていきたい．英政府は，英企

---

17) European Commission, June 1982 Bulletin of the European Communities : 73 ; The Economist, June 26 1982 : 66.

18) *The Economist,* June 26, 1982, pp. 52-53.

19) European Commission, July & August 1982 *Bulletin of the European Communities* : 9 ; 66.

20) Ibid., p. 9, p. 66. 米政府の禁輸措置の拡大を国際法の観点から分析した小原は，米政府による輸出管理法の域外適用は国際法上の効力を認められないと論じた [小原 1985 : 261-310].

21) European Commission, Nov. 1982 *Bulletin of the European Communities* : 55.

業が外国の法律や制裁に従うことを禁じた通商利益保護法を法的根拠として，ジョン・ブラウン・エンジニアリング社（John Brown Engineering）に対し輸出を命じた[22]．同社は21基のタービン輸出を受注していたが，米政府の対ソ連禁輸措置を遵守すると約1億ドルの損害を蒙ることが予想された[23]．同社はこの命令に従って82年8月27日に，米国のGE社のローターを用いて製造されたガスタービン6基を輸出した[24]．仏政府は，フランスの国内法が外国法と抵触した場合に国内法が優先することを示した最高裁判決を法的根拠とし，米系子会社のドレッサー社（Dresser）と仏国有企業クルソ・ロワール社（Creusot-Loire）に対し輸出を命じた[25]．ドレッサー社はこの命令に従い，同年8月27日にコンプレッサー・ステーション3基を輸出し，クルソ・ロワール社も同様に輸出を強行した[26]．

　西独政府は，ポーランド問題発生当初から対ソ連経済制裁には反対していた．西独には，英仏のように輸出を強行する法的根拠がなかったが，同年8月25日にAEG-カニス社（Kanis）に対し輸出を命じた[27]．同社は米国企業の技術を用いて製造されたタービン5機を同年9月末までにソ連へ出荷する契約を結んでおり，同年10月1日にタービン2機を輸出した［Moyer and Mabry 1985：72］．伊政府は西独政府と同様に輸出を強行する法的根拠はなかったが，7月末にヌヴォ・ピニョーヌ社（Nuvo Pignone）に対し輸出を命じた[28]．同社は同年8月27日に米国企業のローターを用いて製造されたガスタービン7基とコンプレッサー・ステーション4基の出荷準備を行い，9月4日に輸出した［Moyer and Mabry 1985：46；Mastanduno 1992：258-259］．

　米政府はこれらの欧州企業の輸出強行が，米国内法に対する侵害に当たると

22)　*The Economist,* July 31, 1982：36.

23)　*The Economist,* July 10, 1982：64.

24)　*The Economist,* Aug. 28, 1982：49.

25)　*The Economist,* July 31, 1982：36.

26)　*The Economist,* Aug. 28, 1982：49.

27)　*The Economist,* Aug. 28, 1982：49.

28)　*The Economist,* July 31, 1982：36.

29)　*The Economist,* Aug. 28, 1982：49. 同社は19基のコンプレッサー・ステーションと57基のタービンの輸出契約を結んでいた（*The Economist,* July10, 1982：64）.

して，これらの企業に対しペナルティを課した．米商務省は輸出管理法に基づき，輸出を強行した欧州企業を「暫定的禁止リスト」に載せ，石油やガス関する米系商品及び技術の外国企業への輸出を禁止し，またこれらの欧州企業への輸出ライセンスも取り消した［Moyer and Mabry 1985：72］．この規制は，対ソ連貿易のみならず全ての取引に適用された．しかしこのよう米政府による逆制裁にもかかわらず，欧州企業の輸出は継続されたのであった．例えば，米系子会社ドレッサーは同年10月にもパイプライン用のコンプレッサーを3機，ソ連に向けて出荷した［Moyer and Mabry 1985：72］．この対立劇は，前述のように，同年11月13日に米政府が禁輸措置を解除することで決着がついた[30]．結果的にこのプロジェクトは予定より早く完成し，84年6月末から操業が開始された[31]．

3．対ソ連経済制裁に関する分析視角

3.1 「東西欧州貿易」における依存度と貿易構造

　本節では西欧，ソ連・中東欧の「東西欧州貿易」における依存度と貿易構造について考察する．表3-2，表3-3は各ブロックの「東西欧州貿易」に対する依存度を表したものである．この表を見ると，西欧諸国の依存度の低さとソ連・中東欧の依存度の高さは，対照的であることがわかる．例えば1980年のソ連の全輸出額に占める EEC[32] と EFTA[33] のシェアは合計で29.2%であり，65年の14.6%から大きく上昇した．また同年のソ連の全輸入額に占める EEC と EFTA のシェアは23.7%であった．ソ連の中東欧輸出のシェアは，65年の

---

30)　公開された1次資料を用いて，経済制裁をめぐる米欧の交渉を描いた論稿に次のものがある．［山本 2015］．

31)　ソ連東欧貿易会1986年9月（調査月報）：33頁．

32)　経済学において「貿易依存度」を測定する場合は国民経済における重要度を見るために GNP を分母とするが，本章では貿易相手国としての重要度を見るため輸出額全体に占める「東西欧州貿易」の割合を算出した．

33)　1967年7月に，ECSC（欧州石炭鉄鋼共同体），EAEC（欧州原子力共同体），EEC（欧州経済共同体）を統合し，EC（欧州共同体）が発足したが，この表では EC 発足前の65年の数値も用いるため，EEC で表記する．また73年1月に，英国とデンマークが EFTA を抜け，アイルランドとともに EC に加盟した．75年と80年の EEC の数値には，これら新加盟国の数値も含まれている．

表3-2　ソ連・中東欧の輸出依存度 (単位：%)

年	65	70	75	80
ソ連（対米）	0.4	0.5	0.6	0.3
ソ連（対 EEC）	6.4	6.7	13.8	21.9
ソ連（対 EFTA）	8.2	8.0	7.0	7.3
ソ連（対中東欧）	52.7	52.8	49.4	42.1
中東欧（対米）	0.9	0.9	1.0	1.8
中東欧（対 EEC）	8.3	13.8	13.3	15.0
中東欧（対 EFTA）	7.8	4.9	5.2	6.4
中東欧（対ソ連）	40.6	37.4	35.4	38.0

表3-3　欧米の輸出依存度 (単位：%)

年	65	70	75	80
米国（対ソ連）	0.2	0.3	1.7	0.7
米国（対中東欧）	0.4	0.5	0.9	1.1
EEC（対ソ連）	0.8	1.2	2.0	1.6
EEC（対中東欧）	2.2	2.2	2.8	1.9
EFTA（対ソ連）	1.9	1.9	3.7	3.4
EFTA（対中東欧）	2.6	2.9	5.3	3.2

注) 1. EEC 加盟国数は実態に合わせたものとなっている.
　　2. 中東欧に旧ユーゴスラビアは含まず. 東西ドイツ間貿易は含まず.
出所) 表3-2, 表3-3とも U. N. *Yearbook of International Trade Statistics*（各年版）より作成.

55.7％から80年には42.1％にまで低下した. 中東欧にとっては, EEC と EFTA 向け輸出のシェアが, 65年の16.1％から80年には21.5％に上昇している. それに対しソ連向け輸出のシェアは, 65年の40.6％から80年には34.2％にまで低下した.

---

34)　EFTA（欧州自由貿易連合）は, EEC の結成に脅威を感じた英国を中心に, デンマーク, ノルウェー, スウェーデン, オーストリア, スイス, ポルトガルの7カ国構成により, 1960年に発足した. 73年に英, デンマークが EC 加盟により離脱し, 86年にポルトガルも EC 加盟により離脱した. その後アイスランド, フィンランド, リヒテンシュタインが加盟したが, 95年にはスウェーデン, オーストリア, フィンランドが EC に加盟により離脱した.

　このように70年代から80年代初頭にかけて，ソ連と中東欧はコメコン域内貿易の割合が徐々に低下し，対西欧貿易への依存度が高まったといえる．50年代から80年代にかけてのソ連・中東欧にとっての経済課題は，工業化と国民生活の向上にあった．そのためには西側から機械，設備，資材，また不足分の穀物等を輸入する必要性は高かった．またエネルギー資源，農畜産物，軽工業品を西欧に輸出することは，外貨獲得の手段として重要な意味を持っていた．例えば，80年代初頭におけるソ連の外貨獲得の80％はエネルギー輸出によるものであった．

　他方，西欧諸国の全輸出額に占めるソ連・中東欧のシェアは，65年から80年にかけて，EEC で 1 ～ 2 ％，ETA で 2 ～ 4 ％であった．西欧の中でも比較的高い数値を示す西独，仏でも，ソ連・中東欧向け輸出のシェアは，4 ～ 5 ％であった．東側の通貨を市場の為替レートで換算をすることに起因する問題や西欧とソ連・中東欧との経済規模の格差等を考慮しても，西欧の対ソ連・中東欧貿易に対する依存度は低い状態だった．

　表 3 - 4，表 3 - 5 は，76～80年平均と82年の西側（西欧だけではなく，米，カナダ，日，トルコ，旧ユーゴスラビアも含む）の対ソ連・中東欧貿易における取引品目を構成比で表したものである．冷戦期にソ連，中東欧から西側へ輸出された主品目は原料，燃料，農畜産物，軽工業品であったのに対し，西側からソ連，中東欧へ輸出された主品目は高度技術品[35]，機械設備，工場プラント等の工業品であった．ソ連からの輸入は原油及び石油製品，天然ガス等の鉱物燃料が主品目であり，70年代の原油価格高騰に伴い輸入額が伸びた．鉱物燃料の割合が76～80年平均の59.4％から82年に77.5％に上昇した要因の 1 つとして，西独，仏両政府が米政府の反対を押し切りソ連からの天然ガス輸入を増大したことが指摘できる．

　中東欧に関しては，76～80年平均での対西側輸出において，44.3％を工業，化学，機械製品が占めていた．2 章 3 節で確認したように60年代後半から70年代にかけて西欧（在欧・米系企業も含む）と中東欧の間で共同生産や部品供給の

35）　高度技術品については，1984年 7 月のココム強化措置によって高性能コンピューター，高性能電算機等が禁輸対象となったが，通常の電算機の禁輸基準は緩和され，パーソナルコンピュータは一部を除き輸出可能となった（朝日新聞，1984年 7 月21日）．

表3‐4　西側先進国の輸出品目

(単位：％)

（SITC 分類）	ソ連		中東欧	
	76〜80年平均	82年	76〜80年平均	82年
0．食料品，生きた動物	15.3	20.3	12.0	13.5
1．飲料品，タバコ	0.5	0.6	1.0	1.5
2．粗原料（燃料を除く）	3.3	2.8	7.1	6.8
3．鉱物燃料・電力	0.5	1.2	1.6	2.2
4．油脂（動物性・植物性）	0.2	0.2	0.5	0.7
5．化学製品	9.9	9.3	15.3	18.0
6．基礎工業製品	28.2	27.5	24.8	21.6
7．機械類，輸送機器	35.6	29.3	32.6	28.5
8．雑製品	5.7	7.8	4.3	5.5
9．その他	0.7	0.9	0.8	1.6

表3‐5　西側先進国の輸入品目

(単位：％)

（SITC 分類）	ソ連		中東欧	
	76〜80年平均	82年	76〜80年平均	82年
0．食料品，生きた動物	1.2	0.8	12.9	9.9
1．飲料品，タバコ	0.2	0.1	1.0	0.9
2．粗原料（燃料を除く）	16.1	8.8	8.2	8.3
3．鉱物燃料・電力	59.4	77.5	17.9	20.7
4．油脂（動物性・植物性）	0.2	0.0	0.6	0.6
5．化学製品	5.7	3.8	7.7	10.7
6．基礎工業製品	11.5	5.5	21.5	20.9
7．機械類，輸送機器	4.6	2.6	15.1	13.6
8．雑製品	0.7	0.4	14.3	14.0
9．その他	0.6	0.6	0.8	0.5

注）東西ドイツ間貿易は含まない．西側には米，カナダ，日，トルコ，ユーゴスラビアも含む．合計は必ずしも100にならない．
出所）表3‐4，表3‐5ともに，『東西貿易要覧』ソ連東欧貿易会，1984年，14頁（第8表「東西貿易の商品構造」）より抜粋．

契約等の産業協力協定が数多く締結されており，この時期に中東欧と西欧の垂直的産業内貿易が開始されたと考えられる[36]．

このようにソ連，中東欧と西欧の通商関係は，依存度の格差と貿易構造の垂直

性という 2 つの面から「非対称的」であったといえよう.

3.2 対ソ連経済制裁に関する分析

　経済的相互依存関係に「非対称性」が見られる場合，その「非対称性」は低依存側にとってパワー・ソースとなり，戦略的に利用され得るという指摘はコヘインとナイによってなされていた（1章1.1節）. コヘインとナイの「相互依存の操作戦略」という概念を用いれば，上記の「東西欧州貿易」構造から考えて「相互依存の非対称性に起因するパワー・ソース」は欧米にあり，「新冷戦」期に米政府が行った対ソ連経済制裁はまさに米政府がパワー・ソースを利用した結果に他ならなかった. しかし本章 1 節で見たように，EC は「操作戦略」が実行可能であったにもかかわらず，対ソ連貿易の中心品目に関して制裁対象から外したわけである.

　この EC の姿勢は単に経済的動機（エネルギー資源の確保と工業製品の輸出先）のみから説明されるのではなく，外交戦略との関係で考えるべきであろう. つまり EC 加盟国が，米政府の「経済的封じ込め（economic containment）[37]」戦略とは対照的に，ソ連に対し「ポジティブ経済連鎖」（1章2.1節）を行うことで欧州の政治的・軍事的安定を実現しようとしていたことを上記の事例は示している.

　米政府の戦略は貿易相手国を同盟関係国に限定することにより，「安全保障不経済」（1章2.2節）を回避するものであったといえる. つまり米政府は，敵対国との貿易による利益（輸出によるハードカレンシーの流入と不足財の輸入）が相手国の軍事増強に結びつくことを恐れたわけであり，そのための制度装置として機能したのがバトル法やココムであった.

　1章2.2節で検討したガワとマンスフィールドのモデルは一般理論として提示されているが，結果的には，米政府の対ソ連・中東欧戦略を正当化するもの

---

36)　1970年代後半から中東欧の工業製品輸出が伸び，農畜産品輸出が低下する傾向は見られたが，中東欧の工業品は西側市場において競争力を持たないため，伝統的な軽工業品と農畜産品の輸出構造からは抜け出せなかった. 産業協力協定については 2 章 3 節参照.

37)　「封じ込め」戦略は経済に限定したものではなく，ソ連の膨張主義への対抗措置を意味するが，「経済的封じ込め（economic containment）」という概念で冷戦期の「東西貿易」を分析しているものに次の論考がある［Jackson 2001；Mastanduno 1992］.

となっている．しかしこのモデルでは，EC 加盟国が追求していた東方経済外交を説明することはできない．上記のように EC 加盟国の東方経済外交は，ソ連・中東欧との経済的相互依存（ガワとマンスフィールドのモデルでは「安全保障不経済」として認識される）を欧州の安全保障の安定に転換するものだったからである．

　米政府が冷戦期に行った対ソ連・中東欧外交は，敵対国との通商関係を「安全保障不経済」として認識し，「ネガティブ経済連鎖」によって政治目標（共産圏「封じ込め」）を画策したのに対し，EC の戦略は敵対国との通商関係を「安全保障経済」と認識し，「ポジティブ経済連鎖」を用いてソ連・中東欧との政治外交的宥和を狙ったものであった．

　このような米政府と EC の戦略の違いが最も明確になったのが，西シベリア天然ガスパイプライン建設をめぐる欧米の対立である（本章2節）．この事例が示しているのは，EC 加盟国とソ連の間にはエネルギー資源と開発資材を媒介とする互恵的な経済関係（「経済的相互依存関係」）が成立していたことである．そしてこの相互依存関係を断ち切ろうとする米政府の制裁を解除に追い込む程，EC 加盟国政府がこの関係の維持に固執していたことであった[38]．さらに，エネ

---

[38]　パイプライン建設には EC の企業利益が密接にかかわっており，EC 加盟国政府の米政府に対する強硬姿勢を理解するには，国内企業の利益保護の観点も必要となる．米国の親会社からの圧力があった米系子会社だけではなく，EC に本社を持つ欧州企業も自主的に輸出を控えていた状態に対して，強硬に輸出を命じたのが英，仏，伊，西独の各政府であった．政治的多元主義によれば，政府の独自性や目標は社会諸集団の利益に還元されてしまうが，EC 加盟国政府は国内の社会集団に対し強いリーダーシップを発揮しており，利益集団の圧力に影響される政府の姿とは異なる（ただしソ連との間で受注契約を結んでいた英，仏，伊，西独の各企業が政府に圧力をかけた結果，各政府が強硬手段に出たという多元主義的解釈を完全に否定はできない）．この姿勢は「ステーティスト・アプローチ（statist approach）」によって描かれる政府（明確な政治的目標を有し，利益集団から独立して政策決定を行う）に近いと考えられる．欧州の政治的・軍事的安定という EC 加盟国政府の政治目標を実現するために，「東西欧州貿易」は重要なリンケージ手段だったのである．

　この点でも米政府と EC 加盟国政府では異なっている．1980年のカーター政権時代に行った対ソ連穀物禁輸措置（協定超過分の禁輸）が国内の農業団体から大きな反発を買ったため，ソ連政府に対し強硬姿勢を明確にしたレーガン政権も穀物禁輸は実施できなかった．この米政府の姿勢は多元主義によって解釈されるものである．

ルギー資源の対ソ連依存を懸念する米政府の圧力にも屈せず，天然ガスの輸入先としてソ連を選択した EC 加盟国政府の姿勢は，「操作戦略」の余地を自ら積極的に放棄したといえるだろう．

つまり，EC 加盟国政府は天然ガス輸出停止というソ連による「操作戦略」の可能性が生まれるにもかかわらず，対ソ連経済依存を高める選択を行ったのである．この選択は単に天然資源輸入ルートの多角化という意味を超えて，「ポジティブ経済連鎖」ないし「安全保障経済」という視点がなければ理解できない．また前述のようにこのプロジェクトは，EC 加盟国銀行がパイプラインの建設資金として120億ドルをソ連に対し融資する見返りに，西ドイツを始めとする西欧 7 カ国がソ連から年間400億立方メートルの天然ガス供給を受け，他方ソ連は毎年約100億ドルのハードカレンシーを得ることが見込まれていた．この点でパイプライン・プロジェクトは，EC 加盟国とソ連の双方においてコープランドのいう「貿易期待」（1 章2.3節）を長期的に高める役割も果たしたといえるだろう．

結果的にウレンゴイ・パイプラインプロジェクトが完成し，84年 6 月から開始されたソ連からの天然ガス輸入量は，予測を超えて拡大した［ソ連東欧貿易会1986年 9 月：33頁］．90年の西欧の天然ガス輸入の39.8％が，ソ連からの輸入であった［European Commission 1990：2］．特にフランスのソ連からの天然ガス輸入は，1979年から90年にかけて270％増大し，西ドイツは同期間で100％増，イタリアは42％増大したのである．また天然ガス消費量に占めるソ連からの輸入分のシェアは，85年において，西独で25.9％，仏で22.6％，伊で18.5％を占めた［European Commission 1986：appendixes 3 and 4］.[39]

おわりに

本章では，1980年代前半に行われた米国と EC による対ソ連経済制裁を事例として 1 章で整理した分析概念と仮説の有効性を検証した．非対称的相互依存

39）　この報告書では，90年における天然ガス消費に占めるソ連からの輸入のシェアは，西独で28.2％，仏で32.0％，伊で33.4％を占めることが予想された．

に起因するパワー・ソースを米政府は経済制裁という形で利用したが，EC 加盟国は対ソ連貿易の根幹である工業製品の輸出と天然資源の輸入に関しては制裁対象から外し，むしろこの時期の EC とソ連の貿易は拡大した．米政府の「経済的封じ込め」は，ガワとマンスフィールドの「安全保障不経済」のモデルで説明できるが，EC の戦略は欧州の政治的・軍事的安定を目標とした「ポジティブ経済連鎖」であり，「安全保障不経済」から「安全保障経済」へと転換する視点がなければ説明できない．特にソ連からの天然ガス輸入プロジェクトをめぐる米政府と EC の対立は，両者の対ソ連・中東欧戦略の違いを浮き彫りにした事例であった．

　IPE におけるリアリズムとリベラリズムの論争は 1 章で取り上げたが，「東西欧州貿易」を事例とした本章の分析は結果的にリベラリズム研究の一つとして位置づけられよう．しかし本章で強調するのはリベラリズム的分析の「正しさ」ではなく，冷戦期の EC 加盟国の対ソ連・中東欧戦略を理解するにはリベラリズム的な視点が必要になるということである．逆に米政府の戦略は，本章でも指摘したようにリアリズム的視点から説明される．2，3 章では，冷戦初期から1980年代前半にかけての「東西欧州貿易」を中心に，西欧とソ連・中東欧の経済的相互依存と外交戦略の関係を扱ったが，4 章では，冷戦後，西欧と中東欧との政治交渉の場において登場した「欧州への回帰（東西欧州統一）」へ向けた動きを，主として EC／EU 側の資料を基に観察する．

第 4 章

冷戦末期の「東西欧州貿易」と EU 東方拡大
──1989年以降の EC/EU と中東欧の経済関係──

は じ め に

　本章の目的は，1980年代後半から2000年代前半における EC/EU とソ連／ロシア，中東欧との経済関係を観察することを通じて，「東西欧州貿易」が EU の東方拡大の基盤を形成していたことを示すことにある．冷戦以前において西欧と中東欧が経済交流を行うことは，地理的，文化的状況から考えて自然な現象であったといえよう．しかし冷戦期における「東西欧州貿易」は，異体制間貿易という特殊な性格を与えられることになった．

　2章で確認したように，第2次大戦が終結し冷戦が激化するまでの数年は，西欧とソ連，中東欧の貿易は行われており，米政府も47年までは，西欧の経済復興のためにソ連，中東欧との貿易を認めていた．このような状況下で49年11月に設立されたココム（対共産圏輸出統制委員会）規制が，西欧とソ連，中東欧の経済関係に亀裂をもたらす制度装置として導入されたのである．

　しかし，このような米国主導による貿易制限措置が有効に機能したのは，50年前後のわずかな期間でしかなく，54年8月のココムリスト改正を契機として西欧とソ連，中東欧との貿易は持続的に拡大した．

　欧州の歴史において東西分断という事象は極めて特殊な経験であり，それ故その引き金となった冷戦構造が崩れると即座に，その特殊性を払拭しようとする動きが欧州において顕在化したのは当然だったといえるだろう．この動きを西欧から見れば EU の東方拡大となり，中東欧から見れば「欧州への回帰」として表現される．つまり東西欧州分断という特異な状況に対する反動が，「拡大と回帰」として現れたわけである．

　それではこのような志向は，冷戦の崩壊によって突然生まれたのであろうか．冷戦初期から東西欧州双方に存在していた「拡大と回帰」の志向が，冷戦後に顕在化したと捉えるべきではないだろうか．この点において「東西欧州貿易」は，「拡大と回帰」を目指す双方の意思の経済的表現だったといえよう．本章の目的は，冷戦終結から冷戦後の「東西欧州貿易」を観察し，冷戦末期の89年には「東西欧州貿易」を基盤としてECと中東欧の通商圏が構築されており，「東西欧州貿易」が冷戦後のEU東方拡大の基盤形成に寄与していたことを示すことにある．

　内外の先行研究は，東西貿易[1]とEU拡大を個別の事象として捉えている．東西の通商関係において冷戦期と冷戦後の連続性を指摘している論者は，筆者が知る限りでは，東西（欧州）貿易を国際政治経済学の立場で研究したクロフォードである．クロフォードは「冷戦期において西欧が東側との経済的結びつきを維持しようとした戦略は，90年代に入り東西の断絶が解消されるに伴い，東西貿易において西欧が強力な立場にあったことを説明する上で有益である．新時代においてソ連・中東欧との新たな貿易秩序を創るにあたり西欧諸国が主導的立場を担うのも，第2次大戦後，西欧が一貫して追及してきた『独自戦略（"strategies of self-assertion"）』に起因するのである」[Crawford 1990：279]と指摘した．ここでの「独自戦略」とは，冷戦期の東西貿易において西欧が米政府に対抗して独自の貿易戦略を追及していたことを指すが，クロフォードは西欧が，冷戦期の東西（欧州）貿易を基盤として冷戦後の対ロシア，中東欧貿易を主導したと考えているわけである．しかしその後の研究においてクロフォードは，EU拡大を東西貿易に関連づける論考を発表していない[2]．

　中東欧のEU加盟によって「東西欧州貿易」は，異体制間貿易から域内貿易へと大きく移行しているように見えるが，西欧と中東欧の経済交流という点に

　1）　本書では，西欧諸国（EEC，EFTA）とソ連，中東欧の貿易を「東西欧州貿易」と表記し，「東西貿易（OECD加盟国と東側）」とは区別する．なお「東西欧州貿易」という用語は，筆者だけが使用しているため，他の論者の論考に言及する場合は，彼らが使用している「東西貿易」に振り替えている．

　2）　東西貿易をテーマとしたクロフォードの集大成ともいうべき著書はCrawford［1993］である．その後のクロフォードの研究テーマは，ドイツ外交や難民・移民問題等に移っている．

おいてその本質は変わっていない．第2次大戦後，西欧と中東欧の経済交流が
継続されてきた事実は，東西欧州における冷戦期と冷戦後の連続性の一端が示
されていると理解できよう．

1．1990年前後の「東西欧州貿易」

　本節では，冷戦末期から1990年代初頭にかけての「東西欧州貿易」を概観す
る．図4-1，図4-2は85年から92年にかけてのEU15カ国（95年当時のEU加
盟国数で算出）の対ソ連，中東欧貿易を示したものである．特徴的なのは89年か
ら90年にかけてEUの対ソ連，中東欧輸出が伸び，輸入に関してもソ連とルー
マニアを除いて増大したことである．89年から92年にかけての中欧3カ国（当
時）向け輸出は対ハンガリーで1.69倍，対ポーランドで2.4倍，対チェコスロ
ヴァキアで3.0倍と急増した．同期間の輸入では対ハンガリーで1.76倍，対
ポーランドで1.95倍，対チェコスロヴァキアで2.4倍となった．91年から92年
にかけてのソ連／ロシア向け輸出入が大幅に減少したが，その原因としてはソ

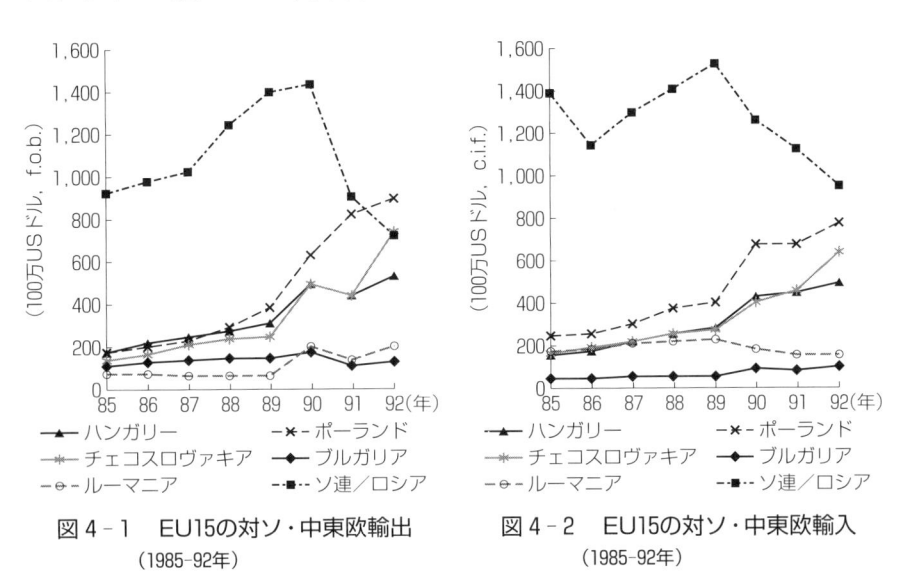

図4-1　EU15の対ソ・中東欧輸出
(1985-92年)

図4-2　EU15の対ソ・中東欧輸入
(1985-92年)

注）対ソ／ロシアの連輸出入額において，90年以降は対ロシアの数値を使用.
出所）図4-1，4-2ともに，OECD, *Monthly Statictics of International Trade*（SourcOECD http:
　　//lysander.sourceoecd.org/，2010年3月9日閲覧）より作成.

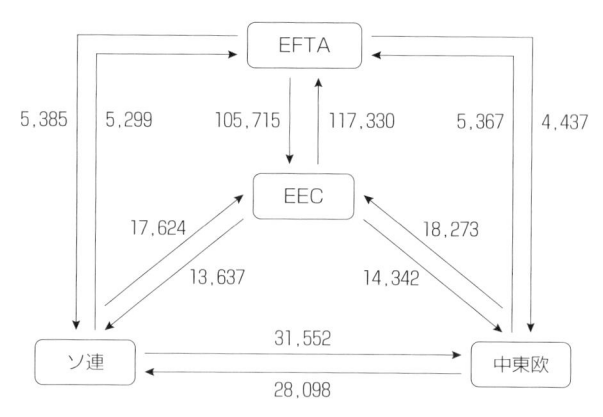

図4-3　1989年の東西欧州貿易（輸出）

注）単位は100万 US ドル（f.o.b.）．東西ドイツ間貿易は含まない．
出所）U. N., *International Trade Statistics Yearbook 1993*. 対ソ
　　輸出における中東欧のデータ（ブルガリアを除く）は IMF, *Di-
　　rection of Trade Statistics 2004*（CD-ROM 版）より作成．

連の原油生産の減少（ただし天然ガス輸出は増大），対外債務や外貨不足からソ連
の輸入が低下したことが指摘できる．

　中欧3カ国からの輸出入が増大した点については，EC を中心とする G24 に
よる対ポーランド，ハンガリー支援プログラム（PHARE）の実施，EC/EU と
中東欧諸国の間で貿易協力協定や欧州協定が締結された影響で西欧市場へのア
クセスの改善がなされたこと，関税引き下げや貿易事業の自由化等の中欧国内
の経済改革の影響，中欧3カ国が平価切り下げを行ったこと等が指摘できる[3]．
さらにコメコンの解体（91年6月，解散議定書調印）により，中東欧の対ソ連貿易
（特に輸出）が大幅に減少し[4]，対 EC/EU 貿易にシフトしていたこともあげられる．

　図4-3は89年の「東西欧州貿易」の相関性を輸出額で示したものであるが，
ソ連の対中東欧貿易依存度（輸出入総額に占める％）は輸出で25.7％，輸入で
27.5％，中東欧の対ソ連貿易依存度は輸出で38.7％，輸入で37.7％であった．

3）　ハンガリーが1989年11月，ポーランドは90年1月，チェコスロヴァキアは90年初頭に
　　平価を切り下げた．ただし90年前半のポーランドを除いて，ハンガリーとチェコスロ
　　ヴァキアでは実質実効為替レートの上昇等により輸出促進効果は確認できなかった
　　［UN ECE 1991（Economic Survey of Europe）：90］．

表 4 - 1　　中東欧の貿易依存度

(単位：%)

	85年(輸出)	85年(輸入)	89年(輸出)	89年(輸入)
ポーランド（対ソ連）	24.6	29.8	20.8	18.1
ポーランド（対 EEC＋EFTA）	29.5	27.8	43.6	48.9
ハンガリー（対ソ連）	33.6	30.1	25.1	22.1
ハンガリー（対 EEC＋EFTA 貿易）	24.8	31.9	35.6	42.9
チェコスロヴァキア（対ソ連）	43.7	46.0	25.2	24.4
チェコスロヴァキア（対 EEC＋EFTA）	14.1	14.2	33.2	33.3
ブルガリア（対ソ連）	n. a.	n. a.	65.2	52.9
ブルガリア（対 EEC＋EFTA）	n. a.	n. a.	5.2	11.8
ルーマニア（対ソ連）	n. a.	n. a.	21.9	31.2
ルーマニア（対 EEC＋EFTA）	n. a.	n. a.	33.7	14.3

出所）U. N. *Yearbook of International Trade Statistics*（各年版）より作成.

　他方，ソ連の対「EEC＋EFTA」貿易依存度は輸出で20.9％，輸入で16.6％，中東欧の対「EEC＋EFTA」貿易依存度は輸出で29.0％，輸入で25.2％であった．冷戦末期においてもコメコン域内貿易が東側にとって大きな位置を占めていたことは事実だが，中東欧にとって対西欧貿易が有した経済的意味は軽視しうるものではなかった．

　表 4 - 1 は85年と89年の中東欧 5 カ国の対ソ連，対「EEC＋EFTA」貿易依存度を示したものである．89年には輸出入両面において中欧 3 カ国の対「EEC＋EFTA」依存度が，対ソ連依存度を10〜20％ほど上回っていた[5]．中欧 3 カ国は，80年代後半の貿易における対ソ連依存を低下させ，対西欧依存を高めていたわけである．貿易額で見ても，89年の中欧 3 カ国の対ソ輸出額は96.2億ドル，輸入額は70.5億ドルに対し，対「EEC＋EFTA」輸出額は126.9億ドル，輸入額は132億ドルであった．これらのデータからも「東西欧州貿易」によって築かれた西欧と中欧との通商関係が，89年には対ソ連貿易を上回る規模に達していたことが確認できる．このように冷戦末期には，西欧（EEC＋

---

4)　1989年から91年にかけての対ソ連貿易においてチェコスロヴァキア（当時）は輸出で52.1％減，輸入で1.7％減，ハンガリーは輸出で43.5％減，輸入で10.3％減，ポーランドは輸出で41.6％減，輸入で17.9％増となっている．輸出よりも輸入の減少幅が小さい（ポーランドに至っては増大）している理由としてはエネルギー資源の対ソ連依存が90年代も続いていた点が指摘できる.

EFTA）と中欧 3 か国の貿易圏が成立するまでに進展していたのである．

2．「東西欧州貿易」と中東欧諸国

2.1　1970年代から2000年代における動向

　図4-4は1970年から90年にかけての東西間輸出を表したものである[6]．この時期の「東西欧州貿易」の活況は 2 章でも確認したが，70年から80年にかけての「EEC＋EFTA」の対ソ連輸出が19.7億ドルから144.2億ドルへ7.3倍となり，ソ連の対「EEC＋EFTA」輸出も同期間で20.9億ドルから222.8億ドルへ10.7倍と拡大した[7]．「EEC＋EFTA」の対中東欧輸出では31.9億ドルから164.7億ドルへ5.2倍になり，中東欧の対「EEC＋EFTA」輸出も33.1億ドルから167.3億ドルへ5.1倍に拡大した．このように冷戦期を通じて，「東西欧州貿易」は飛躍的に拡大したのである．

　図4-5，**図4-6**は90年から2008年にかけてのEU15カ国（95年当時の加盟国）の対中東欧及びロシア向け輸出入額を示したものである．90年代は経済システムの移行に伴う混乱の時期で，ロシア，中東欧共に貿易の伸びは大きなものではなかったが，2000年に入り増大傾向を示した．04年 5 月のEU加盟以後，中欧諸国に関して05年からの急速な伸展は注目すべきであろう．ポーランド，ハンガリー，チェコに関してみると，03年から08年にかけてのEUの輸出で，対

5）　さらに1991年の対 EC 貿易依存度についてポーランドは輸出64.3％，輸入64.0％，ハンガリーは輸出58.4％，輸入51.5％，ブルガリアは輸出44.8％，輸入55.4％，ルーマニアは輸出36.5％，輸入30.2％，93年に分離したチェコは輸出55.5％，輸入51.1％，スロヴァキアは輸出29.6％，輸入27.9％であった［European Parliament 2001：7, 15, 23, 39, 43, 47］．冷戦終結によって中東欧の対外貿易に占める EC 貿易の比重がより一層高まったことは事実であるが，このシェアの上昇は冷戦期の「東西欧州貿易」の実績を基盤とするものであり，不連続な事象ではないということが本章での主張である．

6）　ソ連，中東欧の貿易データに関して国連統計と IMF 統計では大きく異なる箇所がある．1990年のソ連の対 EEC＋EFTA 輸出に関して国連では338.7億ドル（対前年比47.8％増）であるが，IMF では242.7億ドル（同25.8％）である．この図では全期間について国連データを用いているため，90年に関しても国連の数値を用いた．

7）　ソ連の対西欧輸出の基本品目は鉱物燃料であり，原油及び石油製品の輸出先として西欧の比重は高まっていた．1970年代前半のソ連の原油等輸出の35％程度が西欧向けであった．

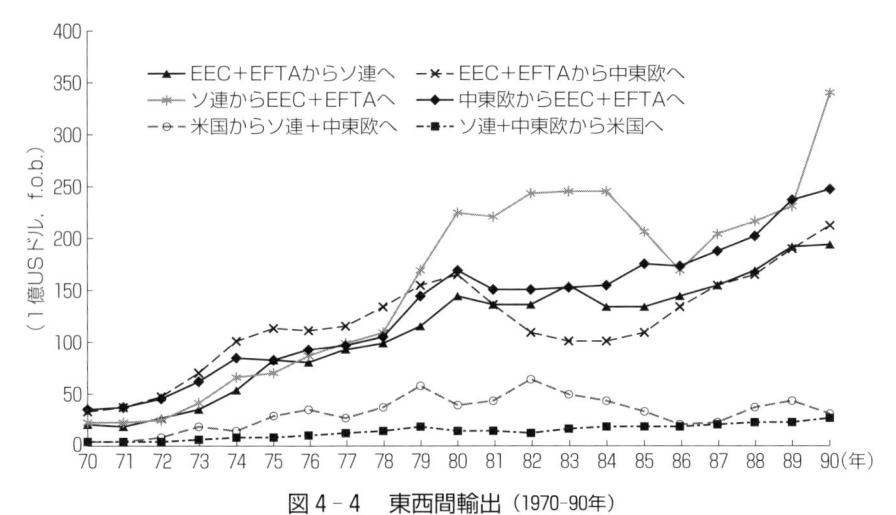

図4-4　東西間輸出（1970-90年）

注）1．東西ドイツ間貿易は含まれない．
　　2．EEC に英，デンマーク，アイルランドを含む（全期間）．
　　3．EFTA にアイスランドを含め，英，デンマークは含ます．
　　4．EEC にギリシャ（79年以降），スペイン，ポルトガル（86年以降）を含む．
　　5．中東欧に旧ユーゴスラビアは含ます．
出所）U. N., *Yearbook of International Trade Statistics*（各年版）より作成．

ポーランドが3.64倍，対ハンガリーが1.86倍，対チェコが2.28倍と増大した．
同時期の輸入では対ポーランドが3.35倍，対ハンガリーが2.02倍，対チェコが
2.50倍と増大した．

　図4-7，図4-8は，91年から2002年にかけての中欧3カ国（ポーランド，ハ
ンガリー，チェコ）の対 EU 貿易のシェアの推移を示したものである．これら3
カ国とも，91年以降，対 EU 貿易が輸出，輸入の双方で50％以上のシェアを示
しており，冷戦終結当初から EU に対する貿易依存度が高かったことがわかる[8]．
90年代後半にはその依存度が，輸出で70％程度，輸入で60％以上にまで達した．
これら中欧3カ国は地理的にもドイツ，オーストリアに隣接しており，その輸
送コストの有利さを生かしたといえるだろう．

8）　91年から01年の10年間で，ハンガリーとチェコについては，輸出入共に，EU のシェ
　　アが10％程度上昇しているが，ポーランドは輸出において大きな変化はなかった．ポー
　　ランドに関しては，EU の貿易パートナーとしての位置づけは91年段階においてすでに
　　確立されていたと解釈できる．

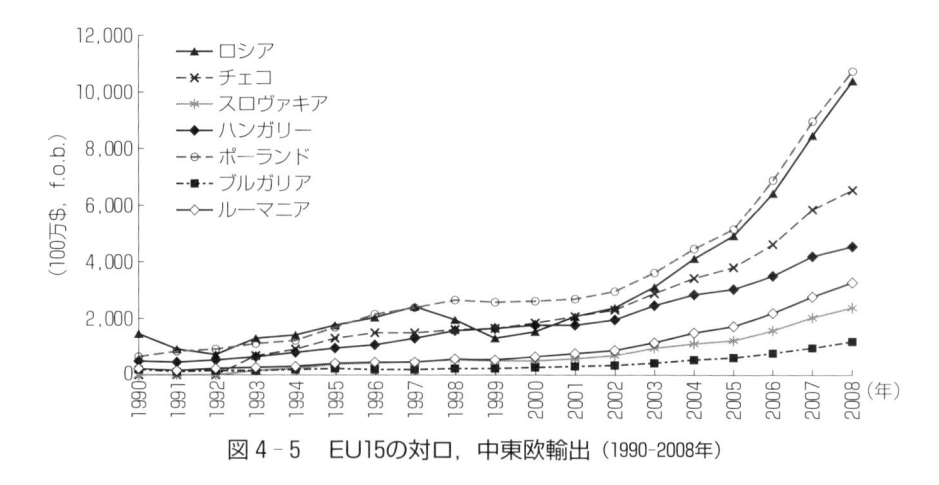

図4‐5 EU15の対ロ，中東欧輸出（1990-2008年）

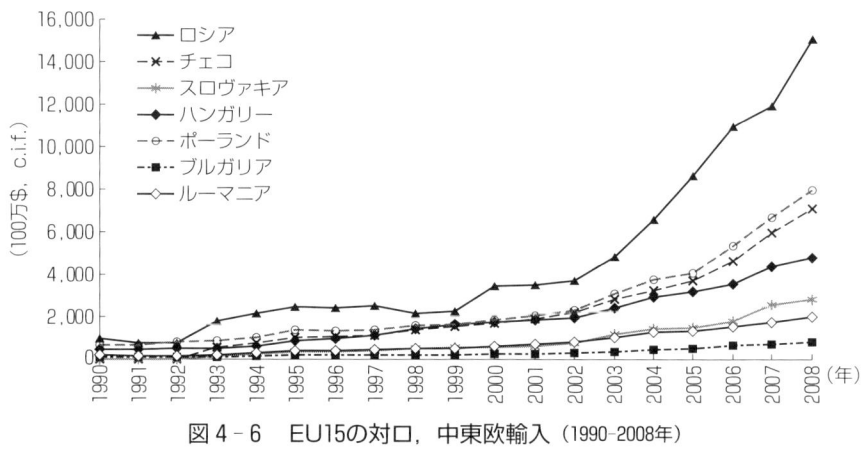

図4‐6 EU15の対ロ，中東欧輸入（1990-2008年）

出所）図4‐5，4‐6共に OECD, Monthly Statictics of International Trade（http://masetto. sourceoecd.org/，2010年3月9日閲覧）より作成.

　冷戦終結当初から EU は，中欧にとって最大の貿易相手地域であった[9]. 02年の中東欧の輸出に占める EU のシェアは，ポーランドで68.8%，ハンガリーで75.1%，チェコで68.4%となっており，輸入では各々61.7%，56.2%，60.2%

9）　中東欧経済にとってプラス面だけではなく，中東欧の対 EU 貿易収支が資本財等の輸入によって悪化するという負の側面もあった.

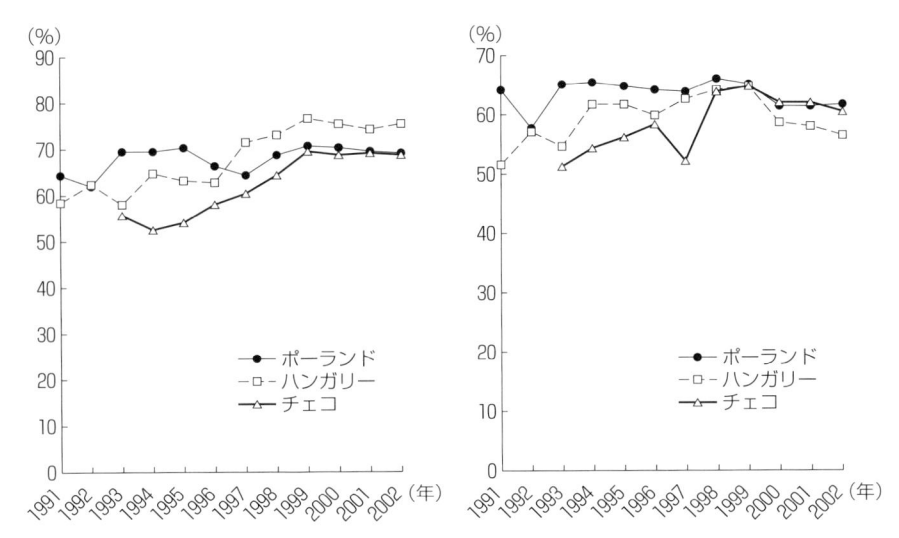

図4‐7　中東欧3カ国の対 EU 輸出シェア　図4‐8　中東欧3カ国の対 EU 輸入シェア
注）チェコが分離独立したのは1992年末であるため，チェコに関しては93年からのデータである.
出所）図4‐7，図4‐8は，European Parliament, Task Force Enlargement, Statistical Annex, June
　　　2003より作成.

となっていた．この点に関し欧州委員会は06年5月の報告書において，04年に
加盟した中東欧10カ国（中欧8カ国＋キプロス，マルタ）と EU15カ国の「貿易統
合度（Trade Integration）」を算出した［European Commission May 2006：60］．この
「貿易統合度」は，新加盟国の全貿易額に占める対 EU15カ国の輸出入シェア
で計測している．これによると新加盟10カ国の全貿易額に占める EU15カ国
シェアは1993年の輸出で57％，輸入で55％だったが，2003年には輸出で67％，
輸入で58％と上昇した．加盟前に中東欧と EU の貿易が伸展した理由として，
欧州委員会は次の2点を指摘した．1つは，93年にコペンハーゲン欧州理事会
で示された「将来的な EU 加盟の見通し」であり，2つ目は，90年代後半の加
盟候補国と EU の貿易が急騰する引き金となった「欧州協定による貿易自由
化」である［European Commission May 2006：59］．欧州委員会は，EU15カ国と
新加盟10カ国の貿易統合における加盟の直接的効果は限定的であるとしなが
も，新加盟10カ国間貿易が増大したことに注目している．93年から2003年にか
けて新加盟10カ国の貿易額全体に占める10カ国間貿易のシェアは平均12％で推

移していたが，05年にはそのシェアは14％に上昇した［European Commission 2006：60］．この要因としては，加盟により貿易障壁が解消されただけではなく，新加盟10カ国間の市場アクセスが向上したことが指摘された．さらに加盟による貿易創出効果（新加盟10カ国間貿易の増大）による利益を得ているのは，EU15カ国との「貿易統合度」が低い国であり，エストニア，リトアニア，スロヴァキアがこれに当たる．これら3カ国の新加盟国間貿易シェアはエストニアの15％からスロヴァキアの29％までの範囲にあった［European Commission May 2006：60］．[11]

2.2　新加盟10カ国へのFDI（直接投資）

　中東欧のFDI累積額（1999年）に占める国別シェアで見ると，独（18％），米（16％），蘭（12％），オーストリア（7％），仏（6％），英（6％），伊（4％）の順であり，1990年代の後半においてすでにEU加盟国からの投資が全体の60％を占めていた［UNCTAD 2000（*World Investment Report*）：66］．[12]主要な投資先は，ポーランド（99年累積額で299.8億ユーロ，中東欧10カ国に占めるシェアは37％），ハンガリー（同191.0億ユーロ，同24％）チェコ（同162.5億ユーロ，同20％），であり，中東欧へ向けられたFDIの8割がこの地域に集中している．[13]また中東欧へのFDIを産業別に見ると，製造業に38％（食品・飲料・タバコ11％，機械・設備5％，自動車4％，化学・製薬4％，その他の製造業14％），サービス部門に56％（貿易12％，金融11％，運輸・通信9％，電気・ガス・水道4％，ビジネスサービス3％，その他の第3次産業17％），第1次産業に3％，その他3％であった［UNCTAD 2000（*World Investment Report*）：67］．

---

10)　欧州協定による貿易自由化は，加盟候補国よりもEU側に急速な自由化を強いるものであり，相互性を謳いながらその内容は非対称的であり，食品，繊維等については制限されていた．

11)　原文にはリトアニアの数値は掲載されていない．

12)　FDIフローによる推計値．中東欧には，2004年加盟の8ヶ国の他，アルバニア，ベラルーシ，ブルガリア，クロアチア，モルドバ，マケドニア，ロシア，ウクライナ，新ユーゴスラヴィア連邦を含む．

13)　UNCTAD［2000（*World Investment Report*）：Annex TableB. 3］より算出．この場合の中東欧10カ国とは04年加盟の8カ国に07年加盟の2カ国を加えたものである．

　2004年には中東欧に対する FDI は1910億ユーロ（当該地域 GDP の40％に相当）に達し，この 4 分の 3 が EU15カ国からの投資であった［European Commission May 2006：3：69］．最大の投資国はドイツであり，チェコ，ハンガリー，ポーランド，スロヴァキアへの投資が多く，またバルト 3 国に対しては北欧が最も多い．FDI の55％がサービス業，37％が製造業に向けられている．製造業でも，バルト 3 国とポーランドについては，繊維，食品，木材等の伝統的製造業に対して集中されているが，ハンガリー，チェコ，スロヴァキアについては，コンピューター，事務機器，通信，自動車などの近代産業に向けられている［European Commission 2006：3：69］[14]．

　04年の EU25カ国の累積 FDI 流入額に占める新加盟国のシェアは 4 ％程度であり，その規模は決して大きいとはいえない．EU の最大の流入国は英，蘭，仏であり，05年で累積額が各々3558億ユーロ（EU27カ国全体の19.5％に相当），1545億ユーロ（同8.5％），1445億ユーロ（同7.9％）である［Eurostat 2008：45］．04年の EU への最大の投資国は米，スイス，日本の順であり，この 3 カ国で全体の50％程度を占めていた．また対中東欧 FDI の80％がポーランド，ハンガリー，チェコの 3 カ国に集中していた状況は，04年においても同様であった．

　中東欧経済が在欧州企業の産業内貿易に組み込まれた代表的な例が，ドイツの VW 社とチェコの Skoda 社の合弁事業である．チェコ政府の要請を受け，91年に VW 社は Skoda 社に資本参加し，95年には経営権の70％を取得した．この合弁企業の97年上半期の自動車販売台数は16万台にも上り，そのうち32％はチェコ国内で販売されたが，スロヴァキア（8.7％），ドイツ（8.1％），ポーランド（7.6％），イタリア（5.9％），イギリス（4.8％）等に輸出された［Martin 1999：167-71］．VW 社と Skoda 社の合弁事業は，在欧州企業の技術と中東欧の安価で良質な労働力の結びつきが成功したケースである．

　体制転換後，活発に行われてきた在欧州企業による対中東欧投資は，中東欧の経済成長を牽引する重要な要素であった．特に銀行，電力，通信等の主要な国営企業を外国資本に売却したハンガリーやポーランドのようなケースでは，

14）　ただしポーランドの製造業に関しては，伝統産業に集中する度合いはバルト 3 国より低い．

FDI が民営化の直接的な原動力となり，産業の近代化へも貢献した．

3.「東西欧州貿易」と EU 東方拡大

EU 東方拡大の経済的基盤は，冷戦期の「東西欧州貿易」によって築かれていた．中東欧が西欧との相互依存を積極的に推し進めていたのは，西欧から提供される工業製品，プラント，信用供与等と輸出による外貨獲得という直接的な経済的利益だけで説明するのは十分とはいえない．これらの経済行動の背後には政治的意図が存在しており，「欧州への回帰」を目指した中東欧諸国の歩みが，「東西欧州貿易」のもとで開始されていたと考える方が適当であろう．1979年12月のソ連軍によるアフガニスタン侵攻，1981年12月のポーランドの戒厳令を契機として米ソ間の政治軍事的緊張が高まり，米政府による対ソ連経済制裁が行われた時期に EC 加盟国とコメコン諸国の貿易が拡大した事実は，EC の東方経済外交が米政府の意向に左右されないだけの自律性を獲得し，またソ連，中東欧もこれに呼応する関係が確立されていたことを示している．

もっとも，アフガニスタン問題を契機として SALT Ⅱ が頓挫し，また70年代にソ連軍により配備された SS20 に対抗し，1983年末にパーシング Ⅱ の西欧配備が開始されたことによって，西欧とコメコン諸国との政治軍事的緊張が高まったことも確かである．しかし，EC とコメコンの非公式交渉が凍結されながらも，EC とコメコンの通商関係が遮断されることがなかったのはなぜだろうか．これを説明するには，両者の通商関係が政治軍事的緊張に対する緩衝材として機能しており，「東西欧州貿易」に関わる諸政府がそのことを認識していたと考えるべきであろう．ステントは「国家が明確に経済と政治を相互依存的なものとした場合のみリンケージは生まれる」[Stent 1981：10] と指摘したが，この当時の東西欧州においては通商関係に基づくリンケージが成立していたと考えられる．[15]

EU 拡大については 5 章で論じているため詳細は省くが，拡大に伴う EU の財政コストを考えた場合，拡大がもたらす経済的利益（単一市場の拡大による規模の経済効果等）のみで説明することは困難であり，欧州の政治的安定を目的とする EU の東方経済外交の視点が必要になる．冷戦期の「東西欧州貿易」は，冷

戦後の EU と中東欧諸国の政治経済的接近を通商面から準備していたといえよう．冷戦後の EU 拡大が比較的短期間で実現した背景には，「東西欧州貿易」によって醸成されてきた双方の友好的通商関係が存在していたのである．

　このように冷戦期の「東西欧州貿易」は，EC と中東欧の通商関係を持続的に構築したという点において，EU 東方拡大に対し一定の歴史的役割を果たしたのである．「東西欧州貿易」は，冷戦と冷戦後を通じて東西欧州の通商関係における連続性を示す事象であり，さらにこの貿易を支えた EC/EU の東方経済外交も同様に，連続性があったといえるだろう．

お わ り に

　本章では，冷戦末期から1990年代にかけての EC/EU と中東欧の経済関係を概観してきた．冷戦末期の中欧諸国にとって EC との貿易は，対コメコンと比較しても大きな位置を占めていた．この関係を土台として，冷戦後の EU と中東欧の経済連携は現実のものとなったのである．EC/EU と中東欧の通商関係に注目した場合，冷戦と冷戦後は連続した事象として捉えることが可能ではないだろうか（この点については終章で検討する）．

　特に冷戦末期の中欧 3 カ国において，西欧との貿易額が対ソ連貿易額を上回る規模に拡大していたという事実は，西欧諸国が「東西欧州貿易」を持続的に成長させることにより，冷戦後の中東欧への政治経済的接近を通商面から準備していたと理解できる．中欧各政府から見れば，「東西欧州貿易」を軸として「欧州への回帰」外交を積極的に推進していたといえるだろう．この点において「東西欧州貿易」は，冷戦後の EU 拡大に対し一定の歴史的役割を果たしたのである．次章では，EU の東方拡大の基本方針を示した『アジェンダ2000』を詳細に検討する．

---

15)　経済を土台とする EC とコメコン諸国の友好関係が，政治的文脈で公式に樹立されたのが1988年の「ルクセンブルグ宣言」である．ゴルバチョフ書記長の「新思考外交」により，それまで凍結されていた EC とコメコンの非公式交渉が1986年 9 月に再開され，88年 6 月，EC とコメコンは「ルクセンブルグ宣言」に調印し，両機構の協力関係を公式に樹立した．

第5章

EU の東方拡大

── 『アジェンダ2000』に示された欧州委員会の拡大戦略 ──

は じ め に

　ゴルバチョフ書記長の新思考外交により，それまで凍結されていた EC とコメコンの非公式交渉が1986年9月に再開された．88年6月，EC とコメコンは「ルクセンブルグ宣言」(EC・コメコン間の公式関係樹立の共同宣言) に調印し，両機構の協力関係を正式に樹立した．この宣言によって，それまで EC の公式承認を拒んできたコメコン諸国がその外交姿勢を大きく転回させたのである．

　89年7月の G7 サミットにおいて，ポーランド，ハンガリーへの経済支援が決定され，調整役として欧州委員会が当たることになった．同年8月に欧州委員会は第1回調整会議を招集した．この会議には G24 が参加し，欧州委員会の支援活動に協力を表明した．89年の東欧革命直後，EC を中心とする支援関係国はポーランドとハンガリーへの経済再建支援計画 (PHARE) に着手し，90年1月に予算が執行された．PHARE (94年以降の表記は Phare [磯野 1999：28]) の対象国は，当初の2国から拡大し，97年にはボスニア・ヘルツェゴビナを含む13カ国になった．この PHARE とほぼ並行して EU は，中東欧諸国との間に貿易・経済協力協定，欧州協定を締結した．欧州協定の前文には，中東欧の強い要望により協定相手国の EU 加盟が最終目標であることが明記された．

　93年6月のコペンハーゲン欧州理事会は，加盟を希望する中東欧諸国が政治的経済的条件を満たし次第，EU の構成国となることで合意した．95年12月のマドリード欧州理事会は，中東欧諸国との加盟交渉開始の準備として，EU の政策 (特に農業，構造政策) に対し拡大が与える影響，EU の新たな財政枠組，加盟申請国に対する評価等に関する欧州委員会の見解を求めた．この要請を受け，

欧州委員会が97年7月に欧州議会及び理事会に対して提出した報告書が『ア
ジェンダ2000』である.

　東方拡大は,「中東欧」という旧共産圏諸国を段階的にEUへ取り込むこと
を指す. この東方拡大計画は, EUと加盟申請国双方に対し重大な課題を突き
付けていた. EU側にとっては, 農業支出と構造支出を中心とする財政改革,
政策決定に関する制度改革（理事会における特定多数決の比重改正等）, 欧州委員会
を中心とする機構改革（欧州委員の定数削減等）である.

　中東欧側にとっては, 加盟のために要求される政治的・経済的・法的基準を
満たすことである. 中東欧は体制転換途上であったことに加え, 加盟交渉の対
象となる国の数（中東欧10カ国＋キプロス, マルタ）と共同体との経済格差という
点でも, 東方拡大はそれまでの拡大とは異質な要素を抱えていた. またEU側
も, 単一市場の成立や単一通貨の導入により「深化」がより一層進んでいた.
特に中東欧が十分な市場競争力を持たないまま単一市場に参入すれば, 市場分
断を招きかねなかった.

　ECは, 加盟国の地域間格差を是正するために開発支援（構造政策）を行って
きたが, 仮にEUが東方拡大後もこの地域支援の枠組を維持するのであれば,
中東欧に対する資金移転がより一層必要となる. 加えて当時の共通農業政策
（CAP）を中東欧に適用すれば, ポーランドを始めとする中東欧農業国に対す
る支出が年間110億ECUとなることが予想された（欧州委員会97年試算）. この

1）『アジェンダ2000』は, 総論（1冊）と加盟申請国ごとの評価が詳細に記されている
　各論（10冊）に分けられているが, 本章では, 総論に当たる部分を扱う. ただし本章
　4.2.3節では, スロヴァキアとエストニアの各論も用いた〔European Commission
　1997a〕（この文書は, Bulletin 付録文書にも掲載されており, 本書では Bulletin of the
　European Union, Supplement 5/97を使用した）.
2）「中東欧」の地理的範囲について, 本書では加盟交渉対象国の12ヶ国の中からキプロ
　スとマルタを除いた10カ国（ポーランド, ハンガリー, チェコ, スロヴェニア, エスト
　ニア, スロヴァキア, ルーマニア, ブルガリア, リトアニア, ラトビア）を指す.
3）ただし, 中東欧のEU加盟と経済通貨同盟（EMU）参加の間には, 一定の時間的経
　過が必要となるため, 通貨切り下げにより経常収支の赤字を補う手段が残されていた.
　EMUに参加するためには, 物価, 為替相場, 市場金利, 財政赤字に関する厳しい基準
　が課せられていたため, 中東欧諸国はEU加盟が認められた後も, これらの経済条件が
　収斂するための時間が必要となる.

金額は98年 EU 予算全体の12.6％に相当するため，EU 財政を大きく圧迫することになる．ここに，財政改革が必須の政策課題として EU の政治エリートに意識される理由があった．

　99年 3 月のベルリン欧州理事会で中心的議題となったのは，農業，構造支出を中心とする財政改革であった．この会議では，欧州委員会が97年 7 月に理事会に提出した改革案（『アジェンダ2000』）をめぐって交渉が行われた．『アジェンダ2000』は，東方拡大のために必要となる財政改革と加盟条件等に関する報告書であり，この文書を精査することは欧州委員会の東方拡大戦略を理解するために不可欠な作業となる．『アジェンダ2000』の総論に相当する文書で扱われているテーマは，EU の諸政策，加盟基準と加盟申請国の評価，2006年までの財政枠組，加盟前戦略の強化，東方拡大が EU の政策に与える影響といった多岐にわたる構成になっているが，ここでは財政改革に焦点を当てた分析を行う．

　『アジェンダ2000』は日本の EU 研究者によっても取り上げられていたが，その多くがこの文書の概説的紹介に止まり，また財政面に焦点をあてた分析は乏しい[4]．そのため『アジェンダ2000』からベルリン欧州理事会（99年 3 月）までの拡大に関する EU 内部の議論を，財政的視点から精査した作業は皆無であった．そこで本章の目的は，この時期の欧州委員会と欧州理事会の拡大戦略を財政的視点（本章では歳出面を扱う）から示すことにある．特に，共通農業政策（CAP）と構造政策の中東欧への適用問題について考察する．CAP については，移行期間を設けることにより中東欧農家への「直接支払い（direct payment）」を加盟直後から適用することは避けること，構造政策に関しては予算額を域内 GNP 比0.46％に制限し，受給国の GDP 比 4 ％を超える資金移転を行わないことが注目される．欧州委員会の狙いは，均衡財政と東方拡大を両立させることにある．また分析の過程で，『アジェンダ2000』の財政改革に関してまとまった論考を発表しているメイヒュー（Alan Mayhew），ガーブル（Heather Garbble）とヒューズ（Kirsty Hughes），アーディ（Brian Ardy）等の見解も整理する．

---

4 ）　蓮見［1999a：13-33：1999b：33-58］は，拡大と財政問題を扱っているが本章とは
　　分析が異なる．

1. 冷戦後の EU と中東欧

1.1 EU 東方拡大への動き

　冷戦後の欧州を語る上で最も注目すべき点は，中東欧諸国の EU 加盟へ向けた一連の動きであろう[5]．1988年から90年にかけて EC はハンガリー，ポーランド，チェコスロヴァキア，ブルガリア，東ドイツ，ルーマニアの6カ国と交渉し，「貿易・協力協定（Trade and Cooperation Agreement）」を締結した[6]．また89年12月には，ソ連との間でもこの協定を締結した．この協定には，石炭，鉄鋼，繊維，農産物というセンシティブ品目は含まれていなかったが，6カ国全ての協定で相互に最恵国待遇を提供するものであった［Smith 1999：66-80；Preston 1997：54］．さらに EC は90年4月の臨時欧州理事会において，中東欧地域で民主主義と市場経済への方向が確立され次第，貿易協定を格上げし，「連合協定（Association Agreement）」を締結する方針を固めた．同年6月にはこれを「欧州協定（Europe Agreement）」と名付け，同協定の締結交渉を91年から開始する方針を決めた．「欧州協定」は，EC と中東欧諸国の間で FTA の創設が中核となっている他，産業，金融等での協力が盛り込まれていた[7]．

　「欧州協定」前文には，EC 側に中東欧諸国の加盟を認める義務はなかったが，「EC 加盟を最終目標にすることを考慮し」という文言が明記された．また加盟へ向けてのタイムテーブルと段階的アプローチも規定されていた．貿易面では FTA の創設が明記され，特にハンガリー政府との協定にはサービス，資本，人の自由移動も規定されていた．ただし鉄鋼，石炭，船舶，農産物，繊

5）　冷戦末期の中東欧諸国に対する支援としては，89年に対ポーランド，ハンガリー向け支援として PHARE 計画が日米を含む G24 で決定され EC が支援実施の責任を負った．90年以降は他の中東欧諸国の援助要請に対応し，対象国は拡大した［磯野 1999：1-9］．

6）　貿易協定の締結と発効については，ハンガリー（88年9月26日締結，88年12月1日発効），ポーランド（89年9月19日締結，89年12月1日発効），チェコスロヴァキア（90年5月7日締結，90年11月1日発効），ブルガリア（90年5月8日締結，90年11月1日発効），東ドイツ（90年5月8日締結），ルーマニア（90年10月22日締結，91年5月1日発効）であった．東西ドイツ統一により，東ドイツとの協定は発効されず，欧州委員会のオフィシャル・ジャーナルでも掲載されなかった．またソ連邦の崩壊によって誕生した CIS の構成共和国とは将来的な EU 加盟を前提としない提携協力協定を結んだ．

維製品等については数量制限やハンガリー，ポーランドを除く 4 カ国に対し関税も維持された．欧州協定により，ドロール委員長の欧州 3 同心円構想（EC を中心として EFTA，さらにソ連・中東欧を含む拡大経済圏構想）が欧州の経済的新秩序の柱になるとの見方もあった．しかし他方で，欧州統合による政治的結束の強化を優先したいドロールが，これ以上の加盟国の増加を食い止める意図を反映させた構想との解釈もあった．中東欧の新規加盟を認める EC 側の義務規定を回避した点においてこの解釈は成り立つように見えるが，協定前文において加盟を最終目標と掲げざるを得なかった背景には，中東欧各政府の加盟に向けた強い要望があり，EC/EU もこれを無視できなかったのである[8]．

　93年 6 月のコペンハーゲン欧州理事会において，欧州協定を締結している中東欧諸国を将来，EU に加盟する資格を有する「連合国（associated country）」として正式に位置づけ，政治的，経済的条件が整い次第加盟できることを明記した．加盟のための基準は政治，経済，法の 3 つに分けられ，政治的基準としては，民主主義の定着，法の支配，人権の尊重及びマイノリティの保護，経済的基準としては，市場経済の機能，EU 域内の競争圧力と市場の力に耐えうる能力，法的基準としては，「アキ・コミュノテール（Acquis communautaire）」（EU 法の総体）の受容となっていた．コペンハーゲン欧州理事会での決定を受

---

7 ）「欧州協定」の締結と発効に関しては，ハンガリー（91年12月16日締結，94年 2 月 1 日発効），ポーランド（91年 9 月16日締結，94年 1 月 1 日発効），チェコ（93年10月 4 日締結，95年 2 月 1 日発効），スロヴァキア（93年10月 4 日締結，95年 2 月 1 日発効），ブルガリア（93年 3 月 8 日締結，95年 2 月 1 日発効），ルーマニア（93年 2 月 1 日締結，95年 2 月 1 日発効）．チェコスロヴァキアは91年12月16日に締結したが，その後分離独立した．欧州協定は，バルト 3 国，スロヴェニアも締結した．この欧州協定は，政治対話，財，サービス，人，資本等の自由移動，経済協力，文化協力，財政協力にわたる広範な協力協定である．当初 EC は，将来的な加盟を約束する文言を明記することを拒んでいたが，中東欧諸国の強い要望により，将来的な欧州共同体への加盟が明記された．

8 ）冷戦終結後，EC 加盟に熱心であった中東欧諸国と比較し，EC 側は加盟に伴う財政負担等を考慮し拡大を先送りさせる姿勢であった．しかし欧州協定の前文に共同体加盟が最終目標として明記されたことを契機として，1993年 6 月のコペンハーゲン欧州理事会で加盟基準が設定され，94年後期の議長国になったドイツ政府は，中東欧への「加盟前戦略」の策定（94年12月のエッセン欧州理事会で採択）など拡大に向けて積極的な姿勢を示した．EU 内部で拡大に対する懐疑的見解は依然として存在していたが，この時期には拡大へ向けた方向性はほぼ固まっていたと見ることができよう．

け，94年から96年にかけて中東欧10カ国が EU 加盟を申請した．

1.2 『アジェンダ2000』に至る経緯と文書の構成

　1989年に対ポーランド・ハンガリー向け支援として PHARE 計画が日米を含む G24 で決定され，EU が支援実施の責任を負った．続いて EU は中東欧諸国との間に貿易・経済協力協定，欧州協定を締結した．欧州協定の前文には，中東欧の強い要望により協定相手国の共同体加盟を最終目標とすることが明記された [Smith 1999 : 66-80；Preston 1997 : 196-202]．さらに93年 6 月のコペンハーゲン欧州理事会は，加盟を希望する中東欧諸国が政治経済条件を満たし次第，EU の構成国となることで合意した [European Commission 1993 : 12-13]．95年12月のマドリード欧州理事会は，中東欧諸国との加盟交渉開始の準備として，EU の政策（農業，構造政策等）に対し拡大が与える影響，EU の新たな財政枠組，加盟申請国に対する評価等に関する欧州委員会の見解を求めた [European Commission 1995 : 18]．この要請を受け，欧州委員会が97年 7 月に提出した報告書が『アジェンダ2000』である．

　『アジェンダ2000』は，"For a stronger and wider Union" という副題が表しているように，EU の強化・拡大戦略を示していた[9]．『アジェンダ2000（総論）』自体の構成は，「より強力でより拡大する EU のために」と題された第 1 部，「加盟前戦略の実施」の第 2 部，「中東欧の加盟申請国への拡大が EU 政策に与える影響」の第 3 部からなっている．そしてこれら 3 部が各パートに分かれ，さらに，各パートが幾つかの章や節に分かれるといったやや複雑な構造になっており，重複した記述も散見される．**図 5 - 1**は，このような多岐にわたる『アジェンダ2000』の内容を，強化，拡大，財政に関するものに振り分け，再構成したものである．

1.3 『アジェンダ2000』における強化・拡大・財政

　強化戦略としては，域内市場における「市場の歪みと部門別障壁の除去」，「市場効率の改善と投資促進，労働市場と雇用政策の近代化」が掲げられている．この戦略を通じて，欧州市場のダイナミズムや国際競争力を高めることが欧州委員会の狙いである．さらに各構成国間で経済的・社会的不均衡を是正す

るために構造政策の必要性を強調し，同時に構造政策の効率性を強化する方策を提示している．EUの対外関係としては，拡大NATOとの補完関係を保ちながら共通防衛政策の進展を重視している．また欧州委員会はCAP（共通農業政策）に関して，1992年のマクシャリー改革を評価し，価格支持から「直接支払い」へシフトする方向で更なる改革を要求している．農業分野においても「市場志向」を導入することによって介入政策からの転換を図り，競争力を高めることが欧州委員会の狙いである［European Commission 1997a：29］.[10]

　拡大に関しては加盟基準を設定し，段階的に加盟交渉を開始することが提案された．図5-1にあるように，政治，経済，法整備に関する3つの基準を設

9）　例えば『アジェンダ2000』の序論には，この文書の課題と構成に関して以下の記述がある．「『アジェンダ2000』には，来世紀へ向けてのEUの政策とその発展，拡大に関する問題，EU拡大の見通しを考慮した2000年以降の財政枠組みに関する幅広い展望が描かれている．その中でも拡大の問題は，『アジェンダ2000』にとって主要な課題となっている．申請国の数と申請国間の政治経済的差異は今までよりも一層大きくなってきており，なおかつそれらの全申請国は共同体基金の純受給国になると考えられる．さらに政策改革と新構成国の吸収は，厳しい予算枠組みの中で調整されなければならない．（中略）『アジェンダ2000』の第1部は，連合政策の発展を扱っている．アムステルダム新条約に基づき，域内政策は，持続可能な成長と雇用の条件を設定し，最前線に知識を置き（"put knowledge at the forefront." この場合の「知識」とは，情報・通信技術における無形財を指し，そのための「研究開発，技術革新，教育，職業訓練等の知識政策がEUの未来において極めて重要となる」と指摘している［European Commission 1997a：18］：筆者補足），雇用システムを近代化し，生活条件を改善する必要がある．さらに，構造政策，共通農業政策の改革は，連合が拡大に対して準備する一方で，農業と地域発展と同様に経済的社会的結束への取り組みを深めるであろう．最終的に，連合の対外関係における効果とより大きな統合をいかに達成すべきか，という問題を扱う．第2部は，統合の課題を扱い，加盟申請国に関する主要な結論と勧告を引き出し，加盟前戦略の補強と加盟プロセスの開始についての委員会の見解を示した．『アジェンダ2000』の第2部は，EUの政策に対する拡大の影響の分析と補強された加盟前戦略の詳細な記述を含んでいる．第3部は，2000～06年までの新しい財政枠組みを設定した．EUの深化と拡大という2つの目標は，財政規律を守りながら，自主財源に関してGNP 1.27％のシーリング内で達成し得る．そして将来の財政システムの問題にも対処する．まとめればこれらの要素は，連合が21世紀に向けた明確で一貫した見通しを提供している」［European Commission 1997a：11-15］.

10）　「介入主義からの転換」という視点は長部重康の指摘に負っている［長部・田中編1998：1-29］.この論考は欧州の産業政策の転換を分析したものであるが，この視点はEUの農業改革にも適用できる［European Commission 1997a：17-29］.

stronger
1. 域内政策
・持続可能な成長と雇用：市場の歪みと部門別障壁の除去，市場効率の改善と投資の促進
・情報，コミュニケーション技術へのシフト（全産業部門の競争力を決定）
・労働市場と雇用政策の近代化・各構成国間の経済的格差の是正
2. 経済的・社会的結束
・経済的・社会的結束を政治的に優先
・構造基金の対象I（一人当たりGDPがEU平均の75%以下）に基金の3分の2を配分
・結束基金（一人当たりGNPがEU平均の90%以下）は，環境・輸送インフラ整備に充てる
・費用対効果の強化：構造政策手続きの簡素化，支援プログラムに対する評価，会計監査
3. 共通農業政策（CAP）
・92年CAP改革の評価：余剰作物の減少，価格競争力の増大，農産物市場均衡の改善
・支持価格の世界市場価格への接近と輸出補助金の削減（WTO交渉の準備）
・CAPに市場志向を導入し欧州農業の競争力を強化
・92年改革（価格支持から直接補償へのシフト）を深化・拡大
4. 連合の域外関係
・世界に対して開かれ安定した欧州：安全保障の共同体，共通防衛政策の進展，NATO拡大との補完
・強く一貫した欧州：共通外交安全保障政策が共同体の対外行動を強化／EUの商業力の維持

wider
1. 加盟基準による評価
　①政治的基準：民主主義・法の支配・人権，マイノリティの尊重と保護
　②経済的基準：市場経済の機能・EUの競争圧力と市場の力に耐えうる能力（マクロ経済安定を保障する経済機関／人的資本と物的資本の充実等）
　③その他の基準：アキ・コミュノテール（共同体法の集積）の受け入れ
2. 各国別の評価
　①政治的評価：スロヴァキア（ハンガリー系少数民族に対する抑圧）以外は満たしている
　②経済的評価：ハンガリー，ポーランドが中期的には満たしうる．チェコ，スロヴァキア，スロヴェニアはその後に続く．エストニアは，5ヶ国の中では最後尾
　③法制度的評価：ポーランド，ハンガリー，スロヴァキア，エストニア，チェコは中期的にはアキの主要部分を受け入れうると判断されているが，スロヴェニアは欧州協定の批准が遅れたこともあり相当な努力が要求された
3. 加盟前援助
・加盟のための準備として全申請国に支援プログラムを提供
・特に輸送インフラ（Trans-European Network）の確立に重点をおく
4. 拡大がEU及びその政策に与える影響
・拡大の政治的利益：拡大は欧州の平和と安定のための投資
・拡大の経済的利益：域内市場拡大による貿易創出，生産規模の拡大と雇用機会の増大，中・東欧の人的資源（安価で質の高い労働力の吸収）
・拡大のリスク：候補国が体制転換過程にあることに起因する調整コスト
・構造政策：中・東欧とEUとの経済格差と中・東欧間の経済格差の是正
・農業政策：中・東欧農産物の価格ギャップ（10～45%）が存在するため，価格支持は余剰作物を生む
・域内市場と経済通貨同盟：EMU加盟の道は開かれているが，申請国に更なる負担を強いることになり，長期的展望を必要とする

財政枠組
・公財政の健全運営（EU支出にシーリングを設定し，EU域内のGNP比1.27%を上限とする）

・農業支出：農業改革を推進し，農業支出を安定させる．支持価格の引き下げにより市場介入と輸出補助金は2006年までに約37億ECU削減／「直接支払い」の追加支出は77億ECU削減

・構造支出：2006年までの構造予算は2750億ECU，その内EU15は2100億ECU，新加盟国には450億ECU（この中から加盟前援助として毎年10億ECU支出），結束基金は200億ECU

・加盟前援助：加盟の準備として全申請国に対し一貫したプログラムの提供，申請国の制度的・行政的能力の強化，申請国の企業を共同体標準（労働条件，商慣行等）にする

図5-1 「*Agenda2000：For a stronger and wider Union*」の再構成図
（Agenda 2000: For a stronger and wider Union, COM（97）2000final）
出所）*Agenda 2000* より作成．

け，第 5 次拡大としてポーランド，ハンガリー，チェコ，スロヴェニア，エストニアの 5 ヶ国を選抜した（この選抜方式は，99年12月のヘルシンキ欧州理事会において修正されたが，これについては4.2.3節で触れる）．また機構改革として次期拡大に先立ち，理事会における特定多数決の票配分改正と欧州委員定数を一構成国につき 1 人に削減することの決定を，2000年前までに行うよう求めた．

　財政面においては，メイヒュー（Alan Mayhew）も指摘するように，EU 域内GNP の1.27％というシーリングが課されていることがポイントである[11]．この1.27％という数値は，ドロール・パッケージ II における99年予算に対するシーリングであった（92年12月，エディンバラ欧州理事会で合意）．2000年以降の予算に対しても99年のシーリングを掲げるということは，東方拡大のために予算規模の拡大といった特別な財政措置を取らないことを示していた．域内経済成長率分は「潜在的追加財源［*The Guardian* 20/04/2000］」となるとはいえ，欧州委員会は，財政拡大を伴わない東方拡大を志向していたのである．

　この点に関して，ガーブル（Heather Garbble）とヒューズ（Kirsty Hughes）は「EU は驚くほどの低予算で歴史的段階に立ち向かおうとしている」［Grabble and Hughes：1998：107］と指摘した．またアーディ（Brian Ardy）は「過去の拡大のコストはその大部分をドイツが負担していたが，現在のドイツの状況は，統一による財政負担，景気後退と高失業率，通貨同盟参加基準等によって財政的に制約され，また他の構成国の財政も同様に制約を受けている」ため，EU予算への拠出増大は現実的な選択肢にはなり得ないと指摘した［Ardy 1999：122］．

　またアーディは「EU 予算支出が，EU の GNP 比1.27％という99年のシーリ

---

11)　メイヒューは，『アジェンダ2000』が候補国に対して加盟前に成し遂げるべき課題を明示する一方で，EU の政策的課題も示しているとした上で，CAP，構造基金，財政枠組に関する『アジェンダ2000』の改革案として次のポイントを指摘する．①共同体予算は，2006年まで域内 GNP の1.27％の独自財源シーリングを超えてはならない．②構造予算は，同期間で域内 GNP の0.46％を超えてはならない．③CAP 改革は，価格支持から「直接支払い」へ移行を伴い継続されなければならない．④制度改革は，加速的に行われなければならない．⑤『アジェンダ2000』は，次の 2 つの仮定に基づいている．通貨同盟が予定通りに開始されることとアムステルダム条約が締結・批准されることである．メイヒューはたとえ拡大計画がなかったとしても，これらの改革は実行しなければならない政策課題であると指摘した［Mayhew 1998：174-78］．

ングを超えるには，構成国間の全会一致と各国議会の承認が必要になる」
［Ardy 1999：122］と指摘した．つまりアーディは，ドイツを始めとする純拠出
国が拡大のための財源を負担し得ず，また1.27％のシーリングを超えるには，
EU の政策決定において最も困難な手続きが必要となると主張したのである．
これら 2 つの理由からアーディは「拡大は EU 域内の GNP 比1.27％のシーリ
ング内で実現されなければならない」［Ardy 1999：122］と結論づけた．

　この点に関して欧州委員会は，次期拡大が追加予算を含めてこのシーリング
内で実現可能であるという見解を繰り返し強調した．『アジェンダ2000』にお
いて，「EU の深化・拡大という 2 つの目標は，（EU 域内）GNP 比1.27％のシー
リング内で達成できる」とし，「財政規律（budget discipline）」が守られる見通
しを示した［European Commission 1997a：15］．またシーリングを超える場合の[12]
政策決定上の手続きとして「構成国間の全会一致と各国議会による承認が求め
られよう」［European Commission 1997a：66］と指摘しており，先のアーディの
見解はこの記述を踏まえたものであった．

　ただし欧州委員会の財政見通しは，経済成長率に関する予測（年間成長率が
EU15カ国平均で2.5％，中東欧10カ国平均で 4 ％）に基づいていた．ガーブルと
ヒューズはこの予測に関して疑問を呈し，またアーディはこの予測の楽観性を
指摘した［Grabble and Hughes：1998：93；Ardy 1999：123］．仮に2000年以降の成
長が予測を下回る場合は，この予測に基づき欧州委員会が設定した追加予算
（2006年まで約200億 ECU）は修正を余儀なくされる可能性もあった．しかし『ア
ジェンダ2000』の財政枠組は，0.03〜0.05％のマージンを設定し，ベルリンで
合意された財政枠組では，0.12〜0.18％のマージンを取っていたため，成長率
の鈍化には一定程度対応できるものであった．

　このように財政面から見た場合，『アジェンダ2000』は，すでに「中心・周
辺構造」[13]を持つ EU が，更なる「周辺」を，選抜基準を設定し段階的に取り込
もうとする拡大計画と財政上の制約との調整を図った文書であったといえよう．

12）　同様な指摘として，「拡大に際しての資金調達は，EU の GDP に占める独自財源の
　　シーリング範囲内で達成し得る」［European Commission 1997a：133］．

1.4　予算シーリングと拡大の両立可能性

　経済通貨同盟への参加は，財政赤字の縮小や物価の安定等の厳しい条件を満たさなければならず，各構成国レベルでも均衡財政を志向せざるを得ない状況[14)]にあった．この状況に関して，均衡財政と東方拡大が両立するのかといった疑問が提出された[15)]．ガーブルとヒューズは，欧州委員会の予算シーリングと東方拡大の両立を阻害するものとして，次の3つの要因をあげた［Grabble and Hughes：1998：93］．①構造，農業政策における資金配分の変化に対する現受給国による強い反対．②経済成長予測と効率的政策運営に関する欧州委員会の仮定の現実性．③EU予算をめぐる純拠出国と純受給国の対立．これら3つの阻害要因の中で，ベルリン欧州理事会以降も有効なものは，②の要因だけである．①と③に関しては，スペインの強い反対（特に結束基金配分額をめぐりスペイン政府とドイツ政府が対立）がありながらも『アジェンダ2000』の財政枠組は合意され，またドイツを始めとする純拠出国の反対も最終合意を妨げはしなかったことを見れば，決定的な対立は回避されたのである[16)]．

　アーディは欧州委員会が提案した農業予算について，東方拡大がシーリング

---

13)　「中心と周辺」という概念はプレビッシュが用い，その後，従属論において展開された概念であるが，これを欧州共同体に適用している論考として例えば Seers, Schaffer and Kiljunen eds.［1979］，Leonardi［1995］，高柳［1984：23-41］がある．シアーズ（Dudley Seers）は，経済統合が進展することによって中心と周辺の経済的格差が拡大することを指摘した［Seers, Schaffer and Kiljunen eds.：1979：27］．レオナルディ（Robert Leonardi）は中心周辺理論も新機能主義も，統合は周辺国に対しネガティヴなインパクトをもたらすとしており，この見解は1960年代から70年，さらに80年代の南欧の経済成長を説明し得ないとして，新たなモデルの必要性を主張した［Leonardi 1995：46-54］．また高柳［1984：23-41］は，60年代後半から70年代にかけての欧州各地で起こった地域運動を，テクノクラート国家と一体化した共同体の近代的価値に基づく支配システムに対する告発として捉えた．

14)　経済通貨同盟（EMU）の参加条件は，物価，為替相場，市場金利の安定と財政赤字の縮小である．物価に関しては，消費者物価上昇率がEUで最も低い3カ国の値から1.5％以内にあること，為替相場に関しては，為替変動が2年間において正常変動幅を維持し，平価の切り下げを行っていないこと，市場金利に関しては，政府長期債の利回りがEU構成国の中で最も物価が低い3カ国の政府長期債の利回りに対して，2％以内の範囲にあること，財政に関しては，年間財政赤字額の対GDP比が3％以内であり，公的債務残高がGDP比60％以内であることがEMUの参加条件である．

15)　例えば，久保［1999：77］.

内で実現可能であると考える論者から、逆に農業予算は拡大前に破綻すると予測する論者まで見解が分かれていることに触れ、欧州委員会案は楽観的ではあるが「拡大は、現実的な意味でも制約された農業予算内で行わなければならない」[Ardy 1999：118] と指摘した。アーディはシーリングと東方拡大が両立するための条件として、次の３点をあげた。① 現構成国が構造支出の削減と農業支出（実質）の固定化を受け入れること。② 農業市場（域内・域外）と EU 経済の状況に大きな変化がないこと。③ 中東欧が現加盟国とは異なる農業政策の適用を短期的に受け入れること。条件①については、ベルリン欧州理事会（1999年）の結果から見て多少の軋轢はありながらもほぼ満たされている。条件②については、天候やアメリカ経済の動向によって左右されるため未確定性が高いが、前節で触れたようにマージンの範囲内で抑えられる見込みであった。条件③は、中東欧側の加盟意欲が強いため移行期間を受け入れる可能性が強い（本章2.2.節）。アーディは『アジェンダ2000』の財政枠組に対する評価として、この文書が「拡大と両立可能な政策改革としては最低限のものであるが、しかし最低限の改革であっても拡大が財政シーリングを変えることなく実現し得ることを十分に保証している」[Ardy 1999：125] と結論づけた。

　メイヒューは、拡大に関するコスト計算（農業、構造予算）を発表した機関や研究者の中で、欧州委員会が最も低めに計算しており（例えば CAP の毎年の追加予算は39億 ECU）、構造予算についても域内 GNP 比0.46％のシーリングを設け

---

16)　メイヒューは、予算問題が拡大に関する議論の中で「決定的なイッシューにはならない」とし、その理由として次の６点を指摘した [Mayhew 1998：308-11]。① 予算規模が域内 GDP の1.3％以下に制限されている。② 拡大は段階的に行われるため、中東欧10カ国への拡大が予算に対し影響するには長期間を要する。③ 新加盟国に対する資金移転が増大するには移行期間があると考えられるため、予算を域内 GDP の一定割合に保つことが可能となる。④ 拡大によって相当な利益（中東欧向け輸出の増大とそれに伴う雇用創出等）を得る構成国（ドイツ等）は、最終的に拠出金の増大に応じる。⑤ 加盟申請国は加盟を強く求めているため、移行期間において受取額が少なくても合意する。⑥ EU が拡大によって得る純利益は、潜在的な追加予算コストよりもはるかに大きい。しかしメイヒューが最後にあげる拡大による「EU の利益」が政治的利益を含んでいるとすれば、旧共産圏の中東欧が加盟することによる安全保障上の利益は EU にとって重要なものとなるが、これらの利益は数量化し得ないため、簡単に予算コストと比較し得ない。また EU 財政にとって一定の負担となる東方拡大が、ネットで経済的利益があることを示すには相応の実証的手続きが必要になる。

ている点を問題としていた［Mayhew 1998：306-307］．もっとも，メイヒューは拡大のコスト計算が幾つもの未確定要素（現加盟国と新加盟国の経済成長率，為替変動，世界の農業市場の変化，WTO 交渉等）によって影響されるとして，確定した計算値は存在しないことも自覚的であった［Mayhew 1998：307-308］．またガーブルとヒューズは，当時発表されていたコスト計算が様々なモデルと仮定に基づいていることを理由に，各データを直接には比較し得ないと指摘していた［Grabble and Hughes：1998：97］．

　メイヒューが指摘するように，複数の未確定要素によって左右される拡大のコストを確定することは原理的になし得ず，またガーブルとヒューズが言うように，算出方法の異なる数値を簡単に比較し得ない．しかし，正確なコスト計算は原理的に不可能であることを前提としても，仮に CAP 改革がさらに進展し，国内改革が達成された候補国から段階的に加盟が実行されればシーリング内で東方拡大が実現する可能性は存在した．またアーディも指摘するように予算計画においてシーリングを掲げている以上，EU はもはやこのシーリング内で拡大に伴う財政支出を賄う外に選択肢はなかった．

2．東方拡大と共通農業政策（CAP）

　EU の CAP は，価格支持（一定価格での域内農産物の買い上げ），農家に対する「直接支払い」，輸出補助金を中心とする介入的性格を有していた．東方拡大によって共同体の農地は50％増，農業人口は 2 倍以上となることが予想されたため，当時の CAP を中東欧に対し適用すれば，年間110億 ECU（欧州委員会97年試算）が必要となり，EU 財政を圧迫することが見込まれていた（98年 EU 予算全体の12.6％に相当）．したがって東方拡大は，EU 財政支出の46.9％（99年）を占める CAP に対し量的質的改革を迫っていたのである．92年のマクシャリー改革により，聖域化されていた支持価格を引き下げ[17]，CAP の中心を農家への「直接支払い」へとシフトした欧州委員会にとって最大の問題は，中東欧の農家に対する「直接支払い」及び価格支持制度の扱いであった．

表 5 - 1　農業予算

(単位：10億 ECU（時価）)

年	1999	2000	2001	2002	2003	2004	2005	2006
農業予算		44.0	45.9	49.7	52.1	53.2	53.9	54.5
EU15への農業予算	41.7	41.6	43.4	45.4	47.3	47.9	47.9	47.9
EU15への地域開発関連予算		1.9	2.0	2.0	2.0	2.0	2.1	2.1
新加盟国への農業予算		0.0	0.0	1.1	1.2	1.2	1.3	1.4
新加盟国への地域開発関連予算		0.0	0.0	0.6	1.0	1.5	2.0	2.5
加盟前支援		0.5	0.5	0.6	0.6	0.6	0.6	0.6

注）1999年〜2006年まで2％のデフレーターで算出.
出所）*Agenda2000*, p. 73（表2）から抜粋.

2.1　中東欧農家への「直接支払い」の適用問題

表5-1は『アジェンダ2000』の農業予算案である．新加盟国は，ポーランド，ハンガリーを始めとする中東欧5カ国とキプロスの第1グループを想定し，2002年の拡大開始を予定していた．2002年から06年までの新加盟国向け市場介入予算は62億 ECU（年平均12.4億 ECU），地域開発関連予算は76億 ECU（年平均15.2億 ECU）である．欧州委員会は仮に農業政策が加盟申請国に対して適用されたならば，「年間110億 ECU（内，約70億 ECU が『直接支払い』）」が必要となると予測した［European Commission 1997a：115］．

しかし市場介入予算と地域開発支援の年平均合計は27.6億 ECU であり，この予測を大幅に下回っていた．仮に中東欧農家へ「直接支払い」が適用されないとすれば，必要となる農業予算は40億 ECU（価格支持と輸出補助金で25億 ECU，地域開発支援で15億 ECU）となり農業予算計画に示されている数値とほぼ対応する．なぜなら40億 ECU は中東欧10カ国を対象としており，表5-1の拡大関

---

17)　ダウビェア（Carsten Daugbjerg）は，92年のマクシャリー改革を「EC の歴史上最大の改革であったが，しかし根本的なものとは言えない」とし，EC/EU の農業政策は「介入政策パラダイム」に沿っていると結論づけた［Daugbjerg 1999：415-25］．確かに支持価格を引き下げる代わりに，「直接支払い」を導入した点や支持価格制度の存続という問題点は残るものの，CAP 導入以後30年来，聖域化されていた支持価格を引き下げたことは注目すべきであった．マクシャリー改革以前と以後で介入政策は質的に変化しつつあったのではないだろうか．「介入政策パラダイム」という概念で，92年改革以前と以後を連続的に位置付けるダウビェアの解釈は，この質的変化を見逃す恐れがあった．

連予算は加盟前援助も含めると39億ECU（05年）となるため，第1グループについては十分だった［European Commission 1997a：116］．つまり『アジェンダ2000』の予算計画は，中東欧農家への「直接支払い」を行わないという前提で作成されていたのである．次に，この点を『アジェンダ2000』の記述面から裏付ける．

『アジェンダ2000』は「移行期間においては，（中東欧の）農家へ『直接支払い』を適用する代わりに，構造改革と地域開発のために資金を用いる方が建設的である」［European Commission 1997a：116］[18]と述べていた．さらにCAPが適用される候補国では，農産品の価格上昇が予測されるため，「直接支払い」は過度な現金流入を農民にもたらし，所得格差や社会不安のリスクを引き起こしかねないと指摘した［European Commission 1997a：116］．さらに「直接支払い」は，買い上げ価格の引き下げに対する補償として導入された経緯もあり，価格が上昇する中東欧農家には適応すべきではないとの見解も示されていた［European Commission 1997a：98］．また「新加盟国に対して，少なくとも加盟後一定期間，直接支払いが適用されないのであれば，拡大による追加予算は『アジェンダ2000』に示された農業指針で十分である」と述べていた［European Commission 1997a：133］．つまり欧州委員会は明言こそ避けたが，新加盟国の農家は対象とはならない可能性を示唆したのであった．

メイヒューも，『アジェンダ2000』は「新加盟国の農民に対する『直接支払い』適用の提案は行っていない」と指摘し，その理由として「拡大に関する毎年のCAP予算が，マドリード欧州理事会提案の120億ECUから『アジェンダ2000』では39億ECUに減額したこと」をあげている［Mayhew 1998：268］[19]．またダウビェア（Carsten Daugbjerg）は，EUの農業改革を分析した論考の中で，『アジェンダ2000』は「『直接支払い』が新加盟国の農家へ提供されない」ことを示しているとし，さらに「新加盟国がCAPの十全な適用を受けるには長い移行期間を必要とすることを欧州委員会は示唆している」と指摘した［Daugbjerg 1999：407-28］[20]．アーディも同様に「第5次拡大の農業コストは移行期間を

18）　カッコ内は筆者による補足．

19）　ただし39億ECUは年平均ではなく2006年の拡大CAP予算である．

設け，新加盟国は『直接支払い』の対象とならない」[Ardy 1999：119-20] と指摘した．

　この点に関し，F. フィシュラー欧州委員（農業担当）が2000年3月1日のインタビューの中で，「長期的には，CAP を（現加盟国と新加盟国とで）区別して適用することは避けなければならない」が，加盟後直ちに中東欧農家に対し「直接支払い」を全面的に適用することは不可能であり，5〜7年の移行期間が必要となると述べた[21]．さらに，拡大に伴う CAP 予算のほとんどを2007年までは「直接支払い」よりも農業部門の構造改革に使うべきであると指摘した[22]．またフィシュラーは，選択肢の1つとして，生産制限と支払いをリンクして「直接支払い」を段階的に組み込むことを提案した[23]．

　またプライス（Victoria C. Price）は，農業部門から工業，サービス部門への労働力の再編を進めるためにも，農家に対する「直接支払い」の「再国有化（renationalization：政策実施を共同体から各構成国レベルに移すこと）」の必要性を指摘した [Price 1999：46]．しかし一般的に「再国有化」は統合の流れを逆行させると考えられていることもあり，この導入に関して欧州委員会は『アジェンダ2000』において否定的見解を示していた．

　欧州委員会は，各構成国が「直接支払い」に個別のシーリングを与えることを提案しながらも，「再国有化を除き，各構成国が共通ルールの下で異なる基準を導入することを認める」[European Commission 1997a：32] と述べていた．つまり，各構成国が個別に基準を設けることは認めるが，これはあくまで「共通ルール」の下で行なわれるべきであり「再国有化」を認めるものではなかった[24]．また「直接支払い」などの農業予算の一部を各構成国へ分担する案は，シュレーダー独首相が選挙期間中から主張していたもので，1999年3月のベルリン欧州理事会でも議論されたが，仏政府によって阻止された[25]．

---

20)　またダウビェアは EU の農業分野における組織構造が CAP に関する政策決定を根本的改革から遠ざけていると指摘した．この場合の組織構造とは，農業担当欧州委員と DG VI（農業総局）が農業団体からの圧力にさらされていることを指している．

21)　*Financial Times*, 2/03/2000；*AgenceEurope*, No. 7668, 3/03/2000：9.

22)　*Financial Times*, 2/03/2000.

23)　*Financial Times*, 2/03/2000.

2.2　中東欧農家への価格支持の適用問題

支持価格に関しては，比較的安価な中東欧農産物と EU 域内農産物の価格差が問題となった．例えば穀物では，油糧種子，粗粒穀物が10〜30％，砂糖大根は30〜40％，ミルク及び乳製品は30〜40％，牛肉が35〜45％という価格差が存在した．中東欧農産物全体の平均価格としては EU 価格の40〜80％程度であるため，現状の価格支持政策を適用すれば過剰生産を招くことは必至であり，また中東欧国内で新たな所得格差を生み社会不安を引き起こしかねなかった．しかし『アジェンダ2000』は，価格支持の適用が予算シーリング内で達成される見通しを示していた［European Commission 1997a：133］．

マクシャリー改革以降，EU 域内農産物の介入価格は世界市場価格に近づいており，さらにベルリン欧州理事会において穀物，乳製品の支持価格の15％引き下げが決定された．今後も支持価格の引き下げが継続されれば，第 5 次拡大までに支持価格が世界市場価格に近接する可能性もあった．また元来，世界市場価格に近接している中東欧の農産物に支持価格を適用する必然性はなく，むしろ市場自由化へ向けた中東欧の努力に逆行するという指摘もあった［Grabble and Hughes：1998：97-98］[26]．このように『アジェンダ2000』に示された拡大関連の農業予算は，CAP によって伝統的に提供されてきた価格支持政策，輸出補助金，「直接支払い」を導入するために使われるのではなく，農業部門の再編成のために用いられることが想定された．また加盟申請国に毎年与えられる加盟前援助は，中東欧農業の近代化や農業部門における（資源）配分の改善に用

---

24)　ただし，「直接支払い」の「部分的再国民化」について欧州委員会は必ずしも否定的であるとはいえなかった．欧州委員会は1998年に財政に関する報告書の中で「部分的再国民化」を肯定的に取り上げた．「部分的再国民化」が正当性を持つ理由として，「直接支払い」は「個人間配分（interpersonal distribution）」であり（この場合は納税者から農民への移転），補完性の原則に照らせば，個人間配分は共同体レベルよりも構成国レベルで行なう方が効率的であると指摘した［European Commission 1998a：Annex5：1-7］．デヴィスト（Youri Devuyst）は，この報告書の解釈として，「欧州委員会はシュレーダー案（再国民化）を選択肢の一つとして取り上げている」と述べている［Devuyst 1999：112］．

25)　*Agence Europe,* No. 7434, 27/03/1999：4-7.

26)　仮に価格支持が中東欧へ適用される場合，中東欧農家の所得は価格差の分だけ増大することになり「直接支払い」を行う必然性はない．

いられることとなった.

中東欧において農業セクターの重要度は異なっており,特にポーランドやルーマニアのように雇用創出における役割が大きい国(各々の農業人口は95年において26.9%,34.3%,GDP比は7.6%,20.5%)とチェコ,ハンガリー,スロヴェニアのように比較的小さい国(各々の農業人口は同年で6.3%,8.0%,7.1%,GDP比は5.2%,6.2%,5.0%)とでは大きな違いがある.したがってルーマニアのように雇用,GDP双方において農業セクターの果たす役割が相対的に大きい国にとって,当セクターの急速な減少は,その経済が適応し得ない規模の失業と都市化をもたらすと考えられる[Grabble and Hughes:1998:96-97].しかし中長期的には農業部門の再編成は避けられず,補助金と保護のレベルを引き下げることが予想された.

この点に関しアーディは,「中東欧への現行(当時)のCAP適用が生産,消費,農家所得に複合的影響をもたらす」[Ardy 1999:117][27]と述べた.この「複合的影響」とは,食料品の高騰によるインフレ,農家所得の増大による他のセクターとの所得不均衡とそれがもたらす社会不安等を指しており,アーディは結論として「EUの農産物価格を世界価格に近づけ,生産割当てにより生産を制限し,中東欧に対する農業支援の支出を低く抑えることが必要となる」[Ardy 1999:120]と指摘した.

3. 東方拡大と構造政策

構造政策は,域内の低開発地域に対する財政支援であり,資源配分(公共財の供給)と所得再分配(企業向け補助金等)の2つの機能を担っている[28].東方拡大によって,EU財政支出の35.2%(1999年)を占める構造政策は大きな変革を迫られていた.**表5-2**は『アジェンダ2000』の構造政策予算案である.2002年から06年にかけて新加盟国に対する構造予算合計は(380億ECU,97年価格)であり,加盟前援助は2000年から毎年10億ECUが配分される.2006年の新加盟国に対する構造予算と加盟前援助の合計は,126億ECUであり,新加盟国向

---

27) カッコ内は筆者補足.

表 5 - 2　構造政策予算 (単位：10億 ECU（1997年価格）)

	1999	2000	2001	2002	2003	2004	2005	2006
EU15への構造基金	31.4	31.3	32.1	31.3	30.3	29.2	28.2	27.3
EU15への結束基金	2.9	2.9	2.9	2.9	2.9	2.9	2.9	2.9
新加盟国（結束基金含む）		0.0	0.0	3.6	5.6	7.6	9.6	11.6
加盟前支援		1.0	1.0	1.0	1.0	1.0	1.0	1.0
計	34.3	35.2	36.0	38.8	39.8	40.7	41.7	42.8

出所）*Agenda2000*, p. 74（表 3）.

け農業予算合計約37.7億 ECU とは対照的な数値を示している．拡大に関する構造予算と農業予算の比率は，7.7（構造予算）対2.3（農業予算）である（現加盟国の場合は，約3.8対6.2）．この点からも構造政策を重視する1992年のドロール・パッケージⅡの姿勢は，拡大に対してより強く保たれていた．しかし中東欧への構造予算配分に対しては，スペインを始めとする現加盟の受給国からの反発が当初から予想されていた．

3.1　EU と中東欧間の所得格差と構造基金配分をめぐる対立

　欧州委員会は新加盟国との経済的・社会的結束を実現する手段として，構造政策の意義を強調した．構造政策の目的は，現加盟国と新加盟国の格差是正に加え，新加盟国間の不均衡を是正することにある．欧州委員会は，東方拡大の成功が「加盟申請国に対する構造政策の強さ」にかかっていると指摘した［European Commission 1997a：98］．図 5 - 2 は，『アジェンダ2000』の中で示された 1 人当たり GDP の EU 平均に対する中東欧10ヶ国の比率を示したものである（EU 平均を100とした場合の％）．『アジェンダ2000』に掲載されていた数値は1995

---

28)　構造政策に関して，『アジェンダ2000』は次のように述べている．「経済社会的結束は，86年の欧州単一議定書において導入され，88年の構造基金改革への道を開いた．最終的に，成長と雇用に関するアムステルダム決議は，失業問題への対応を優先することを明記した．経済的社会的結束は，疑問の余地もなく，政治的に優先されなければならない．事実，発展レベルが大きく異なる新しい構成国への拡大の見通しにおいて，経済的社会的結束は依然として重要なものとなっている．欧州の結束は，130a 条によって明確に規定された開発レベルの不均衡是正という目標を達成する上で，それまでより重要になるであろう［European Commission 1997a：21］．

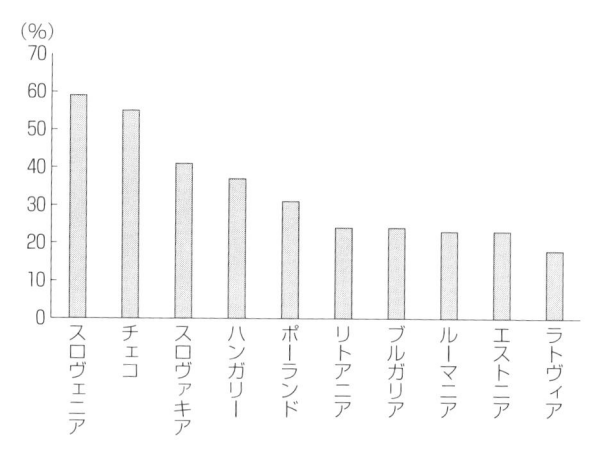

図5-2　中東欧諸国の1人当たり GDP 比

（対 EU 平均値，1995年）

出所）*Agenda 2000*, COM(97) 2000final, p. 138. より作成.

年のものであるが，当時の欧州委員会及び欧州理事会の判断材料になったわけである.

　中東欧10カ国の1人当たり GDP の平均は，EU 平均の32%（購買力平価換算）であった（市場価格では13%であるが，以下の数値は全て購買力平価換算[29]）. さらに中東欧諸国間の格差は大きく，最下位のラトヴィア（EU 平均の18%）から最上位のスロヴェニア（59%）まで，3.2倍の開きが存在した［European Commission 1997a：110[30]］. 人口や市場規模等の点で中東欧の大国と見られているポーランドでさえ，1人当たり GDP は EU 平均の31%でしかなかった. 欧州委員会は構造政策が正当化される理由として，このような二重の格差（EU と中東欧間，中東欧内部）の是正を掲げていた.

　さらにガーブルとヒューズは，構造政策の受給国である南欧諸国が中東欧の犠牲になることを恐れ，拡大の阻害要因となる可能性を指摘していた［Grabble

---

29)　欧州委員会が経済社会評議会に対し『アジェンダ2000』についての意見を求めた際，同評議会は，拡大に関する正確な評価をするためには購買力平価ではなく為替レートに基づいた計算をすべきであるという意見を提出した［European Commission 30/10/1997d：3-4］.

30)　EU15カ国で最も差のあるギリシャとルクセンブルグの間でも2.6倍である.

and Hughes：1998：91]．このような懸念に対し『アジェンダ2000』は，南欧諸国が東方拡大の犠牲にならないよう支援の継続性を明記した［European Commission 1997a：113］[31]．しかし欧州委員会が現加盟国に対する地域支援の継続性を明記したとしても，中東欧が加盟することにより，結束基金対象国を始めとする受給国と各地域が構造基金の受給資格を失う可能性があることは否定できなかった．

　先に見たように中東欧の 1 人当たり GDP は，南欧諸国に比べても格段に低いため，仮に中東欧10カ国が同時加盟した場合，1 人当たり GDP の EU 平均は約16％下がると見込まれた．特に構造基金の 3 分の 2 が配分される「対象（Objective）[32] 1 （ 1 人当たり GDP が EU 平均の75％以下）」の資格を現受給国は失う可能性もあった．なぜなら中東欧10カ国が加盟した場合，対象 1 の75％は加盟前の64.5％に相当し，ポルトガルもギリシャも水準以下の低開発地域を除いて，受給資格を失うことも予想されたからである．

　しかし，欧州委員会が現受給国（当時）への支援継続を掲げる以上，構造基金基準の見直しは必要となる筈であったが[33]，この点に関し『アジェンダ2000』とベルリン欧州理事会は取り上げていなかった．またガーブルとヒューズは中東欧に対し現行（当時）の構造政策の基準が適用されることを示す要素はないと指摘した［Grabble and Hughes：1998：99~100][34]．全ての中東欧諸国が対象 1 に入る状況において，現在の基準がそのまま中東欧10カ国に適用されれば，構造政策予算は約 2 倍に膨れ上がることが予想されるため，構造基金基準の見直しは75％を下回る方向で行われる可能性もあった．

---

31)　これと並行して欧州委員会は，構造政策プログラム実施に関して，運営の簡素化，分権性，効率を重視する姿勢を明らかにしている．

32)　Objective は日本の EU 研究者の多くが「目的」と訳しているが，この用語は構造基金の対象地域を指しているため，「対象」という訳語が適当であると考える（欧州委員会駐日代表部も Objective に関しては「対象」の訳語を使用していた）．

33)　受給国が構造基金を受けるには対象 1 の数値を89.3％以上に引き上げる必要があった（1995年当時の数値を元に筆者が計算）．

34)　カッコ内は筆者補足．

3.2 構造政策の予算規模

『アジェンダ2000』において構造政策の予算規模は，2000年から06年の 7 年間で2750億 ECU，その内 EU15カ国に対しては2300億 ECU（内，結束基金は200億 ECU），新加盟国へは450億 ECU（内，加盟前援助として各加盟候補国には年間10億ECU）を配分し，構造予算全体に対する年間のシーリングは域内 GNP の0.46％と設定された（シーリングを除きこれらの金額はベルリン欧州理事会で修正された．

　拡大と財政シーリングの関係については「加盟申請国が同時に加盟しないのであれば」，拡大に伴う追加予算もシーリング内で調達できると指摘した［European Commission 1997a：134］．中東欧への地域開発支援に関してもシーリングを設定するということは，それを超える部分については中東欧諸国が自ら負担しなければならないことになる．

　この点に関し，バウアー（Patricia Bauer）は EU 加盟による中東欧側の費用便益を分析した論考の中で，「（中東欧への財政支援を限定している）EU は加盟候補国に対し，候補国自身による相当規模の資金投資を要求して」おり，そのために「加盟の利益がコストを上回るか否か，言い換えれば EU は東欧の体制転換諸国にとって魅力的な選択肢であり続けるか否かは疑問である」と指摘した［Bauer 1998：16-17］．拡大に伴う「費用便益」をバウアーは政府の財政負担に限定し，安全保障面での利益や民間の投資利益等を考慮していないのであるが，この場合においてもバウアーの問題提起が説得力を持つとは考えられなかった．中東欧の地域の多くは，構造基金の対象 1 （1 人当たり GDP が EU 平均75％以下）となるため，構造基金に関する資金移転において中東欧はネットの受け入れ国となるからである．

　ただしこの点に関してメイヒューは，拡大後，構造基金の配分に関し新加盟国と現加盟国とで異なるシステムを用いるのか否か，特に構造基金の対象 1 は現加盟国に限るのか，それとも新加盟国も含めるのか，不明である点を問題として指摘した［Mayhew 1998：296］．またメイヒューは，中東欧が資金移転に関してネットの受け入れ国となるとしながらも，「アキ・コミュノテール」の受容に関しては，特に環境面に限った場合でも相当な支出を中東欧に対して強いることになると指摘した[35]．このように，構造政策基準やアキ受容に関する中東

欧側のコストについて問題点も残っていた.

3.3　構造基金の中東欧適用における問題

　構造基金の中東欧への適用における問題としてガーブルとヒューズは, 拡大による中東欧への莫大な資金移転は (第 5 次拡大の構造予算は2006年で120億ユーロ), マッチング・グラント方式に起因する問題と「吸収問題 (absorption problems)」の 2 つの問題を生むと指摘した [Grabble and Hughes：1998：101]. マッチング・グラントとは, 地域開発プログラムの資金を EU と構成国とで分担する方式であった [Padoa-Schioppa 1987：92]. また, その際に EU が提供する構造基金は「追加性の原則 (EU からの地域支援は受給国による主体的財政支出の補完)」に基づいており, 受給国政府の財政支出を代替するものではなかった.

　最初の問題点はバウアーの問題提起 (中東欧側の財政負担への懸念) と重なるものであるが, 分担金は受給国の財政事情が考慮され, 最大で75％が EU の負担となっていた [Evans 1999：110-111]. 結束基金の場合, 最大で80％を EU が負担するケースがあり, 特にギリシャの地方に対しては, 85％が EU 負担となっていた [Evans 1999：110]. この点から考えて, 構造基金の分担金が新加盟国にとって過度な財政負担となることは避けられる見込みだった. 2 つ目の「吸収問題」は, 例えば国民 1 人当たり400ECU の構造基金 (99年のギリシャ・ポルトガル向け配分額) は, GDP 比でスロヴェニアの5.6％ (最小), リトアニアの42.2％ (最大) に相当し, このような資金移転を中東欧が有効に消化し得ないというものであった [Grabble and Hughes：1998：100-101]. この吸収問題に関し欧州委員会は, 構造基金・結束基金による資金移転を, 対象国の「吸収能力」に合わせ, 「新加盟国 (並びに現加盟国) の GDP 比 4 ％を越えてはならない」とし, 受給国の吸収能力を超えた支援は行わないことを明記した [European Commission 1997a：21-22].

　このように, 欧州委員会は中東欧の財政能力と吸収能力に応じた地域支援プ

---

35)　メイヒューは, 向こう15年間で中東欧 GDP の 2 ％が環境インフラ整備に必要とする世界銀行試算 (試算年は不明) を引用している [Mayhew 1998：309].

36)　ERDF (欧州地域開発基金) の対象 1 の場合, EU の最大負担率が75％, それ以外の場合は50％となっている.

ログラムを提供する姿勢を示していた.『アジェンダ2000』が構造基金の目的として掲げる「競争的発展の促進」は,構造基金が格差是正といった平等原則だけではなく自己負担原則をも併せ持っていたことを表していた.欧州委員会は,財政シーリングを設定した上で,既存の EU15カ国の結束と東方拡大の両方の実現を目指し,加盟候補国がチャッチアップへ向けて自ら努力することを要請していた.この点に関して『アジェンダ2000』は,「EU とその政策に対して拡大が与える影響は,加盟前期間における加盟候補国の準備に大きく左右される」と指摘し,候補国の事前準備を強く求めていた〔European Commission 1997a：136〕[38].

4.『アジェンダ2000』の修正案とベルリン欧州理事会

4.1 『アジェンダ2000』修正案

1998年3月に欧州委員会は,予算,構造政策,CAP の各々に関する『アジェンダ2000』の修正報告書を提出した.これらの報告書は,『アジェンダ2000』とベルリン欧州理事会をつなぐ文書であった.

4.1.1 予算修正報告書

この報告書には,『アジェンダ2000』に示された予算枠組について,「現加盟国に関する政策と中東欧とキプロスの加盟に向けた予算調達が,ある条件下において2006年まで1.27％のシーリングを変えずに可能となることを示した」と書かれていた〔European Commission 18/03/1998b：1〕.この文書の中で『アジェンダ2000』と比べ最も修正されているのが,EU15に対する構造予算であった.『アジェンダ2000』では2000年から06年にかけての7年間で21.6％増となって

---

37) 開発支援を効果的なものにするには,開発プログラムの立案過程において地域住民の意思を反映させ（ODA の議論においては住民参加型援助が近年注目されている）,事前評価,事後評価を含め開発プログラム自体を効率的に行う他ない.構造政策の効率的運用については,欧州委員会も『アジェンダ2000』の中で目標として掲げており開発支援の効率性を高めることが課題となっている.

38) しかし加盟基準に関して,具体的な数値目標は一切掲げられていないことから,基準達成の評価に関しても裁量の余地を残していたと考えられる.

いるのに対し，修正案では同期間で11.2％減少し，この構造予算減少分の代替策もなかった．また構造予算に含まれる結束基金は，各年間支出額が29億ECU から30億ユーロへと年間 2 ％のデフレーター分だけ増加した．

　2006年だけを比較すれば，『アジェンダ2000』は428億 ECU（97年価格）に対し，修正案は324.7億ユーロ（99年価格）となっており，24.2％減少した．減少の理由に関して報告書では明確にしておらず，「この中期計画で構造基金配分額は逓減しているが，それでも2006年の配分額は1993年（前予算計画初年）の220億ユーロ（99年価格）よりもはるかに高い」［European Commission 1998b：7］と指摘するだけであった．結束基金は，『アジェンダ2000』の予定額に保つことで南欧諸国の反発を和らげつつ，構造基金にメスを入れるのが欧州委員会の狙いだったと考えられる．構造支出とは対照的に農業支出は『アジェンダ2000』の額にほぼ等しく，また域内 GNP 比1.27％のシーリングはこの修正案においても維持された．

4.1.2　構造政策修正報告書

　この報告書は，財政規律，地域支援の継続，加盟申請国の統合に関して構造基金には 3 つの原則があると指摘した［European Commission 1998c：5］．1 つは，2000年から06年までの予算規模を99年の規模で維持すること，したがって構造基金の配分にも域内 GNP の0.46％のシーリングを課すこと．2 つ目はエディンバラ欧州理事会で決定されたドロール・パッケージⅡの方向（CAP から構造政策へのシフト）を継承すること．3 つ目は，構造基金運用に当たって効率とコストを考慮しなければならないというものであった．構造政策の優先事項としては，持続的経済発展（経済成長・競争力・雇用）のための条件確保，競争力と技術革新の強化，単一市場発展の支援，人的資源の発展，環境と持続可能な発展，男女の機会均等が指摘された［European Commission 1998c：6-8］．また修正報告書は開発支援のための原則（集中，パートナーシップ，プログラム方式，追加性）に加え効率性の原理を導入したが，この点は『アジェンダ2000』の指摘を踏まえたものであった．

4.1.3　CAP 修正報告書

　CAP に関しては，『アジェンダ2000』で具体的に示されていなかった点を，数値をあげて説明していた．『アジェンダ2000』では，例えば支持価格引き下げ率の具体的提案はなかったが，この修正報告書では「市場介入の役割は，農産物価格を高価格に保つことにあるのではなく，農家所得のセフティーネットとして機能すべきである」［European Commission 1998d：9］として，穀物介入価格を一度に20％引き下げ，穀物の「直接支払い」を54ECU/トンから66ECU/トンへ増加することを提案した［European Commission 1998d：9-11］．また牛肉の介入価格も 3 段階で30％引き下げ，数値は不明だがその補償は「直接支払い」で行う［European Commission 1998d：11-13］．乳製品は，バター，ミルクの介入価格を 4 段階で15％引き下げる提案を行った［European Commission 1998d：13-16］．これについても，数値は不明だが「直接支払い」で補償し，ミルク生産量の 2 ％増を若い酪農家に対し優先的に認めるとされた［European Commission 1998d：13-16］．次節ではベルリン欧州理事会において，『アジェンダ2000』及び修正案がどのように合意されたかを検証する．

4.2　ベルリン欧州理事会における合意

4.2.1　合意内容

　『アジェンダ2000』を部分的に修正し一応の合意に達したのが，1999年 3 月に開かれたベルリン欧州理事会であり，**表 5 - 3** は合意された予算枠組みである．ベルリン欧州理事会での合意文書（以下「ベルリン合意」［European Council 1999a]）[39] は，第 1 部が『アジェンダ2000』，第 2 部が欧州委員会委員長の指名，第 3 部がコソボ紛争に関する声明，第 4 部がその他として中東和平プロセスに関する宣言等からなっている．『アジェンダ2000』を扱った第 1 部は， 2 つに分かれており，Ⅰで新しい財政見通し，Ⅱで独自財源と予算不均衡問題を取り上げている．第 1 部のⅠで扱われているのは主に農業政策と構造政策である．第 1 部のⅠには文書全体の約80％が割かれており，内容的にもこの部分が中心

---

39)　この文書は，*Agence Europe*（No. 7434, 27/03/1999）の付録文書（No. 2131/2132）や European Commission［March 1999b：7-22］でも見ることができる．

表 5 - 3　財政枠組 (2000～06年)

（単位：100万 EUR，99年価格）

年	2000	2001	2002	2003	2004	2005	2006
1．農業	40,920	42,800	43,900	43,770	42,760	41,930	41,660
CAP 支出	36,620	38,480	39,570	39,430	38,410	37,570	37,290
農村開発	4,300	4,320	4,330	4,340	4,350	4,360	4,370
2．構造支出	32,045	31,455	30,865	30,285	29,595	29,595	29,170
構造基金	29,430	28,840	28,250	27,670	27,080	27,080	26,660
結束基金	2,615	2,615	2,615	2,615	2,515	2,515	2,510
3．域内政策	5,900	5,950	6,000	6,050	6,100	6,150	6,200
4．対外政策	4,550	4,560	4,570	4,580	4,590	4,600	4,610
5．管理費	4,560	4,600	4,700	4,800	4,900	5,000	5,100
6．準備支出	900	900	650	400	400	400	400
貨幣準備	500	500	250	0	0	0	0
非常支援準備	200	200	200	200	200	200	200
貸付保証準備	200	200	200	200	200	200	200
7．加盟前援助	3,120	3,120	3,120	3,120	3,120	3,120	3,120
農業	520	520	520	520	520	520	520
構造政策	1,040	1,040	1,040	1,040	1,040	1,040	1,040
PHARE	1,560	1,560	1,560	1,560	1,560	1,560	1,560
8．拡大			6,450	9,030	11,610	14,200	16,780
農業			1,600	2,030	2,450	2,930	3,400
構造政策			3,750	5,830	7,920	10,000	12,080
域内政策			730	760	790	820	850
管理費			370	410	450	450	450
契約限度額合計	91,995	93,385	100,255	102,035	103,075	104,995	107,040
支出予定額合計	89,590	91,070	98,270	101,450	100,610	101,350	103,530
うち：拡大			*4.14*	*6.71*	*8.89*	*11.44*	*14.22*
支出予定額（GNP の%）	1.13%	1.12%	1.14%	1.15%	1.11%	1.09%	1.09%
マージン	0.14%	0.15%	0.13%	0.12%	0.16%	0.18%	0.18%
財源上限（GNP の%）	1.27%	1.27%	1.27%	1.27%	1.27%	1.27%	1.27%

出所) European Commission [March 1999b：19].

である．以下の検討もこの部分について行う．

CAPに関しては，『アジェンダ2000』で示された欧州農業部門の競争力の強化が，ベルリン合意においても謳われた．しかし『アジェンダ2000』に示された支持価格の引き下げ（穀物・乳製品・牛肉）は，ベルリン合意の中には盛り込まれたもののその内容は弱められたものとなった．例えば，『アジェンダ2000』修正案が示した穀物の支持価格は，2000年で93.35ECU／トンであるのに対して，ベルリン合意は110.25ユーロ／トンであった[40]．

この「弱められた」という表現は二重の意味を持ち，1999年3月11日の農相理事会合意に比べても弱いものとなった．この農相理事会は，穀物（支持）価格の20％引き下げ（2000年から2001年にかけて10％ずつ），乳製品（支持）価格を2003年から3段階で15％引き下げることで合意した．この農相理事会での引き下げ幅は前節で扱った修正案を踏まえたものであった．しかしベルリン欧州理事会においてこの改革案は，フランス政府の反対により下方修正された．穀物価格は15％引き下げとなり（2000年から01年にかけて7.5％ずつ），乳製品価格に関しては引き下げ幅こそ変わらなかったものの，実施が2005年に先送りされた[European Commission 1999a][41]．牛肉価格に関しては農相理事会案と同一であるが，修正案（30％引き下げ）よりは後退し，2000年から3年間で20％の引き下げとなった．このようにベルリンでの農業改革は，WTO交渉へ向けての準備という点でも充分とはいえなかった．

しかし，農業予算に関しては年平均405億ユーロ（過疎対策等として計上された7年間で140億ユーロは除く）の上限が設定されたことは大きな成果だった．ベルリン合意（表5-1）では，新加盟国に対する支出はCAPと構造政策ともに『アジェンダ2000』修正案と同一であるのに対し，現加盟国へのCAP予算はベルリン合意で2002年から逓減し06年では416.6億ユーロとなり（修正案では逓

---

40) 農産物引き下げ価格の品目別数値は，Presidency Conclusions には載っていない．欧州委員会サイトのニューズレター内にある．

41) これまでの農相理事会と欧州理事会の関係では，農相理事会が自国の農業団体の利益を擁護するため，改革を推進しようとする欧州理事会と対立することが常態であった．しかし今回の決定に関しては，その関係が逆転したのである [*Financial Times*, 27. 28/03/1999].

増し，06年で510.9億ユーロ），修正案よりも19％ほど削減された．この点に関する明確な説明は合意文書にはないが，現加盟国に対する農業支出をできるだけ減らそうとする欧州理事会の姿勢が明らかになった．

　構造政策については，『アジェンダ2000』（及び修正案）が構造政策の対象となる地域をそれまでの 6 つから 3 つに集約したが，この分類はベルリン合意においてもそのまま用いられた．対象 1 は 1 人当たりの GDP が EU 平均の75％以下の地域，対象 2 は（産業）構造上の問題に直面している地域で，困難な状況下にある都市部，農村部，漁業依存地域がその対象となり，対象 3 は，対象 1 以外の地域で教育，訓練，雇用のシステムを近代化する必要のある地域となっていた．

　2000年から06年までの 7 年間で1950億ユーロが計上された構造基金の中で，最も多く配分されるのは対象 1 に当たる地域であるが，各対象の配分額は，『アジェンダ2000』に沿った形でより詳細にベルリン合意に明記された（構造基金の69.7％が対象 1 に，11.5％が対象 2 に，12.3％が対象 3 に配分される）．また結束基金の合計額（同期間）は180億ユーロと修正案の210億ユーロから14％削減され，受け取り資格（ 1 人当たり GNP が EU 平均の90％以下）の見直しが2003年に行われることになった．また『アジェンダ2000』で設定された EU 域内 GNP 比1.27％の予算シーリングは，最終的に合意された．

4.2.2　予算をめぐる対立とベルリン合意に対する評価

　ガーブルとヒューズは，予算をめぐる純拠出国と純受給国の対立が合意を困難なものとする可能性を指摘した（本章1.4節）．確かにスペインのアシュナール首相は構造予算配分額をめぐり最後まで対立し，一時は合意成立が危ぶまれた．しかし，この対立がベルリン欧州理事会での合意成立に深刻な影響をもたらすことだけは回避された．交渉の結果，2006年までの 7 年間においてスペインが受け取る補助金の合計額が15％増となり，GNP 比例拠出金（スペイン分担金）は増額されたものの実質的な受取額は増大し妥協に至った．またイギリス問題（拠出金の割戻し）の解決は，持ち越されることになった．最大の純拠出国であるドイツ政府は，他の純拠出国のオランダ，スエーデン，オーストリアの支援を受け拠出金の減額を求めていたが，議長国としての立場もありこの案を

強硬に主張することはなかった．「直接支払い」などの農業予算の一部を各構成国へ分担することを求めたドイツ政府の提案（農業予算の部分的「再国有化」）も，仏政府によって阻止された[42]．

　ベルリン欧州理事会に関しては，各国の利害対立によって財政改革が進展しなかったという評価がなされた[43]．例えば吉竹は「ベルリン EU 特別首脳会議の合意は自国利益を優先させた既加盟国の主張から改革は中途半端なものにとどまっている」と指摘した［吉竹 1999：75］．確かに CAP に関してはシラク仏大統領の反対により，「弱められた改革（feeble reform）」にとどまったことは確かであった[44]．

　しかしこの農業改革に関しても，支持価格の引き下げ等について一定の進展を見たことは事実であり，農業支出に年平均405億ユーロのシーリングが設けられたことの意味は大きかった．これまで農業支出は聖域化されていたが，初めてコントロールのもとに置かれたのである[45]．そしてさらに，『アジェンダ2000』に示された拡大戦略の中核をなす財政シーリングを守り，競争力促進を重視する姿勢も示した．

　ベルリン欧州理事会において各国首脳は，このような厳しい財政的制約のも

---

42)　*Agence Europe* No. 7434, 27/03/1999：4-7.

43)　ベルリン欧州理事会に対する報道機関による批判的評価は，例えば次に提示されている［*Financial Times*, 27. 28/03/1999；29/03/1999；*The Economist*, 20/03/1999：20］．*F. T.* と *Economist* の論調が必ずしも一致するわけではないが，ベルリンサミットでの決定が不充分なものでしかなかったという点に関しては一致している．しかしベルリンサミットに先立ち 3 月11日に開かれた農相理事会に対する評価は分かれる．*F. T.* は農相理事会での思い切った改革案を評価しているが，*Economist* は農相理事会が支持価格の引き下げの代わりに「直接支払い」と輸出補助金の継続を求めた点に関して，農相理事会での決定も不充分なものであったとしている．またベルリンサミットでの決定が東方拡大に対して与える影響に関しても *Economist* は東方拡大の遅れを指摘するのに対して，*F. T.* はそのような見解を示さなかった．

44)　*Financial Times*, 29/03/1999.

45)　この点をブレア英首相は次のように述べた．英国は農業政策に関して「より抜本的な改革」を望んでいたが，重要なことは農業支出が「初めてコントロールのもとに」置かれたことである［*Agence Europe* No. 7434, 27/03/1999：7］．またサンテール欧州委員会委員長は，農業分野での改革内容には満足していないものの，構造政策に関しては，委員会の提案に近いものとなったという評価を示した［*Agence Europe* No. 7438, 2/04/1999：6］．

とで東方拡大を実現しなければならないこと，またこのことが可能であること
を確認したのであった [Galloway 1999 : 32-33]．ベルリン欧州理事会は，東方拡[46)]
大と財政規律との調和を実現するための道筋を開いたという点において，それ
以後の統合進展に対し重要な役割を果たしたといえよう．ただし当時の構造政[47)]
策・対象基準が新加盟国にも適用されるのか，特に構造基金対象 1 に新加盟国
が含まれるのか否かは，この時点で明確にならなかった．また CAP において
も更なる改革（介入政策からの転換）が求められていた．

4.2.3　加盟申請国に対する評価と加盟方式

　1999年12月のヘルシンキ欧州理事会において，加盟申請国を 2 つのグループ
に区別する交渉方式（『アジェンダ2000』で提案）は事実上破棄され，第 1 グルー
プの 6 ヶ国（ポーランド，ハンガリー，チェコ，スロヴェニア，エストニア，キプロス）
に加え，第 2 グループ（スロヴァキア，ルーマニア，ブルガリア，リトアニア，ラトビ
ア）とマルタに対しても加盟交渉開始が決定され，トルコも加盟候補国として
正式に認められた．[48)]
　加盟方式について検討する前に，『アジェンダ2000』に示された加盟候補国

---

46)　ギャロウェイ（David Galloway）は，『アジェンダ2000』をめぐり，欧州理事会と欧
　　州議会が協力したことを指摘した．

47)　ガーブルとヒューズは，欧州委員会の財政改革案を実現することは困難であろうと指
　　摘した［Grabble and Hughes : 1998 : 98-108］．その理由として，財政改革を困難に
　　する CAP の複雑さと主要国の強力なロビー活動による抵抗を指摘した．加えて国内に
　　強力な農業ロビーを抱えるドイツは，ベルリン欧州理事会議長国の立場であっても改革
　　推進に動けるかどうか疑問を提示した．しかしベルリン欧州理事会において農業改革に
　　最後まで反対したフランス政府の交渉姿勢の背後には国内農業ロビーの影響があるが，
　　ドイツは国内調整の後れを表面化したわけではなかった．逆に言えば各国農業団体の強
　　い圧力とフランス政府の反対にもかかわらず，支持価格の引き下げと農業予算の年平均
　　シーリングが合意されたのである．またガーブルとヒューズは，イギリスとスエーデン
　　が『アジェンダ2000』よりも進んだ改革を議論していた一方で，他の構成国は程度の差
　　はあるものの欧州委員会提案を押し戻そうとした経緯を見ると，CAP 改革は緩やかな
　　ものとなるだろうと予測していた．この予測の妥当性は，ベルリン欧州理事会での農業
　　改革の評価にかかっているが，前述のようにベルリン欧州理事会で CAP 改革は一定以
　　上の進展（支持価格引き下げとシーリング設定）をみたと筆者は考える．

48)　*Agence Europe,* No. 7613, 12/12/1999 : 1-16；*Financial Times* 11, 12/12/1999；
　　13/12/1999.

に対する評価について簡単に触れたい[49]．93年のコペンハーゲン欧州理事会で決定され，その後『アジェンダ2000』に盛り込まれた政治的・経済的基準（図5-1）によって，加盟申請を行った中東欧10カ国の中から上記5カ国が第1グループとして選抜された．これらの5カ国について，現在の市場経済化へ向けた努力が今後も続くと仮定した上で，経済的基準（市場経済の機能，EUの市場圧力に耐えうる能力等）は中期的に満たしうるであろうという判断が示され，政治的基準（民主主義，法の支配，人権，マイノリティの保護）は，現状で満たしている判断された［European Commission 1997a：57-59］．ただし「アキ（EU法の総体）」の受容，環境，農業の各分野においては更なる努力が要請された[50]．

　前述のように99年12月のヘルシンキ欧州理事会において加盟交渉の対象となる国が12カ国に増えたわけだが，このことは12カ国が同時に加盟する可能性を意味するものではなかった．むしろ第1グループをその加盟準備の度合いに応じてさらに区分し，またスロヴァキアのように第1グループへの参入からもれた国についても，条件が整い次第，加盟する可能性を示唆していた．「レガッタ方式」を唱えるプロディ委員長の狙いは，加盟候補国の改革を競わせ，改革の進んだ国を優先するものだった[51]．

---

49)　加盟申請国に対する評価を整理しているものとして Mannin［1999：48-66］，小久保
　　［1998：18-33］の論考がある．

50)　1人当たり GDP が中東欧10ヶ国中3位のスロヴァキア（95年 EU 平均の41％）は，
　　経済的基準や共同体法の受容において第1グループと同等の評価を受けながらも，政治
　　的基準が満たされていないと欧州委員会は判断した．スロヴァキアの政治的マイナス面
　　として，制度の不安定さ，民主主義機能の不足，ハンガリー系マイノリティの言語使用
　　に関する法的不整備等が指摘された．また経済面でも，市場経済を後退させる諸政策
　　（96年の「価格規制法」等）が打ち出されたこともあり，市場経済が十分に機能してい
　　るとは見なされなかった［European Commission. 1997b：15-20, 75-79］．1人当たり
　　GDP 3位のスロヴァキアを第1グループから外したということは，経済的基準だけで
　　はなく政治的基準を欧州委員会が重視していることを中東欧に対し印象づけた．逆にエ
　　ストニアは一人当たり GDP が9位（EU 平均の23％）であるが選抜されている．エス
　　トニア経済のプラス面は，93年下半期以降，経済成長を続けており（96年には年間4.0
　　％），国家財政も均衡しており，対外債務も少なく，農業人口も7％（この数値は結論
　　部分では8％）である点が指摘された［European Commission. 1997c：13-24, 71-73］．
　　エストニアについては，ノルディック諸国がエストニアと EU の関係強化を強く支援し
　　ていることも作用しているという指摘もある［Mannin 1999：58-60］．

　ヘルシンキ欧州理事会の最終合意文書は,「2000年12月までに制度改革に関する政府間会議 (IGC) において合意がなされ, 各国政府によって批准された後に, 構成国としての義務遂行能力が確認され次第, 2002年末から新加盟国を受け入れる状態になければならない[52]」と明言した. この当時, 中東欧諸国側も第 1 グループは03年, 第 2 グループは05年の加盟を望む声が高まっていたが[53], EU 側の制度改革, CAP 改革と並んで加盟候補国側の国内改革が進まなければ, この日程通り東方拡大が実現するとは考えられなかった.

　しかし01年12月のラーケン欧州理事会において, ブルガリア, ルーマニアを除く10カ国 (第 1 グループとスロヴァキア, リトアニア, ラトヴィア, キプロス, マルタ) を04年までに EU に加盟させることが宣言の中に盛り込まれた[54]. ただしベルリン欧州理事会で合意された2006年までの財政枠組は第 1 グループと第 2 グループの区別を前提としているため, ベルリンで合意された予算計画に影響する可能性もあったが, 実際はベルリン合意の金額よりも若干減額される程度であった[55].

　また, 拡大へ向けた EU の課題の一つとして制度改革があるが, 2000年12月のニース欧州理事会ではこの点が議題となった[56]. 表 5 - 2 はニース条約改正のポイントを示したものである. 決定方式の重要な改正として, 特定多数決の適用範囲が拡大 (40項目) したことが指摘できるが, すでに対象になっている分野も含めると特定多数決の適用範囲は90％に達した. この改正によって, これ

---

51)　レガッタ方式とは「柔軟かつ多段階進展 (multi-speed) による加盟プロセス」を意味し, 第 2 グループのみならず, 第 1 グループにも適用される [*Financial Times*, 14/10/1999].

52)　*Agence Europe*, No. 7613, 12/12/1999：7.

53)　*Financial Times*, 13/12/1999.

54)　ラーケン欧州理事会において, 次期拡大の対象国が10カ国になった理由としては, 加盟候補国を 2 つにグループ分けする差別的取扱に対しては, 以前から批判が上がっていたことがあげられる.

55)　新規加盟国向け予算は, 2004年で116億1000万ユーロから112億ユーロへ, 05年で142億ユーロから137億9700万ユーロへ, 06年で167億8000万ユーロから158億5600万ユーロへとベルリン合意よりも減額修正された (表 5 - 3 及び田中 [2003：12]).

56)　ニース条約に焦点を当てた論考に Baldwin, Berglof, Giavazzi and Widgren eds. [2001] がある.

表5-4　ニース条約改正のポイント

	改正前	改正後
多数決の適用範囲	域内市場の統合に関するルール，財の貿易，消費者保護等	サービスの貿易，司法，関連機関の人事等にも適用．社会保障，税制，移民政策，通商政策は適用範囲を限定，または，適用実施時期を先送りする
多数決の持ち票	独仏英伊各10票 15カ国で計87票，62票で可決	独仏英伊各29票（ルクセンブルグ4，マルタ3）ポーランドはスペインと同等の27（ルーマニア14，チェコ&ハンガリー12，マルタ3）ただし賛成国の人口合計がEU全体の人口の62％に満たない場合は，決定不可．27カ国で345票，258票で可決．このシステムは05年1月1日開始
欧州委員会の構成	独仏英伊スペイン各2名その他1名の計20名	05年1月1日から1カ国1名，27カ国実現後，ローテーション方式に変更（加盟国数を下回る上限の設定と公平な輪番制）
統合の進展方法	単純多数決（過半数賛成）が原則通貨統合は一部の国で推進	8カ国以上の参加で先行統合を実施．CFSP，司法内務協力にも適用．ただし軍事，防衛事項は対象外参加しない国の拒否権は認めない

出所) European Commission, *Presidency Conclusions Nice European Council Meeting* 7, 8 and 9 December 2000, より作成.

までの財貿易に加えサービスや知的所有権に関する貿易にも特定多数決が適用されるが，イギリス政府の反対により，税制や社会保障は適用範囲から除外された．特定多数決における各国の票数や欧州委員の構成も修正される事が決定された．また，条件の整った構成国によって統合の「深化」が可能となる先行統合も，8カ国以上の賛成によって進められることになった．このニース条約は各構成国による批准を経て，03年2月に発効された[57]．

---

57) アイルランドは，ニース条約批准に関する国民投票を行ったが（2001年6月），反対票が54％を占め，批准が否決された．EU加盟の15カ国の中で1国でも批准されなければ条約は発効されないため，2002年10月に再度行われたアイルランドの国民投票の結果は拡大日程に少なからず影響を与えることが予想されていた．しかし2回目の国民投票において62.9％の賛成で同条約は批准されることになり，この結果，ニース条約は全ての加盟国で批准され，発効する見通しとなった（アイルランドが批准してから2カ月目の1日に条約が発効することになっていた）．プロディ欧州委員会委員長はこのアイルランドの国民投票が「東方拡大という歴史的使命への本質的貢献である」と賞賛した〔European Commission 22/10/2002e ; *Financial Times,* 22/10/2002〕．

おわりに

　本章では，『アジェンダ2000』とその修正案，またベルリン欧州理事会での合意内容を検討することによって，欧州委員会と欧州理事会の拡大戦略を，財政面から明らかにした．中東欧を新たに共同体に加盟させるための財政コストとして，最も問題となるのが農業補助金と地域開発支援（構造政策）であったが，CAPについては移行期間を設け，特に中東欧農家への「直接支払い」を加盟直後から適用しないこと，構造政策に関しては予算額を域内GNP比0.46％に制限し，受給国のGDP比4％を超える資金移転を行わないことによって，均衡財政と東方拡大を両立させようというのがEUの戦略であった．

　農業担当欧州委員フィシュラーは，2000年3月末に中東欧農家への「直接支払い」適用を示唆する発言を行った［*Financial Times* 29/03/2000, 4/04/2000, 17/04/2000］．フィシュラーは，「直接支払い」を適用しなければ中東欧農産物の生産コントロールは不可能であり，深刻な過剰供給をもたらすと述べた[58]．この時期に明らかになったフィシュラーの方向転換は，その後の欧州委員会の方

58）　2000年3月1日のインタビューでフィシュラーは，加盟後直ちに中東欧農家に対し「直接支払い」を全面的に適用することは不可能であり，5～7年の移行期間が必要となると述べていた（本章1.1節）．わずか1カ月足らずでフィシュラーが，段階適用へ方向修正した真相は不明だが，水面下での交渉内容を反映していると思われる．しかし本章2.2節で検討したように，中東欧農産物価格はEU域内価格の40-80%程度であり，支持価格が導入されれば中東農家所得が増大する．マックシャリー改革で導入された「直接支払い」の原則から考えても，支持価格適用によって所得が増大する中東欧農家に対してさらに「直接支払い」を行う必然性はなかった（ただし休耕地に対応する「直接支払い」は必要となる）．フィシュラーはその後2000年7月に，「直接支払い」は中東欧の進展にとって適切な政策とはならないとし，再び発言を変更した．その理由として工業労働者と農民の所得格差が社会不安をもたらすこと，中東欧の産業再編の努力を阻害すること，中東欧農民に対し悪しきインセンティブを与えることを指摘した［European Commission 14/07/2000］．

59）　*Financial Times* 19/03/2002. 欧州委員会は，2002年1月に中東欧諸国との加盟交渉において，直接支払いの段階適用を提案した．

60）　*Financial Times* 19/03/2002. 2013年には補助金配分額を現加盟国と同一レベルにする計画である［European Commission, *Weekly Enlargement*, 18/06/2002］．ただし02年6月の外相理事会では，CAPの「直接支払い」について合意に達しなかった．

針となり，2002年3月にフィシュラーは新加盟国に対する「直接支払い」の適用に関する提案を明らかにした[59]．この欧州委員会の提案によると，新加盟国は初年に現行（当時）の水準の「直接支払い」の25％を受け取り，その後10年間で補助金額は段階的に現行（当時）水準まで引き上げられるものだった[60]．この提案はベルリン欧州理事会での合意を無視するものとして，独，英，蘭，スエーデン各政府から反対意見が出たが[61]，2002年12月のコペンハーゲン欧州理事会において，新規加盟国へのCAPの全面適用の見送りと「直接支払い」の段階適用が決定された［European Council, 12&13/12/2002：11-12][62]．

2001年12月のラーケン欧州理事会において，ブルガリア，ルーマニアを除く10カ国（第1グループとスロヴァキア，リトアニア，ラトヴィア，キプロス，マルタ）を04年までにEUに加盟させることが宣言の中に盛り込まれた．この宣言どおり04年にこれら10カ国の同時加盟が実現し，農家への「直接支払い」の段階適用がなされれば，ベルリンで合意された予算計画にも調整が迫られる事態となっていた[63]．それでは，EUはなぜこのような財政コストを負担しても，東方拡大を実現したのであろうか．言い換えれば，拡大に伴う財政コストに見合うだけの利益をEUはどのように確保するつもりだったのか．EUの拡大戦略を理解するには，安全保障面から見た分析が必要となる．

この問題は次章で扱うが，中東欧諸国がEUに加盟するということは，EUの単一市場に参入するだけではなく，共通外交安全保障政策（CFSP）においてもEUに同調することを意味する．冷戦時代に旧ソ連陣営に組み込まれていた中東欧が，外交・安全保障政策においてもEUと協同するということは，「不戦共同体」としてのEUとって重要な意味を有していた．ロシアとの境界領域

---

61) 独と蘭両政府は強く反対し，英とスエーデン政府は2002年後半まで合意を遅らせることを要求し，農業補助金の受給国である仏とアイルランド政府は賛成した［European Commission 18/06/2002b］．

62) 新加盟国に与えられる「直接支払い」額は04年で25％，05年で30％，06年で35％，07年で40％となり，その後は各年10％増加し，2013年に共同体レベルに到達する．

63) 『アジェンダ2000』の予算計画は，新加盟国農家への「直接支払い」を行わないことを前提に作成されているため（本章2節），拡大に関する農業支出に関して大幅な修正を余儀なくされる可能性もあった．このことは，ベルリン欧州理事会で合意されたシーリングさえも脅かしかねない問題であった．

が自己の政治経済的枠組に入ることは，EUにとって単一市場の拡大という経済的利益にとどまらず，「不戦共同体」が拡大することになる．さらに政治的に不安定な中東欧において，仮に地域紛争が起きた場合に対処するコスト（軍事介入，平和維持活動及び難民保護のコスト等）を考えれば，拡大による経済コストは相対的に安価なものとして，EU加盟国首脳や欧州委員会には認識されたのである[64]．そしてこのような東西欧州統一へ向けた動きは冷戦終結後，突如生まれたものではなく，2～4章で確認したように冷戦体制下の「東西欧州貿易」の中にその基盤が確認できる．次章ではEU拡大をめぐる合理主義と構成主義の解釈を扱う．

---

64)　軍事介入等のコストは介入の規模と期間，地上軍派遣の有無，紛争当事国政府の対応，難民の規模，平和維持軍の規模と期間等，多様な要因によって影響されるため，拡大の財政コストと簡単には比較し得ない．しかし旧ユーゴスラビア紛争の例を見ても，拡大はEUにとって危機管理の手段としても魅力的な選択肢であったといえよう．

第6章

EU 拡大をめぐる合理主義と構成主義の検討
——構成主義分析と合理主義の接点——

は じ め に

　2007年1月にブルガリアとルーマニアが正式に加盟を果たし，EU は27カ国（当時）によって構成される共同体となった．ブルガリアとルーマニアは2004年の加盟対象ではなかったが，その後の加盟に向けた交渉は順調に進んだ．欧州委員会が2005年10月に発表した報告書［European Commission 25/10/2005］において，両国とも加盟基準の達成に向けて堅実な進展が認められた[1]．特に2004年の加盟から外れる理由として指摘された経済的基準に関しては，市場経済の機能の点で高い評価を得ており，EU 法の受容に関してもアキ・コミュノテール（EU 法の総体）の実効に必要な行政及び裁判能力の向上が要請されてはいたものの，加盟へ向けての順調な歩みが概ね評価されていた．ただし同報告書においては両国の改革に向けた進展の度合いによっては加盟が1年延期される可能性も示唆されていたが，結果的には予定通りに加盟は認められた．

　EU は両国の加盟に先立ち2004年5月に中東欧諸国を加盟国として迎え入れたが[2]，中東欧という旧共産圏の開発途上国を段階的に EU へ加盟させる拡大計画は，EU と中東欧双方に対し重大な課題を突きつけていた．EU にとっては，農業予算を中心とする財政改革，政策決定に関する制度改革，欧州委員会等の

1）　政治的基準は民主主義及び法の支配の確立，人権の尊重，マイノリティの保護，経済的基準は市場経済の機能，EU の競争圧力に耐えうる能力，法的基準はアキ・コミュノテールと呼ばれる EU 法の受容となっていた［European Commission 1997a：39-47］．

2）　中東欧8カ国（ポーランド，ハンガリー，チェコ，スロヴァキア，エストニア，ラトヴィア，リトアニア，スロヴェニア）とキプロスとマルタの加盟により25カ国となった．

機構改革であり，中東欧にとっては，加盟のために要求される政治・経済・法的基準（注1）を満たすことであった．さらに新加盟国向けの財政支援（農業及び地域開発に関する補助金）がEUにとって負担となることは明白であった．[3]

　そこで本章ではこれまでの実証研究を踏まえ，EU拡大を分析するための理論に焦点を当てる．EU拡大についてこれまでなされていた研究は実証的分析が大半であり，国際関係論の分野で理論的関心が向けられることが少なかった．国際政治学における理論的潮流としては，ネオリベラリズムとネオリアリズム論争を経て，2000年前後は合理主義と構成主義に変わりつつあった．本章では，合理主義と構成主義の2つの観点からEU拡大について分析する．

　本章の構成としては，1節で合理主義と構成主義を検討する．本章は合理主義からEU拡大を説明するアプローチを選択するが，構成主義の立場から合理主義批判を展開していたシメルフェニグ（Frank Schimmelfennig）等の学説を取り上げる．2節では，政治的費用便益という枠組みを設定することにより，合理主義の中に構成主義的分析概念（規範，価値等）が包摂可能であることを示す．本章の目的は，EU東方拡大という事例において，合理主義と構成主義が接合可能であることを示すことにある．

1．合理主義と構成主義

　EUが東方拡大を実現した意図を，費用便益[4]の観点から説明する手法が本章における「合理的行為者モデル（以下「合理主義」と表記[5]）」である．本章での合理主義は，行為者がある行動に伴う費用便益を計算した上で，より「高利益・低コスト」となる行為を選択すると仮定する．ただしこの仮定には，行為者と

3）　ECは1980年代の南欧への拡大に際して，南欧とEC加盟国の経済格差是正等のために開発支援（構造政策等）を行ってきたが，仮にEUが中東欧に対しても当時の基準で構造政策を適用するのであれば，南欧諸国よりもはるかに経済水準の低い中東欧に対する財政支援は必須であった（新加盟国向け構造予算額は2004年から3年間で計約218億ユーロ）．また共通農業政策（CAP）を中東欧に適用した場合，ポーランドを始めとする中東欧農業国に対する支出が年間110億ECU（欧州委員会97年試算）と予想された．この110億ECU（ECUとユーロの交換比率は1対I）は02年EU予算の11.2%に相当した（5章2節）．

観察者の間で認識における「合理性」が必ずしも一致しないという問題が生じ
る．つまり観察者から見て合理的とは考えられない選択肢を行為者が選ぶ可能
性がある．観察者には高コストに見える選択肢が，行為者には低コストとして
認識されているか，または高コストであってもそれを上回る利益が確保される
という見通し（観察者はこの見通しを共有しない）に基づいて行為選択がなされた
場合は，合理主義による説明が適用しうる．

　本章における合理主義は，前述のように行為者の意図を費用便益の観点から
推定する手法である．行為者が政府機関である場合は，数量データ（例えば財
政支出，貿易額等）と公式文書等を分析することが方法の１つである[6]．そして
EU の東方拡大という選択は，拡大に伴う費用便益を合理的に判断した結果と
して決定されたと解釈するのが，このモデルによる説明である．通常，費用便
益という場合は，経済的費用便益のみを指しているが，本章では費用便益計算
の対象を経済だけではなく政治領域まで広げ，「政治経済的費用便益」という

---

4 ）　本章での費用便益分析とは全てを定量化したものではなく定性分析も含む．この点に
　　おいて経済学上の厳密な費用便益分析とは異なる．定量化し得るのは拡大に伴う EU の
　　財政コストであるが，これについては５章で分析した．また拡大に伴う政治的利益（民
　　主的法規範の波及，人権擁護，中東欧の政治的安定等）は定量化が困難であり定性的に
　　ならざるを得ない．

5 ）　「合理的行為者（the rational actor）」という用語はアリソン（Graham T. Allison）
　　の古典的研究に基づく［Allison 1971］．邦訳としては宮里政玄による著名な訳書（『決
　　定の本質——キューバミサイル危機の分析——』中央公論社，1977年）があるが，本章
　　では1999年に出版された第２版（Allison and Zekkow［1999］；邦訳 2016年）を用い
　　ている．特に本章で扱う合理主義に関しては，第２版で大幅に加筆され，サイモン
　　（Herbert Simon）の合理主義，ネオリアリズムや制度的リベラリズム，合理的選択等
　　に割かれている．なお引用箇所は筆者自身による訳である．アリソンによる合理主義と
　　は「国家ないしその代表者が特定の行動を取った場合，その行動は行為者の目的を達成
　　するための『価値最大化手段（"the value maximizing means"）』として選択される」
　　と推論することを指す［Allison and Zekkow 1999：24］．訳書では「もっとも価値の
　　ある手段」となっており［Allison and Zekkow 1999：24；邦訳 91］，宮里訳は「極大
　　化的手段」となっている（この箇所の原文は第１版と第２版で同一［Allison 1971：邦
　　訳 40］）．国家がある目的を達成するための手段として特定の外交政策を選択した場合，
　　目的実現のための最適な政策を選択したと想定するのがこのモデルである．

6 ）　公式文書やステートメント等と行為者の「真意」は区別しなければならないが，行為
　　者が置かれている状況と実際の行為選択との比較対照において，それらの文言を検討す
　　ることは必要な作業となる．

枠組みを設定する．この「政治経済的費用便益」の分析枠組みにおいて，構成主義的分析概念を包摂し得ることを示すことが，本章の目的である．

　構成主義は，合理主義に対する批判理論として登場した．従来，国際政治学理論は，1章で言及したようにリベラリズムとリアリズムが対抗していた．中心的権力機構が存在しない国際社会において，リベラリズムが国家間の協調可能性を模索するのに対し，リアリズムは国際社会の無政府性が国家間の紛争を導くことを強調した．この論争は現在でも理論的決着をみることはなく，ネオリベラル制度主義とネオリアリズム間の論争として引き継がれている．本節で扱う構成主義はリベラリズムとリアリズム双方に対する対抗理論として1980年代後半に提出された新たな理論潮流である．

　リベラリズムとリアリズムにおいて「行為者」は合理的行動を取ることが前提とされる．リベラリズムにおいては，ある国家が協調行動を選択したケースに関して，非協調を選択した場合に生じる利益（機会費用）よりも協調選択による利益が上回ると説明される．リアリズムにおいては，国家間の権力分布という国際環境において国家は国益を最大化する選択を行うと仮定される．このようにリベラリズムもリアリズムも合理的行為者という仮定に基づいて理論形成を行っているのである．これに対し構成主義は，アイディア，規範，価値，アイデンティティ，文化等を説明変数とした理論構成をとっていた．例えば，冷戦の終結をリベラリズムもリアリズムも十分に説明し得ないとして，構成主義はゴルバチョフ大統領による「新思考外交」の役割を強調する．1980年代後半においてソ連の国内体制と外交路線の刷新が不可欠だと判断したゴルバチョフのアイディア（「新思考」）が超大国間のゲームのルールを変化させ，冷戦の終結を導いた重要な要因として位置づけられた．

　このように構成主義は国際社会における「変化」（国家の選好及びゲームルールの変化）に対する説明変数としてアイディアや規範意識を取り上げているのである．また「構造」の捉え方においても違いがあり，構成主義における「構

7）　構成主義は1980年代後半からアメリカの国際政治学会において注目された理論であり，代表的な研究に Kratochwil［1989］, Wendt［1992：391-425；1999］. 日本において構成主義を整理した研究に西村［2000］, 石田［2000：11-26］, 大矢根［2002］, 河野・竹中編［2003］がある．

造」はリベラリズムとリアリズムが想定する静態的な「構造」ではなく，行為体の意識や行動によって持続的に形成されるものとして動態的に捉えている点に特徴がある．構造は行為体との相互規定による動態的形成過程として存在する，というのがその主張である．ネオリアリズムの場合はパワーバランスに基づく「構造」が固定的に捉えられており，プレーヤーである国家はその構造によって規定されると考えられる．ただしこの点については，ネオリアリズムに対する理解として異論も出されている．ネオリアリズムにおいて構造は，国家間のパワーバランスによって形成される．したがってバランスが崩れた場合は新たな構造が生まれることになり，ネオリアリズムは変動的要素を理論的に兼ね備えている．ジャービス（R. Jervis）は，行為体とシステムの関係についてのウォルツの議論は構成主義者と大差はないと主張した．ジャービスは 2 つの行為体が相互に影響し，また行為体はその相互作用によって生まれる状況からも影響を受けるというウォルツの議論［Waltz 1979：74-75，邦訳 98］を取り上げた［Jervis 1999：338］．

　しかしネオリアリズムにおいては，構造が一旦形成された後はその構造が持続的に国家を規定することが想定されたため，冷戦の終焉という変動を予測し得なかった，あるいは冷戦の終焉自体を充分に説明し得ないという点が，構成主義によるネオリアリズムに対する批判である．ネオリベラリズムにおいても，国際的制度の下で国家が協調行動を選択する点を強調しており，両者とも「構造」ないし「制度」の変化を捉えられないというのが，構成主義による批判点である．

2．構成主義による EU 拡大分析

　構成主義の立場から EU 東方拡大を分析している代表的論者がシメルフェニグである[8]．シメルフェニグによる合理主義批判は次のように要約できる．国際社会が中心的権力機構を持たないため，国際規範の有効性は各アクターの費用

8）　シメルフェニグによる EU 東方拡大研究には Schimmelfennig［2003a；2003b：156-83；2006］，Schimmelfennig, Engert and Knobel［2006］，Schimmelfennig and Sedel-meier［2002：500-528；2005a；2005b］がある．

便益計算に左右される．しかし，各アクターが特定の国際規範を適切なものとして認識していれば，規範の順守行動がネットでコストであったとしてもそのアクターは従うケースも想定しうる．さらに国際共同体においては規範への順守行動は容易に導き出される [Schimmelfennig 2003a：6-7]．つまり，国家は費用便益以外の動機（この場合は国際規範及び政治的価値）により政策選択をすることがあり，国家間連合としての共同体が形成されている EU においては，この行動パターンがより適合するとシメルフェニグは主張する．また，シメルフェニグは EU 拡大に関して合理主義が適合し得ない点として，拡大に伴う EU 側の経済的コストを考慮した場合，拡大という選択は合理的とはいえないと指摘した [Schimmelfennig 2003a：5]．EU と中東欧諸国との間にはすでに欧州協定が結ばれているため経済的パートナーシップを維持する制度的枠組みは形成されており，拡大する経済的理由が無いというのがその主張である．

　シメルフェニグが合理主義による拡大分析を批判する際に最も強調するのは，合理主義とは異質な規範的要素（中東欧への民主主義の波及等）を説明変数に加えることによって合理的制度論の前提自体を崩しているという点にある [Schimmelfennig 2003a：65]．EU 拡大は経済合理性だけでは説明できないため，政治的価値や規範的要素を加えることで合理的制度論としての説明の一貫性が失われているというのがシメルフェニグによる合理主義批判である．加えて中東欧による EU 加盟申請が認められなかった場合においても，中東欧が政治的に不安定化する可能性は低いという見解を示した [Schimmelfennig 2003a：65-66]．

　またシュルセン（Helene Sjursen）は EU 東方拡大の動機を説明するモデルとして，プラグマティクな費用便益，共同体アイデンティティ，自由民主主義的規範の３つを分析した上で，政治倫理的理由（共同体アイデンティティ）が EU の拡大動機を説明する上で最も適合していると結論付けた [Sjursen 2002：491-513]．シュルセンはシメルフェニグの議論を踏まえ，経済的効率性では EU 拡大を説明し得ず，民主主義や人権等の西欧的価値の波及を重視した選択として拡大を捉えるべきであると主張する．拡大は経済的費用が多大であるために費用便益的視点は適合せず，民主主義的規範と共同体アイデンティティ（特に後者）によって説明される．民主主義的規範は拡大の必要条件であるが，加盟候補国の区分（2004年の拡大からはルーマニアとブルガリアは除かれた）を説明するには

共同体アイデンティティを考える必要があり，この点で規範とアイデンティティを明確に区別することが必要となる．また，規範はプラグマティックな価値を実現するための手段ではなく，それ自体が行為者にとって目的と成り得るというのがシュルセンの主張である．

　しかし，シュルセンもシメルフェニグと同様に合理性を経済的費用便益の中に矮小化し，価値や規範を含めた政治的費用便益の視点が欠落していたといえるだろう．またシュルセンの 3 つの分類は，本章においては合理主義と構成主義の 2 つに集約される．プラグマティックな費用便益に相当するものが合理主義であり，アイデンティティと規範は構成主義の分析概念の中に取り込まれている．

　さらに，シメルフェニグと共同研究も行っているセデルマイアー（Ulrich Sedelmeier）は，EU の拡大政策を説明する重要な要因は「EU の中東欧に対する集合的アイデンティティ」であり，共同体の政策決定者は共同体の初期から80年代末の中東欧の変革にかけて中東欧に対する「特別な責任感（体制転換の支援と共同体への統合）」を有していると指摘した［Sedelmeier 2005：19-28］[9]．セデルマイアーにとって「EU アイデンティティ」とは民主主義的規範と汎欧州意識を指しており，英国の加盟拒否等，過去においてはアイデンティティでは説明し得ない事例も存在するが，中東欧への拡大についてはアイデンティティが説明概念として有効であるとセデルマイアーは論じた［Sedelmeier 2005：23］．

　共同体としてのアイデンティティについては，シメルフェニグも「欧州的・自由主義的アイデンティティ」という用語を用い，EU 条約修正 6 条にこの点が明示されていると指摘した［Schimmelfennig 2003b：159］．1993年11月発効のマーストリヒト条約においては「連合は，民主主義の原則のもとで統治を行う構成国の国家的アイデンティティを尊重する」と書かれた条文が，99年 5 月発効のアムステルダム条約において，「連合は，自由と民主主義の原則，人権と基本的自由の尊重，法の支配，構成国に共通な諸原則に基づく」と修正された[10]．民主主義，人権，法の支配の 3 点は中東欧諸国の加盟のための政治的基準とし

　9）　セデルマイアーの「集合的アイデンティティ」という概念は，Wendt［1994：384-396］に基づいている．

て用いられている項目と一致する．欧州委員会が東方拡大を意識してこの条文を修正したと考えても不自然ではない．東方拡大の際の加盟基準を見ても，EU 共同体としてのアイデンティティを構成する要素として民主主義，人権等が位置づけられていることは明らかである．この点において構成主義者は東方拡大に関しては合理主義よりも構成主義の方が適していると論じているが，費用便益を政治領域に広げることによりこのような構成主義的概念を合理主義が包摂し得る事を次節で示す．

　構成主義に立脚したシメルフェニグの主張は合理主義による EU 拡大分析に対する批判的論考として注目されたが[11]，これらの批判は以下の理由で充分とはいえないと考えられる．シメルフェニグは合理主義による分析を経済合理性に限定して捉えているため，中東欧の政治的安定や欧州の軍事的安定，あるいは民主主義の波及といった政治的要素を合理主義が取り入れること自体が，合理主義の理論的前提を崩しているという批判につながるのである．このように，合理主義を経済合理性に矮小化することによって批判を容易なものとしている点に問題があるといえよう．また加盟が認められなかった場合でも中東欧の政治的安定は崩れないというシメルフェニグの予測の妥当性にも疑問が生じる．

---

10)　旧条約は，"The Union shall respect the national identities of its Member States, whose systems of government are founded on the principles of democracy." 修正条約は，"The Union is founded on the principles of liberty, democracy, respect for human rights and fundamental freedoms, and the rule of law, principles which are common to the Member States." なお条文訳は筆者自身によるものである．旧条約に関しては identities を「独自性」としている文献もある［山本 1998：403；山根 1998：8］．アイデンティティという用語は他者と区別し得る自己の特質を意味する（この点では「独自性」という訳語は適している）と同時に，自己を帰属集団（国家，民族等）と同一視する心理傾向も指す．EU 拡大の事例において中東欧諸国が自己を規定する上で欧州にそのアイデンティティを置くといった場合は後者を意味する．

11)　当時の国内の専門家の中には，EU 拡大に関する構成主義的解釈の登場により，合理主義的分析を過去のものとする風潮すら存在していた．このような風潮こそ，シメルフェニグらの考察を無批判に受け入れている証左に他ならない（筆者は，かつて某学会誌に EU 拡大の費用便益分析に関する論文を投稿したことがあったが，レフリー・コメントは，シメルフェニグの論考により合理主義は覆されたというものであった．このレフリーは，シメルフェニグの矮小化された合理主義批判を無自覚に受け入れており，政治的費用便益という分析視角によって構成主義的概念が包摂可能であることを理解していないといえるだろう）．

シメルフェニグは，拡大が中東欧の不安定さが引き起こす「負の外部性（nega-tive externalities）」を制御する方策として必要十分条件とはいえないとして，EU は拡大以前にも中東欧の不安定化を防いできたことを取り上げた．また旧ユーゴ紛争は EU の安全保障上の脅威とはならなかったとし，逆に旧ユーゴが仮に加盟していたとしても連邦制の崩壊と後に続く武力紛争を防げたか否かは疑問であると主張していた．

　まず，旧ユーゴでの武力紛争が西欧にとって安全保障上の脅威とは認識されなかったという見解は，コソボに対する NATO による空爆を十分には説明し得ない．シメルフェニグは西側が旧ユーゴ紛争による物理的損害を防ぐという利己的動機に基づいて空爆を行ったのではないと主張するが，当時の EU 諸国は旧ユーゴ分裂過程において難民流入等を含めた安全保障上の懸念を持っていた可能性は否定できないであろう．逆に加盟を拒否することによって中東欧は政治的に不安定化するという予測も同様に客観性は持ち得ないが，加盟が実現することにより中東欧の政治状況は常に欧州委員会の監視下に入り，加盟条件としての政治的基準（民主主義及び法の支配の確立，人権の尊重，マイノリティの保護）については引き続き満たすことが要求される．特に地域紛争の要因の 1 つであるマイノリティ問題に対して，新加盟国政府による政策的配慮がなされることは政治的安定化へ向けた促進要因となる．この点においてシメルフェニグは，中東欧の不安定化を防ぐ手段として早期加盟が果たす役割を過小評価していたと考えられる．

　このように中東欧への民主主義的規範の波及が，既存の EU 加盟国にとって政治的利益となり，かつそれが経済的費用を上回ると加盟国政府が判断した場合には，合理主義による説明は適合するのである．政治的費用便益という枠組を設定することにより，構成主義的分析概念である規範や価値を合理主義に取り入れることが可能であり，これによって経済的費用便益ではネットでコストのケースにおいても合理主義が適合するということが本章での理論的主張である．

　さらにシメルフェニグ自身も2003年に発表した論考において，合理主義と構成主義の接合を試みている［Schimmelfennig 2003b：156-83］．この論考においてシメルフェニグは，各行為者の思考や判断における合理性を想定しながらも行

為者が置かれている環境を構成主義的に捉えることにより両者の接合を試みた.

EU の政策決定に関わる行為者は一定の選好を有し（その選好は行為者の特定の利益を反映する），効用最大化を目指して戦略的に行動するという合理主義的仮定と文化的価値，規範，エートスなどを基盤とした共同体環境という構成主義的要素の 2 つの条件が EU には適合すると指摘した［Schimmelfennig 2003b：159］．その上でシメルフェニグは，各行為者が自らの合理的選好を正当化するために共同体エートスを戦略的に用いると主張した．合理主義批判を展開していたシメルフェニグ自身が合理主義と構成主義の「接合アプローチ（synthetic approach）」を主張したことは注目すべきだろう．特に拡大をめぐり加盟国間で支持と反対に分かれ，選好の分裂を示した事例は，構成国の「利己的な計算」を反映しており，[12] 構成主義的説明は適合しないという見解すら示した［Schimmelfennig 2003b：169］．同年に発表された著作［Schimmelfennig 2003a］では本節で検討したように合理主義に対する批判を展開しているが，この著作は1997年から2002年までの論文を中心にまとめられており，2003年の論考とはタイムラグが存在するため，シメルフェニグの論調の変化が反映されていない．2003年以降のシメルフェニグの論考は，「国際的社会化」，「欧州化」という概念用い，中東欧の新加盟国の共同体への同質化過程（政治・行政規範や裁判手続きを含めた欧州的ルールの適用等）を分析しており，合理主義に対しても2003年以前と比べ中立的論調に移行していた［Schimmelfennig and Sedelmeier eds. 2005b：Schimmelfennig, Engert and Knobel 2006］.

3．合理主義による EU 拡大分析（拡大の費用便益）

3.1　EU の利益

3.1.1　EU の経済的利益

EU の経済的利益としては，単一市場の拡大による貿易コストの軽減と規模

---

12)　ドイツ，オーストリア，フィンランド，デンマークは加盟候補国との地理的接近とそれによる政治経済的利益から拡大を支持し，スペイン，ポルトガル，ギリシャは自国の財政移転の減少を理由に反対した．このような利害対立が調整された経緯については，永澤［2000：519-540］で取り上げた.

の経済効果, 世界市場における地位の強化, 人的資源 (特に質の高い労働力) の利用等が指摘できる. 貿易に関しては, 加盟前の段階においてすでに EU と中東欧は, 「貿易経済協力協定」及び「欧州協定」により原則的に自由貿易関係にあった[13]. 実際に EU は対中東欧貿易で大幅な黒字を計上し, 1998年の対中東欧貿易で黒字額は221.7億ユーロとなっていた. 中でも最大の貿易相手国であるポーランドとは119.5億ユーロの黒字であった. 99年の EU の対外輸出に占める地域別シェアでは, 中欧4カ国 (ポーランド, ハンガリー, チェコ, スロヴァキア), 東欧3カ国 (スロベニア, ルーマニア, ブルガリア), バルト3国 (エストニア, ラトヴィア, リトアニア) の10カ国合計で, 12.3%となっていた[14]. この数値は, 対北米2カ国 (米24.1%, カナダ2.2%) の26.3%についで高い数値であり, 対ロシア輸出 (1.9%), 対クロアチア輸出 (0.5%), 対マルタ, キプロス輸出 (0.6%) を含めると, 対ソ連・中東欧輸出で EU 全体の輸出額の15.3%を占めていた[15].

　ただし労働集約的なセンシティブ品目に関しては, 中東欧からの輸入超過により打撃を受ける可能性はあったが, EU の産業構造の再編を促し全体の経済力を押し上げる利益の方が大きいとも考えられる. また同様なことは FDI (直接投資) についても指摘されており, 中東欧への FDI の増大により域内の未熟練労働者の雇用条件が悪化するという懸念があった. しかし当時の EU15カ国の域外 FDI ストックにおいて, 新加盟国が占めるシェアは6%であり, 大きく影響することはないと考えられた [European Commission 2005b：36].

　中東欧の高い教育水準に裏打ちされた良質で安価な労働力は, 生産拠点の移転を狙う欧州の多国籍企業にとって大きな魅力であった[16]. 中東欧諸国が単一市場に入ることで資本移動の自由が保障され, 投資に伴うリスクが大幅に軽減されることは在欧州企業の投資をより促進すると考えられていた[17]. また経済的格

13)　EU と中東欧間での貿易と投資に関する障壁は, 欧州協定によって基本的に取り除かれている. ただし鉄鋼, 繊維, 石炭等のセンシティブ品目と農産物については自由化の枠外であった.

14)　European Commission [2000a：47] より算出.

15)　European Commission [2000a：47：49] より算出.

16)　この点は, 特に南東欧 (ブルガリア, ルーマニア等) への投資動機として最上位にある [EBRD 2000：116-117]. 中東欧へ投資する企業の動機としては, その他に中東欧市場へのアクセス, 本国市場との接近, 優遇税制等も指摘できる.

差が広がるという予測すら一部に出されていた南欧への拡大が一定の成果を上げ，キャッチアップが順調になされていた背景には在欧州企業の活発な対南欧投資が存在した．これと同様に体制転換後，活発に行われてきた在欧州企業による対中東欧投資は，中東欧の経済成長を牽引する重要な要素であった．特に銀行，電力，通信等の主要な国営企業を外国資本に売却したハンガリーやポーランドのようなケースでは，FDI が民営化の直接的な原動力となったのである．

3.1.2　EU の政治的利益

　東方拡大が，「欧州の平和と安全」に寄与するということは，欧州委員会が繰り返し強調していた[18]．1970年代から EC 加盟国間の外交政策調整機能は，欧州政治協力（EPC）が担ってきたわけだが，EPC は NATO との競合を懸念し，軍事防衛問題は協議の対象外としていた[19]．87年7月の単一欧州議定書の発効により EPC は法的裏付けを持ち，その協議議題に「安全保障の政治的経済的側面」が加えられたが，依然として軍事防衛問題は除外された状態にあった［臼井 1995：189-203］．しかし，マーストリヒト条約（93年11月発効）により共通外交安全保障政策（CFSP）が規定され，ここにおいて初めて安全保障に関する全ての議題が加盟国の協議対象となった．CFSP がアムステルダム条約（1999年5月発効）によって強化された後，ケルン欧州理事会（99年6月）において西欧同盟（WEU）の EU への統合が決定され，EU に軍事行動力を与えることで加盟国首

---

17)　Richard E. Baldwin 等は拡大の費用便益を分析した論考の中で，投資リスクの軽減により中東欧への FDI が増大するという点を強調した［Baldwin et al. 1997：127-176］．

18)　例えば European Commission ［1997a：95-96］，European Commission ［08/11/2000：3-4］．

19)　NATO との競合を極力避けようとする EU の姿勢はその後も続いており，CFSP は軍事的・非軍事的危機管理に限定し集団防衛は NATO に任せている．他方，現在の EU の独自防衛構想を根拠付ける ESDI（欧州安全保障・防衛アイデンティティ）という概念は本来93年12月の北大西洋理事会コミュニケにおいて公式に登場したものであり，米政府は経費や人的資源の面から EU が独自の安保外交政策を進めることを歓迎する姿勢を持っていた．しかし ESDI も NATO との補完関係において認めるだけであり，欧州における米国のプレゼンスの放棄を指すものではなかった．

脳は合意した．1999年12月のヘルシンキ欧州理事会において，欧州での地域紛争等に対処する「緊急展開部隊（rapid reaction force）」を2003年までに6万人規模（60日以内に配備，最低1年以上駐留）でEUに創設することが合意された．EUはNATOとの協力関係を維持する一方で，独自の防衛体制の形成に着手したのである[20]．さらに2000年11月にブリュッセルで開かれた国防相・外相理事会において，ヘルシンキでの合意内容の実現を確認し，独，仏，英，伊が各々1万人以上の兵士を派遣することが合意され，ポーランド，チェコ，ハンガリーを始めとする中東欧各政府も協力を表明した[21]．つまり中東欧各政府は加盟の前段階において，EUの安全保障政策への協同の意思を明確にしたのである．

　中東欧各政府にとってEU加盟は，単一市場への参入にとどまらず，外交・安全保障政策においてもEUと協同することを意味する．冷戦時代，ソ連陣営に組み込まれていた中東欧が経済的パートナーになるだけではなく政治・軍事的パートナーとなることは，EUにとって軽視し得ない政治的利益となる[22]．また，仮に中東欧で地域紛争が起きた場合に生じるコスト（軍事介入，平和維持活動及び難民保護と欧州の政治経済情勢に与える影響）を考えれば，東方拡大は紛争発生による膨大な潜在的コストを回避するための予防外交としても位置づけることができよう．ただしこの見解は，中東欧諸国がEUに加盟することによって

20）　コソボ紛争においてEUの軍事的対米依存とEU諸国軍の脆弱性（衛星偵察能力の欠如，重装備空輸システムの不備，遠距離攻撃用兵器不足等）が露呈したことも欧州の指導者を独自防衛構想に向かわせる要因となった（98年12月の英仏首脳によるサンマロー宣言）．またCFSP上級代表のソラーナ（J. Solana）はEU独自の防衛構想に懸念を表明する米政府に対し，EUが独力で対処することにより米国は全ての紛争に介入する必要がなくなることを米国側の利点として指摘し，EU独自の防衛構想が「両者の利益」となることを強調した（*The Guardian*, 25/5/2000）．

21）　チェコ，ハンガリー，ポーランド，スロヴァキア，エストニアも派遣の意思を表明した（*Financial Times*, 21/11/2000）．

22）　ハンガリー，ポーランド，チェコのNATO加盟（1999年3月）を皮切りにNATOの東方拡大が進行し，NATOとEUは補完的に欧州域内・域外の軍事的安定に向けた活動を行っている．その事例として2003年3月にEU部隊がNATO軍の任務を引き継ぐ形で350人の兵士をマケドニア共和国に送り，同年6月にはコンゴ民主共和国に仏を中心とする1400人規模の部隊を送ったことが指摘できる．またマケドニアに送られた部隊は計画，輸送に関してNATOの支援を受けていたが，コンゴの部隊はNATOの支援を受けず独自の部隊として活動した．

政治経済的に安定し，地域紛争の可能性が減少するという仮定に基づいていた[23]．この仮定が成立する根拠としては，EU 加盟のために要求される基準の中に民主主義の確立，マイノリティの保護等が含まれている点があげられる．つまりこれらの基準を満たし，加盟を実現するためには国内の政治的安定は不可欠であり，中東欧各政府はマイノリティに配慮した政策を行わなければならない[24]．そして加盟後も中東欧の政治状況は，EU の監視下に置かれ，不安定要因が発生した場合は EU 側から何らかの措置が採られる可能性もあった．

3.2 EU の財政コスト

拡大に伴う EU の財政コストについては，『アジェンダ2000[25]』とベルリン欧州理事会を分析した 5 章で扱ったので詳細は省くが，EU のコストとしては経済水準の低い中東欧に対する財政支援が最大の問題となった（**図 5-2** の「一人当たり GDP 比率」参照）．特に農業政策と構造政策を通じて中東欧へ配分される公的資金移転は，EU 財政にとって大きな負担となる．拡大を実現するためのEU の財政予算には，域内 GNP の1.27％というシーリングが課されていた．この1.27％という数値は，1999年 EU 予算に対するシーリングであった（92年

---

23) ヴァチュードワ（Milanda Anna Vachudova）は，1999年 7 月のサラエボでの安定和平会議において，EU は旧ユーゴスラビアに安定と民主主義をもたらすために，EU 加盟の見通しを示したとして，コソボ紛争が EU の東方拡大を加速したと述べた．さらに EU の指導者は（欧州の政治的安定のための）最上の外交政策が EU 拡大だと自覚し始めたとも指摘し，依然として拡大慎重論も唱えられていた情勢に対し，東方拡大への動きがコソボ紛争によって加速したという見解を示した［Vachudova 2005：247］．

24) 1997年の欧州委員会の意見書では，ハンガリー系マイノリティの言語使用に関する法的不整備等を理由として，スロヴァキアが加盟候補国の中で唯一，政治的基準が満たされていないと判断された［European Commission 09/1997b：15-20, 75-79］．99年の意見書以降，スロヴァキアは政治的基準を満たしていると判断されているが，欧州委員会による97年の判断はマイノリティの権利保護を重視する姿勢を中東欧各政府に対し印象付けたといえるだろう．また元独大統領ヴァイツゼッカーは2005年 4 月12日のバルカン国際委員会において，西バルカンを欧州のブラックホールにしてはいけないと明言し，EU 加盟基準の人権尊重，マイノリティの保護等を適用すれば民族和解に役立つという見解を示した．

25) European Commission［1997a］（この文書は Bulletin 付録文書にも掲載されており，本書では Bulletin of the European Union, Supplement 5/97, 1997を使用した）．

12月エディンバラ欧州理事会で合意）．2000年以降の予算に対しても1999年のシーリングを課すということは，東方拡大のために特別な財政措置を取らないことを意味していた（ただし域内経済成長率分は「潜在的追加財源」となる）．つまり均衡財政と拡大を両立させることが欧州委員会の狙いであった．

　EU の共通農業政策（CAP）は，価格支持，農家に対する「直接支払い（direct payments）」，輸出補助金の３つを軸とする介入的性格を有しており，EUの財政支出に占める割合は42.2％（2004年）である．東方拡大によって EU の農地は50％増，農業人口は２倍以上となることが予想されるため，当時の CAP を中東欧に対し適用すれば，年間110億 ECU（欧州委員会1997年試算）[26] が必要となると予測された．この金額は2002年 EU 予算全体の11.2％に相当していた[27]．欧州委員会は，2002年１月に新加盟国に対する「直接支払い」適用に関する草案を明らかにした．この欧州委員会の草案によると，2004年に新加盟国に対し共同体の「直接支払い」予算の25％を与え，その後10年間で共同体水準まで補助金額を段階的に引き上げることになっていた［European Commission 30/01/2002：4］．この草案はベルリン欧州理事会（1999年３月）での合意を無視するものであるとして，独，英，蘭，スウェーデン各政府から批判が出されたが［*Financial Times* 19/03/02］，2002年12月のコペンハーゲン欧州理事会において合意された[29]［European Council 12&13/12/2002：11-12］．

　構造政策は，域内の低開発地域に対する EU の開発支援であり，資源配分（公共財の供給）と所得再分配（企業向け補助金等）の２つの機能を担っており，

26）　この試算は『アジェンダ2000』において欧州委員会が示したものであり，110億 ECU の内訳は「直接支払い」に70億，価格支持及び輸出補助金に25億，地域開発支援に15億となっている［European Commission 1997a：98, 115］．

27）　メイフュー（Alan Mayhew）は拡大に関するコスト計算（農業・構造予算）を発表した機関や研究者の中でも，欧州委員会が最も低めに計算している点（例えば CAP の毎年の追加予算は39億 ECU）を問題点として指摘した［Mayhew 1998：306-307］．しかしメイフューは，拡大のコスト計算が幾つもの未確定要因（現加盟国と新加盟国の経済成長率，為替変動，世界の農業市場の変化，WTO 交渉等）によって影響されているとし，確定した計算値は存在しないとも述べている［Mayhew 1998：307-308］．またガーブルとヒューズは，それまで発表されていたコスト計算が様々なモデルと仮定に基づいていることを理由に各データを直接には比較し得ないと指摘した［Grabble and Hughes：1998：96-97］．

EU 財政支出の33.0％（04年）を占めている．新加盟国向け構造予算額は04年から３年間で約218億ユーロにのぼることもあり，構造基金の中東欧への適用においては，マッチング・グラント方式に起因する問題と「吸収問題（absorption problems）」の２つが指摘されていた．マッチング・グラントとは地域開発プログラムを特定し，その資金を EU と加盟国とで分担する方式である．またその際に EU が提供する構造基金は「追加性の原則（EU からの地域支援は受益国による主体的財政支出の補完）」に基づいており，受益国政府の財政支出を代替するものではなかった．「マッチング・グラント問題」は中東欧の財政負担能力に関係するが，その分担率に関しては加盟国の財政事情も考慮され最大で75％が EU の負担となっており，過大な負担を強要するものではなかった［Evans 1999：110-111］[30]．２つ目の吸収問題に関し欧州委員会は，構造基金と結束基金による資金移転を対象国の「吸収能力」に合わせ，「新加盟国（並びに現加盟国）の対 GDP 比４％を超えてはならない」とし，受益国の吸収能力を超えた支援は行わないことが明記された［European Commission 1997a：21-22］．このように欧州委員会は，中東欧の財政能力と吸収能力に応じた地域支援プログラムを提供する姿勢を示したのであった．

---

28) ベルリン欧州理事会に関しては，純拠出国（ドイツ，オランダ，イギリス等）と純受益国（スペイン，ポルトガル，ギリシャ，アイルランド等）の予算をめぐる対立が合意を難しくすることが事前に予想されていた．スペインのアシュナール首相は構造予算獲得をめぐり最後まで他の首脳と対立し一時は合意成立が危ぶまれた．しかし，この対立がベルリン欧州理事会での合意成立に深刻な影響をもたらす事だけは回避された．交渉の結果，スペインは2006年までの７年間において受け取る補助金の合計額が15％増となり，GNP 比例拠出金（スペイン分担）は増額されたものの実質的な受給額は増大し妥協に至った．またイギリス問題（拠出金の割戻し）の解決は，持ち越される形となった．最大の純拠出国であるドイツ政府は，他の純拠出国のオランダ，スウェーデン，オーストリアの支援を受け拠出金の減額を求めていたが議長国としての立場もあり，この案を強硬に主張することはなかった．「直接支払い」などの農業予算の一部を各構成国へ分担することを求めたドイツ政府の提案（農業予算の部分的「再国民化」）も，フランス政府によって阻止された．

29) 新加盟国に与えられる「直接支払い」額は04年で25％，05年で30％，06年で35％，07年で40％となり，その後は各年10％増加し，2013年に共同体レベルに到達する．

30) ERDF（欧州地域開発基金）の対象１の場合，EU の最大負担率が75％，それ以外の場合は50％となっている．

3.3　中東欧における EU 加盟

　中東欧にとって欧州への回帰は，文化的・心理的欲求に根ざすと考えられる.[31)]
冷戦によって東西に分断され，人為的にソ連陣営に組み入れられた中東欧に
とって，冷戦を形成した 2 極体制が崩れた時点で，回帰への欲求が表面化する
ことは自然な動きといえよう．中東欧各政府が欧州回帰への意欲を政治交渉の
場で積極的に表明したのは，EC との欧州協定締結交渉と中欧 3 カ国による共
同宣言においてであった．1989年の東欧革命直後，EC を中心とする支援関係
国はポーランドとハンガリーへの経済再建支援計画（PHARE）に着手し，90年
1 月に予算が執行された.[32)] この PHARE とほぼ並行して EC は，[33)] 中東欧諸国と
の間に貿易経済協力協定及び欧州協定を締結した.[34)] 欧州協定の前文には，中東
欧諸国の強い要望により EC 加盟が最終目標であることが明記された．また
ポーランド，ハンガリー，チェコスロヴァキア（当時）は，1990年 4 月のブラ
ティスラヴァ首脳会議において欧州復帰へ向けた共同宣言を発表した．このよ
うに「欧州への回帰」へ向けた意欲を積極的に表明していたのは常に中東欧各
政府であった．本節では EU 加盟によってもたらされる中東欧の政治，経済的
利益とコストについて考察する.

---

31)　この点に関して，Weidenfield［1997：25］は中東欧にとっての欧州回帰の目的を
　　「（西欧との）歴史的・文化的結びつきの再生と政治・経済・軍事的領域における西欧諸
　　制度との統合」と指摘した.

32)　1989年 7 月の G7 サミットにおいて，ポーランド，ハンガリーへの経済支援が決定さ
　　れ，調整役として欧州委員会が当たることになり，同年 8 月に欧州委員会は第 1 回調整
　　会議を招集した．この会議には G24 が参加し，欧州委員会の支援活動に協力を表明し
　　た.

33)　PHARE（94年以降の表記は Phare）の対象国は，当初の 2 国から拡大し，97年には
　　ボスニア・ヘルツェゴビナを含む13カ国になった.

34)　貿易経済協力協定を格上げして，EU は1991年12月にハンガリーとポーランドとの間
　　に欧州協定を締結した．この欧州協定は，政治対話，財，サービス，人，資本等の自由
　　移動，経済協力，文化協力，財政協力にわたる広範な協力協定である．当初 EC は将来
　　的な加盟を約束する文言を明記することを拒んでいたが，中東欧諸国の強い要望により，
　　その前文には期限は確定されなかったものの，将来的な欧州共同体への加盟が明記され
　　た.

3.3.1 中東欧の経済状況

　1990年代の中東欧の経済状況を概観する．表6-1，表6-2，表6-3は中東欧10カ国の基礎的な経済指標をまとめたものである．まず所得水準を示す指標として1人当たりGDPを取り上げる．EU平均を100とした場合の各国比で見ると，スロヴェニアが71％と飛び抜けて高く（ギリシャやポルトガルとほぼ同水準），チェコ（59％），ハンガリー（51％），スロヴァキア（49％）がその後に続く．95年から99年までのGDPの平均成長率は，ポーランドが5.8％と最も高く，スロヴァキア，エストニア，スロヴェニアがそれに続いて好調な成長を示した．しかしインフレ率も高く，97年のインフレ率が1232.1％もあったブルガリアは例外としても，最低のチェコでさえ95年から99年までの平均で7.6％を示し，他の国も一桁後半から10％台であった．EU平均1.3％（98年）と比べると中東欧のインフレ率の高さが確認できる．また失業率も高く，99年の中東欧10カ国の平均は11.9％である．財政赤字に関しては，一番高いエストニアでさえ対GDP比が4.6％であり，全体として安定した数値を示している[35]．

　図6-1，図6-2は1989年から2000年までの中東欧10カ国の経済成長を表したものである[36]．中東欧経済は体制転換直後に大きく落ち込んだものの[37]，1994年には急速に回復し3～6％の成長率を示した．ただし，発展が遅れているルーマニア，ブルガリア，また95年に6％台の成長を示した後，急速に悪化したチェコはこのトレンドから外れる．特に90年代後半の平均成長率が5.8％と高

---

35)　エストニアは1995年から98年まではほぼ均衡財政を維持してきたが，99年の夏に補正予算を組み政府支出を増大したことが影響している．ただし2000年は緊縮財政を敷き，財政赤字はGDPの1.2％に抑えられる見通しとなった［European Commission 08/11/2000e：25］．

36)　99年12月のヘルシンキ欧州理事会において，加盟申請国を二つのグループに区別する交渉方式は破棄され，第1グループの5ヶ国（ポーランド，ハンガリー，チェコ，スロヴェニア，エストニア）とキプロスに加え，第2グループ（スロヴァキア，ルーマニア，ブルガリア，リトアニア，ラトビア）とマルタに対しても加盟交渉開始が決定され，トルコも加盟候補国として正式に認められた．しかしヘルシンキ欧州理事会以降も，形式上の区別として第1と第2のグルーピングは用いられていた．

37)　中東欧における市場経済化の柱には，国営企業の民営化，規制撤廃，私有財産制の導入，経済活動の営利化等がある．中東欧4カ国とバルト3国は比較的安定した経済成長を示しているが，所得水準等の指標に関しては格差がある（表6-1，表6-2，表6-3参照）．

表6-1　中東欧10カ国基礎指標（1999年）

	面積 （1000km2）	人口 （100万）	GDP（10億 ユーロ）（購 買力平価）	一人当たり GDP（ユー ロ・購買力 平価）	EU平均に 対する一人 当たりGDP の%	平均GDP 成長率（%） （95～99年）	平均インフレ 率（95～99年 平均）
ブルガリア	111	8.3	38.5	4749	22	-1.7	279.5
チェコ	79	10.3	128.7	12498	59	1.5	7.6(96～99年)
エストニア	45	1.4	10.8	7682	36	4.5	14.4
ハンガリー	93	10.1	108.1	10705	51	3.4	18.9
ラトビア	65	2.4	13.9	5786	27	3.0	11.6
リトアニア	65	3.7	22.9	6169	29	3.3	15.8
ポーランド	313	38.7	301.9	7806	37	5.8	16.3
ルーマニア	238	22.5	128.2	5682	27	-0.7	66.0
スロヴァキア	49	5.4	55.6	10279	49	5.0	7.8
スロヴェニア	20	2.0	30.0	14964	71	4.2	9.1

表6-2　中東欧10カ国基礎指標（1999年）

	失業率	財政収 支の対 GDP比	経常収 支の対 GDP比	対EU輸出 （%）	対EU輸入 （%）	FDIの対 GDP比 （フロー）	FDI（ネット） 100万 ユーロ
ブルガリア	17	0.2	-5.3	52.6	48.6	6.1	735
チェコ	8.7	-1.6	-2.0	69.2	64.0	9.1	4792
エストニア	11.7	-4.6	-6.2	72.7	65.0	4.6	284
ハンガリー	7.0	-3.7	-4.3	76.2	64.4	2.9	1849
ラトビア	14.5	-3.9	-10.6	62.5	54.5	5.8	335
リトアニア	14.1	-3.4(98年)	-11.2	50.1	49.5	4.5	456
ポーランド	15.3	-2.7	-7.5	70.5	64.9	4.3	6821
ルーマニア	6.8	-4.4(97年)	3.8	65.5	60.4	2.4	977
スロヴァキア	16.2	-0.6	-5.9	59.4	51.7	3.7	310
スロヴェニア	7.6	-0.6	-2.9	66.0	68.6	0.2	78

表6-3　中東欧10カ国基礎指標（1999年）

	農業人口 %	工業人口 %	サービス 人口%	農業生産 対GDP比	工業生産 対GDP比	サービス業 対GDP比
ブルガリア	26.6(暫定)	29.1(暫定)	44.3（暫定）	17.3	26.8	55.9
チェコ	5.2	40.1	54.6	3.7	41.8	54.5
エストニア	8.8	31.8	59.4	5.7	25.3	69.0
ハンガリー	7.1	34.0	58.9	5.5(98年)	32.8(98年)	61.7(98年)
ラトビア	15.3	26.0	58.7	4.0	27.6	68.4
リトアニア	20.2	26.9	52.9	8.8	31.1	60.1
ポーランド	18.1	27.6	50.5	3.8	36.6	59.6
ルーマニア	41.7	31.4	30.7	15.5	36.3	48.2
スロヴァキア	7.4	38.4	54.2	4.5	35.1	60.4
スロヴェニア	10.2	38.1	51.3	3.6	37.5	58.9

出所）表6-1～表6-3すべて，European Commission, *Regular Report* 2000, 各国版より作成.

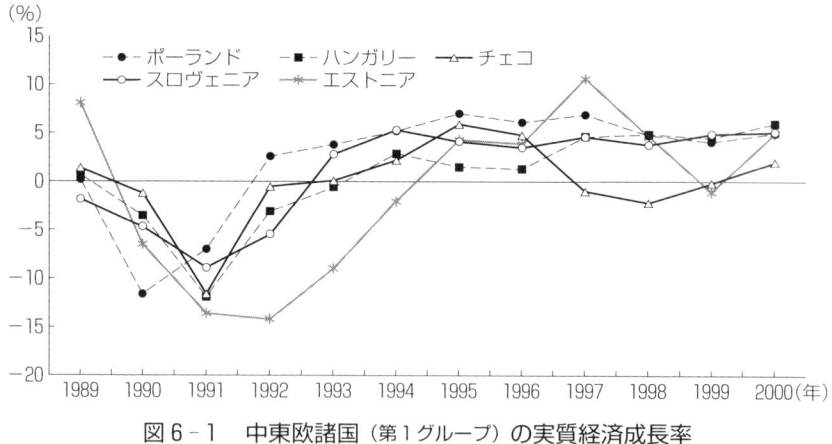

図6-1　中東欧諸国（第1グループ）の実質経済成長率

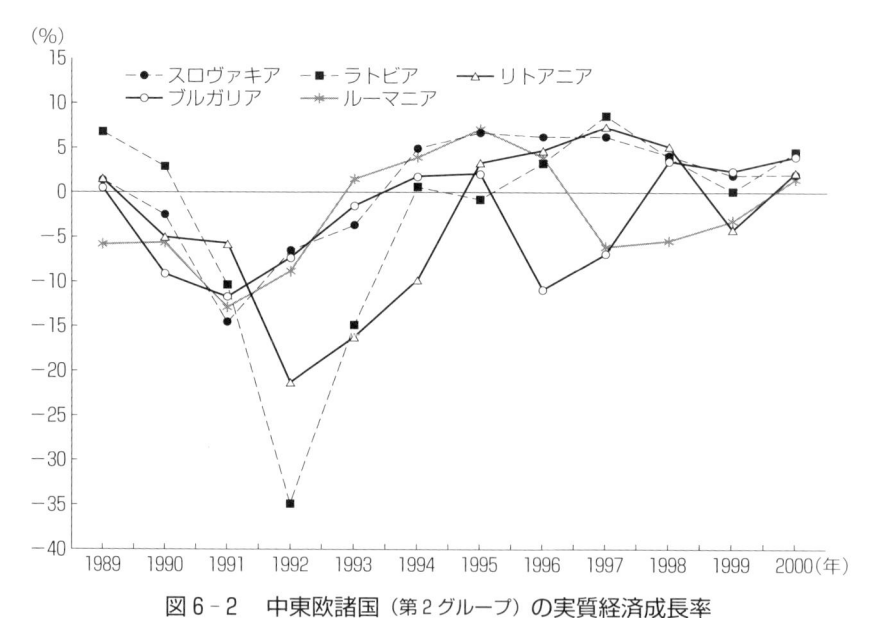

図6-2　中東欧諸国（第2グループ）の実質経済成長率

出所）図6-1，図6-2ともにEBRD, *Transition Report 2000*, p. 65より作成.

かったポーランドを始めとして，3％以上の成長を示した国が10か国中7ヶ国
あったことから，中東欧経済が比較的安定して成長していたと考えられる．

　このような中東欧経済復興の原動力となったのが，EUからの直接投資と対
EU輸出の増大である．中東欧へのFDI（累積）は1989年から98年にかけて
547.8億ドルにのぼり，その73％がEUからの投資である．また中東欧にとっ
ての最大の貿易パートナーはEUであり，輸出の64.5％，輸入の59.2％が対
EU貿易である（99年）[38]．貿易と投資を媒介とする両地域の経済的つながりは，
EU加盟へ向けてますます強くなっていた．

　しかし体制転換前と転換後を比較した場合，1999年において89年当時の
GDP（実質）を超えたのはポーランドとスロヴェニアだけであり（89年のGDPを
100とするとポーランドが122，スロヴェニアは109）スロヴァキア，ハンガリー，チェ
コがようやく89年水準に到達した程度である（各々100，99，95）[39]．他の5カ国は
60から77の範囲にあり，体制転換前の水準に到達していなかった．また前述の
ように中東欧の一人当たりGDP平均（99年）はEU平均の41.6％しかなく，
EU加盟国の中で相対的に発展の遅れていた南欧諸国と比べても相当な開きが
あった（1999年の1人当たりGDPはスペインがEU平均の82.2％，ポルトガルが73.3％，
ギリシャが69.3％）[40]．このように90年代後半に急速な成長を遂げた中東欧経済も，
その到達水準はEU平均値との隔たりは大きかった．

　また中東欧における国有企業の民営化は2つの手法に分けられており，第1
は入札有償売却方式であり，これを優先したのはエストニア，ハンガリー，
ポーランドであった．第2はバウチャー（voucher）という有価証券を発行し国
民に売却する方式であり，この方法はチェコ，スロヴァキア，リトアニアが選
択した．公開売却ではハンガリーとエストニアが進んでおり，主要な製造業と
銀行が売却された[41]．チェコの場合，国民が取得したバウチャーは投資グループ

---

38)　European Commission 08/11/2000d Annexes：64-65.

39)　EBRD［2000］（*Transition Report*）：65].

40)　この点において東方拡大は，80年代の南欧への拡大と同列に論じることは出来ない．
　なぜなら1986年当時のスペインの一人当たりGDPはEC平均の70.5％であり，市場経
　済の定着，法的整備等に関しても，中東欧とは比較にならない水準に到達していたから
　である．

によって吸収されるが，この投資グループは国家資産基金の支配下にある銀行に所有されているため，公的所有が再生される構造となっていた．チェコの民営化が一般に「擬似民営化」といわれるのはこのためであった．その結果，チェコでは選択的補助金が認められリストラは先送りされた．他の中東欧諸国の失業率が10％台にあるのに対し，チェコだけが3〜4％（1991〜97年）を維持しえた理由もここにあった．外国資本に売却したハンガリー，ポーランドが高い経済成長を示したのに対し，チェコ経済の停滞要因が民営化の手法にあったと考えられる．しかしチェコの所得水準はスロヴェニアに次いで2番手であり（表6-1），チェコが次期拡大の有力候補であることには変わりはなかった[42]．

3.3.2 中東欧の政治・経済的利益

政治的には，冷戦後の軍事的空白地帯にあった中東欧がEU加盟によって安全保障面での強化を求めていたといえよう．EU加盟は，NATO加盟と並行して中東欧諸国にとり防衛体制の強化の点でも魅力的な選択肢であった．特にロシアに近接しているバルト3国にとってEUの政治的枠組みに入ることに対する安全保障上のインセンティブは強かった．

経済的な利益としては，EU市場へのアクセスの保障，輸入数量制限・アンチダンピング措置・関税障壁等の撤廃，貿易とFDIの増大，構造政策とCAPによる資金移転，労働力移動の自由，在欧州企業との競争圧力にさらされることによる国内企業の効率化等が指摘できる．また加盟基準を中東欧諸国が満たそうと自助努力することによって，民主化，市場経済化，法体系の近代化が促

---

41) ハンガリーのFDI導入と民営化政策に関しては，Bartlett［2000：135-152］に説明がある．

42) 欧州委員会の拡大戦略に関しては5章で分析したので詳細を省くが，第5次拡大としてポーランド，ハンガリー，チェコ，スロヴェニア，エストニアの5カ国を選抜した．この5ヶ国にキプロスが加わるが，キプロスは「中東欧」という概念から外れるため本章では扱わない．またこの選抜方式は，99年12月のヘルシンキ欧州理事会において修正された（5章4.2.3節参照）．第2グループはスロヴァキア，ラトヴィア，リトアニア，ブルガリア，ルーマニアの5カ国であった．こ第1グループは政治的基準を満たしており，また経済的基準についても中期的に満たしうるという判断が示されたのに対し，第2グループは概ね努力が要請された．政治的基準に関しては，スロヴァキア以外中期的に満たしうるという見通しが示され，経済的には更なる努力が要請された．

進されるという効果もある．さらに中東欧が EU の単一市場に参入することにより，FDI が一層促進され中東欧経済の近代化と成長にとってプラス要因となろう．中東欧の FDI ストック（1999年）に占める国別シェアで見ると，独（18%），米（16%），オランダ（12%），オーストリア（7%），仏（6%），イギリス（6%），伊（4%）の順であり，EU 加盟国からの投資が全体の60%を占めていた．主要な投資先は，ポーランド（99年ストックで299.8億ユーロ，中東欧10カ国に占めるシェアは37%），ハンガリー（同191.0億ユーロ，同24%）チェコ（同162.5億ユーロ，同20%），であり，中東欧へ向けられた FDI の8割がこの地域に集中していた．

　貿易面でも，EU は中東欧にとって最大の貿易相手地域となっていた．2002年の中東欧の輸出に占める EU のシェアは，ポーランド（68.8%），ハンガリー（75.1%），チェコ（68.4%），輸入では，それぞれ61.7%，56.2%，60.2%であった．**図 6 - 3**，**図 6 - 4** は，1991年から2002年にかけての中欧の主要3カ国（ポーランド，ハンガリー，チェコ）の対 EU 貿易のシェアの推移を示したものである．ポーランド，ハンガリーは91年の対 EU 貿易が輸出で60%前後，輸入で50%以上のシェアを示しており（92年末独立のチェコは93年に輸出・輸入とも50%以上），冷戦終結当初から EU に対する貿易依存性が高かったことがわかる．

　90年代後半には3カ国ともに EU のシェアが輸出で70%程度，輸入で60%以上にまで達したが，これら中欧3カ国は地理的にもドイツ，オーストリアに隣接しており，輸送コスト面での有利さを生かしていた．中東欧経済が在欧州企業の国際分業に組み込まれている代表的な例が，ドイツの VW 社とチェコの

---

43)　UNCTAD［2000］（*World Investment Report*）：66. FDI ストックによる推計値．中東欧には，04年加盟の8ヶ国の他，アルバニア，ベラルーシ，ブルガリア，クロアチア，モルドバ，マケドニア，ロシア，ウクライナ，新ユーゴスラヴィア連邦（当時）を含む．また中東欧への FDI を産業別に見ると，製造業に38%（食品・飲料・タバコ11%，機械・設備5%，自動車4%，化学・製薬4%，その他の製造業14%），サービス部門に56%（貿易12%，金融11%，運輸・通信9%，電気・ガス・水道4%，ビジネスサービス3%，その他の第3次産業17%），第1次産業に3%，その他3%となっている［UNCTAD, 2000（*World Investment Report*）：67]）．

44)　UNCTAD［2000（*World Investment Report*）：Annex TableB. 3] より算出．この場合の中東欧10カ国とは次期加盟予定の8カ国にルーマニア，ブルガリアを加えたものである．

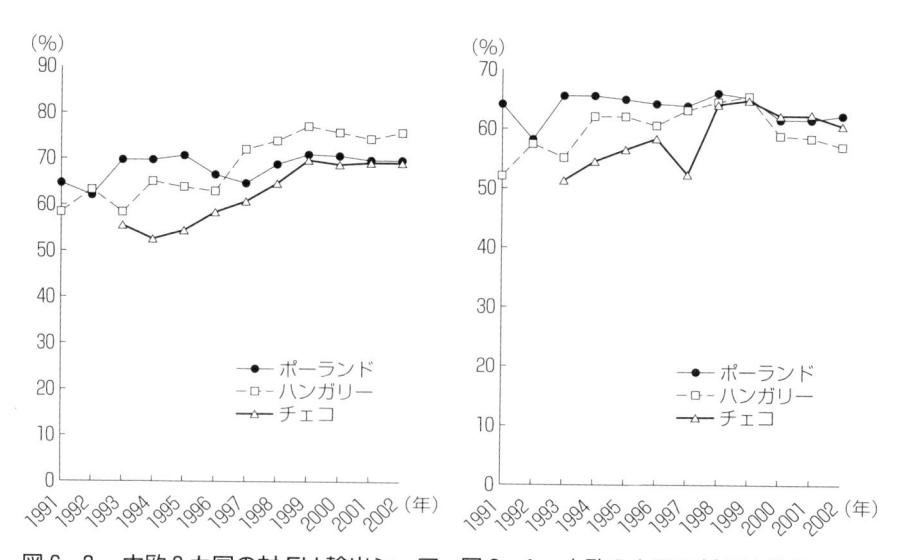

図6-3　中欧3カ国の対EU輸出シェア　図6-4　中欧3カ国の対EU輸入シェア
注）1992年末に分離独立したチェコに関しては，93年からのデータ.
出所）図6-3，図6-4は，European Parliament, *Task Force Enlargement*, Statistical Annex, June 2003. より作成.

Skoda 社の合弁事業であった．チェコ政府の要請を受け，91年に VW 社は Skoda 社に資本参加し，95年には経営権の70％を取得した．この合弁企業の 1997年上半期の自動車販売台数は16万台にも上り，そのうち32％はチェコ国内 で販売されたが，スロヴァキア（8.7％），ドイツ（8.1％），ポーランド（7.6％）， イタリア（5.9％），イギリス（4.8％）等に輸出された［Martin 1999：167-171］． VW 社と Skoda 社の合弁事業は，在欧州企業の技術と中東欧の安価で良質な 労働力の結びつきが成功したケースであった．

3.3.3　中東欧の政治・経済的コスト

　経済的コストとしては，米国等から受けている特恵措置の喪失と EU が第3 国に与えている特恵措置の受け入れ，また間接投資による資本流入が短期的に 引き上げられた場合に経済が不安定化する可能性を高めること，EU 経済への 過度の依存が経済的脆弱性（例えばドイツの不況が輸出と経済成長に影響を与える等） ［Fanacek 1997：287-293］[45] を高めること等があった．間接投資に関しては市場経 済化する以上このようなリスクは避け得ないが，将来的にユーロランドへ参加

が認められた場合は中東欧経済が投機的な資金移転の標的になるリスクは回避される[46]．また EU 経済への依存については，前述のように加盟前の段階で相当なレベルに達しているため，加盟後においても高依存によるリスクは避けられない．また EU 域内企業との競争にさらされることにより競争力の弱い企業が倒産し，一時的に失業者が増大する可能性はあった．しかしこの点は体制転換に必然的に伴う調整コストの一つであり避けては通れなかった[47]．

　その他，財政コストとして構造基金の方式（「マッチング・グラント」）に起因する受益国の負担があった．「マッチング・グラント」とは，構造政策予算額を EU と受益国とで分担する方式を指す．これについては，すでに 5 章 3 節で扱っているため詳細は省くが，EU は新加盟国に対し一定の資金投資を要求しており，そのために加盟の利益がコストを上回るか否か疑問視する指摘もあった．

　しかし中東欧50地域中48地域は，構造基金の「対象（Objective）1（1 人当たり GDP が EU 平均75％以下の地域）」[48]に入るため，ほとんどの中東欧地域は構造基金の対象となる[49]．負担率についても各国の財政状況が考慮されるため（最大で75％が EU 負担），過度な負担が課されることはなかった．したがって構造政策と農業補助金による公的資金移転，貿易と FDI の増大，安全保障体制の強化等の点において，EU 加盟は中東欧各政府にとり魅力的な選択肢であったといえるだろう．

　最も問題となるのは，「アキ・コミュノテール（EU 法の総体）」適用に関連し，

---

45)　ファナックはチェコ経済の問題として対 EU 経済依存の問題を指摘したが，この点は他の中東欧諸国にも当てはまる．

46)　欧州委員会は EU 加盟と EMU（経済通貨同盟）への参加を明確に区別している．EMU は共同体法の不可欠な項目であるが，新規加盟国の EMU 参加はあくまで最終目的である［European Commission 1998e：12］．

47)　また EU の対外共通関税の適用も中東欧経済に影響を与える．例えば対外関税がゼロであるエストニアは，EU 加盟により関税が付加され，国内生産者にとっては有利になるが消費者の利益は損なわれる．

48)　Objective は日本の EU 研究者の多くが「目的」と訳しているが，この用語は構造基金の対象地域を指しているため，「対象」という訳語が適当であると考える（欧州委員会駐日代表部も Objective に関しては「対象」の訳語を使用していた）．

49)　中東欧加盟候補国の50地域の中で，プラハ（119％），ブラティスラヴァ（96％）を除く48地域が対象 1 に入る［European Commission 02/2000：2］．

特に環境面での整備に相当な財政負担を強いられることである．アキを適用するためには，単に法条文上の整備に止まらず，その法が示す基準に実態を合わせなければならず，ここに法適用に伴い財政費用が生じる理由があった．1997年に欧州委員会は中東欧の環境コストに関する15の調査（EBRD，世界銀行等の調査）を比較検討し，中東欧の環境コストに関する報告書を提出した．

　この報告書によると環境アキ適用のために中東欧10カ国が支出しなければならない年間予算の総計は83〜123億ECU（国民一人当たり79〜118ECU）となり，この額は1994年の中東欧GDP（市場価格）の4.0〜5.4％に相当した〔EDC April 1997：89-99〕．このコスト計算が対象としているのは1990年代の半ばまでの状況であるが，その後の中東欧における環境整備の進展やGDPの伸びを考慮しても，環境基準適用のための財政コストは中東欧経済にとって重荷となることが予想された[50]．しかし，この環境基準についても農業政策や労働力移動と同様に，一定の「移行期間」を設け加盟直後からのアキの適用を避ける措置が取られることになった．

　また人の移動についても，スウェーデン，アイルランド，英国を除いて，移行期間を設け，労働許可制度等による制限措置が講じられた．この制限措置も機会費用として認識される可能性はあったが，徐々に緩和され，2006年5月からはフィンランド，ギリシャ，イタリア，ポルトガル及びスペインの5カ国が制限を撤廃し，従来から制限を課していなかった上記3カ国に加え，計8カ国で労働者の移動の自由が達成された[51]．ただし域外との国境管理については，EU共通ルール（シェンゲン協定関連規則）の下で実施することが求められるため，国境管理の厳格化に伴うコストも発生する．武器，麻薬，人身売買等の犯罪の温床になりかねないとの懸念もあり，警察，税関，入国管理などの組織を再構築し，従来の国境管理の変更が求められたからである．

---

50)　ここで取り上げている環境コスト計算は，経済成長，各政府の環境政策選択，天然資源の価格等について幾つもの仮定に基づいているため，必ずしも確定されたものではない．またこの計算は全ての環境領域に関するものではなく，対象となる項目は上下水道の設置，排水，大気汚染，廃棄物の対策費となっている．しかも各市町村の排水と大気汚染のデータはそろっているが，産業排水，産業廃棄物，上水道に関するデータは不足している〔EDC April 1997：3：89-90〕．したがってこの報告書はあくまで試算の域を越えるものではないが，環境基準適用のための財政コストの問題を明示した資料であった．

表6-4　中東欧諸国の加盟支持率

(単位：%)

	ポーランド	チェコ	ハンガリー	スロヴァキア	スロヴェニア	リトアニア	ラトヴィア	エストニア
1997年	70	43	47	46	47	35	34	29
2001年	63	49	56	62	57	40	40	35
2003年	76	77	84	93	90	91	67	67

出所）European Commission, *Central and Eastern Eurobarometer* (各年版) より作成.

　政治的費用としては，これまで一貫してエリート主導で行われている拡大計画に対する批判があった．拡大に関する意識において政治指導者（及び企業経営者）と市民の間で乖離していたことは，当時のEU15カ国と加盟候補国双方に見られたが，本節では中東欧諸国における加盟支持率に焦点を当てる．**表6-4**は中東欧8カ国市民の加盟支持率を表したものである．1997年の欧州委員会の報告書によると，自国のEU加盟に対する支持が比較的高かったのはポーランドだけであり，その他は50%を切る状態であった［European Commission 1997f：36.］．4年後の2001年の調査において，ポーランドの支持率が低下し，スロヴァキアを始めとする他の中東欧諸国の支持率が上昇したものの大きな変化はなかった［European Commission March 2002b：Annex Figure 32］.

51）　1993年発効のマーストリヒト条約により，EU域内におけるこれら4つの移動は原則的に自由になったが，人の移動については，シェンゲン協定（1985年に仏，西独，ベネルックス3国で合意）の締結が求められたため，事実上，制限されていた．マーストリヒト条約に先立ち，1990年に「シェンゲン実施協定」が調印され（1995年施行），締結国間では出入国管理が撤廃されると共に，対外国境では共通の管理ルールが導入された．シェンゲン協定関連規則は，1999年のアムステルダム条約によってEU法に組み入れられ，2024年6月時点でEU非加盟の4カ国を含む29カ国が締結国となっている.

52）　2000年9月，拡大担当欧州委員のフェアホイゲンが東方拡大に関する国民投票について発言し問題となった．拡大に関する国民投票についてプロディ委員長は即座に反論したが，フェアホイゲンの真意はエリート主導で創設されたユーロに対する反省を踏まえ，拡大に対する説明責任の必要性を訴えたものである．しかしこの提案はその後，拡大に関する議題の中では取り上げられていない．01年10月から11月にかけて行われた現加盟国市民に対する拡大支持に関する調査では，ギリシャが74%，スウェーデンとデンマークが69%，スペインが61%，イタリアが61%と高く，逆にドイツが47%，イギリスが41%，フランスが39%となっており，EU15カ国平均では賛成が51%，反対が30%となっている［European Commission 2002c：71］．また01年7月に行われた中東欧650社の経営者への調査では，83%が加盟を支持しており一般市民に比べ支持率が高かった［European Commission December 2001］.

　加盟候補国の中には支持率が低迷しているバルト3国も入っており，加盟を
めぐる国民投票において否決される可能性すらあったが，2003年の各加盟候補
国による EU 加盟へ向けた国民投票は全て可決された．各国の国民投票におけ
る加盟支持率は，それまでの数値をはるかに上回る結果を示したのであった
（表6‐4）．この結果は直ちにエリート主導問題が解消されたことを意味するも
のではなかったが，拡大の阻害要因となることは回避されたわけである．この
ように中東欧側の費用便益としては，環境基準等の受容コストこそあったもの
の，加盟に伴う政治・経済的利益が中東欧各政府にとって加盟への誘因となっ
たわけである．この点において，中東欧の選択も合理的行為者モデルが適合す
ると考えられる．

3.4　EU 拡大と合理主義

　本節では拡大に関する費用便益を経済と政治の両面で検討することにより，
EU 拡大を経済合理性では説明し得ないが，政治的合理性によって説明可能で
あることを示したい．拡大に伴う EU の経済的利益としては単一市場の拡大に
よる貿易コストの軽減と規模の経済効果，世界市場における EU の位置付けの
強化，人的資源（特に質の高い労働力）の利用等があった．ただし FDI や EU に
よる資金移転が順調に行なわれたとしても，中東欧の1人当たり GDP 平均は
2001年においても EU 平均の46.4％であったため，中東欧のキャッチアップが
短期間に実現するとは考えられなかった．つまり中長期的視野においてこそ，
単一市場拡大等による EU 全体の経済的利益は期待できるものの，短期的には
FDI や貿易を行う企業レベルの利益にとどまると予測された．

　また EU 財政上の費用便益の観点では，中東欧諸国に対しては加盟前援助の
みを支出し，貿易と FDI が牽引する経済発展を見守り，その後で拡大を実行
に移す方が経済合理性に適った戦略だったといえるだろう．また EU と中東欧
の経済関係は拡大以前の段階で密接なものとなっており，加盟前の状態でもお
互いの経済的利益を享受していた．この点に関して拡大の経済効果を詳細に分
析したブレントン（Paul Brenton）らは，EU と中東欧間の貿易と投資の強化と
いう点において，EU 構成国の経済的利益の大半は中東欧の加盟前に達成され
ていると指摘した［Brenton and Manzocchi 2002：10-34］．さらにブレントンらは，

中東欧の加盟によって貿易と投資が拡大するという楽観的予測とセンシティブ品目を中心として中東欧からの輸入が増大するという懸念の2つの見方に対し，どちらも実証的根拠を欠いていると批判した．中東欧に対しては貿易も投資もすでに充分なされており，加盟によって大きく増大することはないこと，センシティブ産業には資本集約的なセクターもあり，このセクターは影響を受けず，たとえ影響を受けたとしても EU の産業構造再編にとっては有利に働くとブレントン等は主張した．

　また輸出と FDI は一般的には代替性が指摘されているが，ブレントンらは，欧州における経験的データに基づけば両者は補完的であり，中東欧への FDI は，EU の輸出指向型産業にとって輸出促進的に働くであろうという観測を示した［Brenton and Manzocchi 2002：33］．FDI が母国の輸出に与える影響として，生産拠点の移転により輸出が代替される可能性（第3国輸出も含む），逆輸入の増大，海外の生産拠点への部品，資本財の輸出の増大という3つが考えられるが，産業の特性，時期，進出先により影響が異なるため，FDI と輸出が代替的であるという指摘は必ずしも当てはまらない．少なくとも短期的には，現地での部品調達の困難と工場内での資本設備等の需要を反映し輸出は増大することは，日本企業の東南アジア進出においても確認されていた．

　前述のように経済面に限れば，中東欧を早期に加盟させる必然性は明確にはならない．つまり経済合理性からは，東方拡大を説明し得ないのである．この点において筆者と構成主義者の見解は一致する．EU の東方拡大を理解するには，外交・安全保障面から見た説明が必要となる．中東欧各政府にとって EU 加盟は，単一市場への参入にとどまらず，外交・安全保障政策においても EU と協同することになる．冷戦時代，ソ連陣営に組み込まれていた中東欧が経済的パートナーとしてだけではなく，政治・軍事的パートナーとなることによって東方拡大が「安全保障共同体」[53] としての効果も有することになる．また仮に

53）「安全保障共同体（security community）」という概念についてはブレナン（John O'Brennan）が論じている［Brennan 2006：156-157］．ブレナンは，「東方拡大が当初から（EU にとって）安全保障強化プロジェクトとして意味づけられており，そのプロジェクトは前共産国に EU 的規範を植え付け，既存の多元的安全保障共同体の拡大を確かなものとする」と指摘した［Brennan 2006：157］．

中東欧で地域紛争が起きた場合に生じるコスト（軍事介入，平和維持活動，難民保護及び欧州の政治経済情勢に与える影響等）を考えれば，拡大は紛争発生による膨大な潜在的コストを回避するための予防外交としても位置づけることができたのである．このように政治・軍事的費用便益という点から観察した場合，EU は経済的コストを負担しても拡大による政治・軍事的利益を重視した選択を行ったと解釈できる．つまり政治的費用便益という枠組みを設定することにより，合理主義は EU 拡大に関しても適合すると考えられる[54]．

　前述のように中東欧各政府にとって EU 加盟は，単一市場への参入にとどまらず，外交・安全保障政策においても EU と協同することを意味した[55]．また仮に中東欧で地域紛争が起きた場合に生じるコストを考えれば，東方拡大は紛争発生による膨大な潜在的コストを回避するための予防外交としても位置づけることができたのである．ただしこの見解は，中東欧諸国が EU に加盟することによって政治経済的に安定し，地域紛争の可能性が減少するという仮定に基づいている．この仮定が成立する根拠としては，EU 加盟のために要求される基準の中に民主主義の確立，マイノリティの保護等が含まれている点があげられる．つまりこれらの基準を満たし，加盟を実現するためには国内の政治的安定は不可欠であり，中東欧各政府はマイノリティに配慮した政策を実施する必要があった[56]．そして加盟後も中東欧の政治状況は，EU の監視下に置かれ，不安定要因が発生した場合は EU 側から何らかの措置が採られることも考えられた．このように費用便益という視点を経済に限定せず政治領域に広げることにより，経済的費用便益からは説明し得ない東方拡大という EU の選択も合理主義による分析対象となるのである．

54)　むしろ国際政治経済学（IPE）の領域においては政治と経済の双方において費用便益を検討することは当然の作業である．シメルフェニグは国際関係論（IR）における合理的仮定を批判対象としており，IPE の枠組みでの検討はされていない．

55)　ハンガリー，ポーランド，チェコの NATO 加盟（1999年3月）を皮切りに NATO の東方拡大が進行しており，NATO と EU は補完的に欧州域内・域外の軍事的安定に向けた活動を行っている．その事例として2003年3月に EU 部隊が NATO 軍の任務を引き継ぐ形で350人の兵士をマケドニア共和国に送り，同年6月にはコンゴ民主共和国に仏を中心とする1400人規模の部隊を送ったことがあげられよう．またマケドニアに送られた部隊は計画，輸送に関して NATO の支援を受けていたが，コンゴの部隊は NATO の支援を受けず独自の部隊として活動した．

　また構成主義者の論点の 1 つである「行為体と構造の相互作用」については，EU が拡大と深化を遂げる過程において，「構造」としての EU の変化が各構成国の選好に影響を与え，また選好の変化が構造に作用するという関係が考えられる．例えば，2006年末の欧州理事会において，それまでの積極的な拡大方針の見直しがなされたと論評されていた[57]．25カ国（当時）にまで拡大した EU の構造的変化が各構成国の選好における拡大路線への疑念をもたらし，それにより拡大のペースの鈍化が予想される事態は，構造と行為体の相互作用の一端を示していた．

4．拡大後の状況

4.1　EU 予算（2004年）における拠出と受給

　2004年 5 月に中東欧諸国が EU に加盟してから 1 年半以上が経過した2006年 1 月時点における状況を説明したい．2004年の EU 予算における拠出と受給については，05年11月末に欧州会計検査院が発表した年次報告書によって示された［European Commission 2005a］．図 6 - 5 は2004年の EU 予算において，共同体から各国が受け取る補助金額（農業・地域開発政策等に関する補助金）から共同体に対する各国の拠出金額（付加価値税収入の一部と GDP 比例拠出金等）を差し引い

56）　1997年の欧州委員会の意見書では，ハンガリー系マイノリティの言語使用に関する法的不整備等を理由として，スロヴァキアが加盟候補国の中で唯一，政治的基準が満たされていないと判断された［European Commission 09/1997b：15-20, 75-79］．99年の意見書以降，スロヴァキアは政治的基準を満たしていると判断されているが，欧州委員会による97年の評価はマイノリティの権利保護を重視する姿勢を中東欧各政府に対し印象付けたといえるだろう．また元独大統領ヴァイツゼッカーは2005年 4 月12日のバルカン国際委員会において，西バルカンを欧州のブラックホールにしてはいけないと明言し，EU 加盟基準の人権尊重，マイノリティの保護等を適用すれば民族和解に役立つという見解を示した．

57）　「拡大方針の転換」や「拡大疲れ」という論評は，報道機関等によってなされていた．欧州理事会の決議文書には明確に拡大の方針転換を示唆する文言はなかった．「新加盟国を受け入れる EU の能力」について言及された［European Council 14/15December2006：2-3］．2004年の拡大については新加盟国がコペンハーゲン基準を満たすことに重点があり，この姿勢はその後も一貫していたが，EU 側の能力も問題にしている点が，「拡大疲れ」といった論評になったと考えられる．

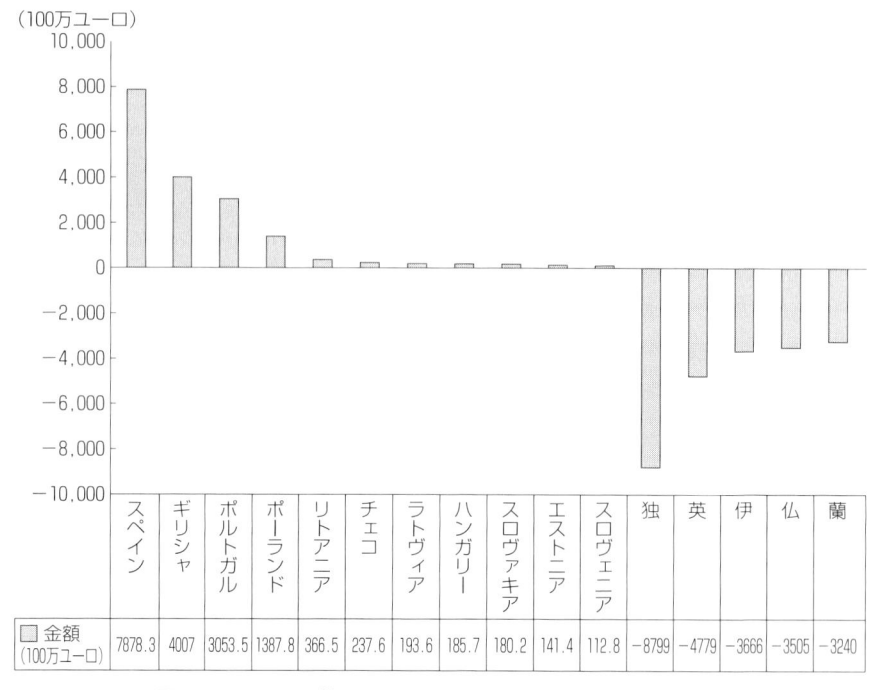

図6-5　EU予算における純受給国と純拠出国（2004年）

出所）European Court of *Auditors, Annual Reports concerning the financial year 2004,* Annex1 XIV, XV より作成.

たものである．絶対額の実数は国名の下に記されている（単位は100万ユーロ）．
当初から予想されていたように新加盟国が共同体から受け取る補助金額は新加
盟国が支払う拠出金を上回っていた．つまり新加盟国は全て純受給国となって
おり，逆に独，英，仏，蘭等は純拠出国であった．

　補助金の絶対額で見ると南欧諸国（スペイン，ギリシャ，ポルトガル）に比べ格
差はあるが，新加盟国はポーランドを除けば人口及び経済規模が小さいこと，
農業補助金に関しては既存の共同体基準が適用されておらず，10年の移行期間
が設定されていることが影響している．2004年に新加盟国に対し農業補助金の
柱である「直接支払い」に関しては共同体水準の25％を与え，その後10年間で
段階的に引き上げることになった．EUの補助金額は農業人口や国民一人当た
りGDP水準（共同体平均の75％以下等）と開発支援対象地域人口に基づいて算出

されるため，小国の多い中東欧において受給額は小さくならざるを得ない．中
東欧で最大の3830万の人口を抱えるポーランドでさえネットの受給額はスペイ
ン（人口4269万人）の17.6％程度であるのは，農業補助金が共同体水準以下であ
ることが影響していた．またネットの受給額の対 GDP 比で見るとポーランド
の場合04年で0.45％であり（04年におけるユーロの対ドル為替レート平均値0.805で算
出），スペインの0.99％に比べても低い水準にあった．しかしこの数値は加盟
直後の04年の数値であり，農業補助金の段階的引き上げ等の措置によって徐々
に共同体水準に近づくため，移行期間内で改善されることが見込まれた．

4.2　拡大後の貿易と投資

　図6-6，図6-7，図6-8，図6-9は加盟前後の中欧4カ国の対 EU（拡
大前の15加盟国）貿易額を示したものである（2003年第1四半期から05年第3四半期ま
で）．2004年第2四半期前後の貿易データを見ると，4カ国とも目だった変化
は無い．ポーランドとチェコは上昇傾向にはあるがその伸びは緩やかで，ハン
ガリーとスロヴァキアはほぼ横ばいである．P. ブレントンは，EU と中東欧間
の貿易と投資の強化という点において，EU 現構成国の経済的利益の大半は中
東欧の加盟前に達成されていると指摘したが（本章3.4節）[Brenton and Manzoc-
chi 2002：10-34]，05年第3四半期までのデータはこの点を貿易面で裏付けるも
のとなった．

　欧州委員会も06年5月の報告書で，新加盟国と EU15カ国の貿易が加盟前の
90年代後半に急増したことについて，加盟の見通しと欧州協定による貿易自由
化が要因であると指摘した [European Commission May 2006（*European Econo-
my*）：59-60]．さらに03年のデータにおいて中欧4カ国（ポーランド，チェコ，ハン
ガリー，スロヴァキア）の貿易額（輸出・輸入総額）に占める EU15カ国との貿易の
シェアは，4カ国とも70％を超えていたのである [European Commission, 2005：

---

58)　構造政策（開発支援）の場合は受給国の対 GDP 比4％以内という制限もあるため，
　　経済規模の小さい中東欧にとっては不利に働いた．ポーランドは人口ではスペインと大
　　差は無かったが GDP は50％程度であった．
59)　またこの報告書では，加盟によって生じた貿易への直接的効果は限定的であり，新加
　　盟国間の貿易が増大したと述べられている．

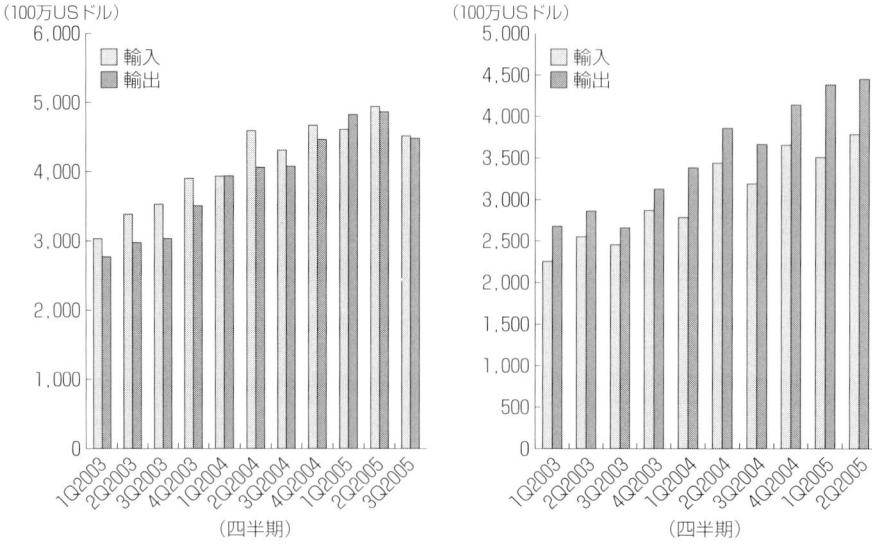

図6-6　ポーランドの対EU15貿易　図6-7　チェコの対EU15貿易（2003〜05
（2003〜05年）　　　　　　　　　　年）

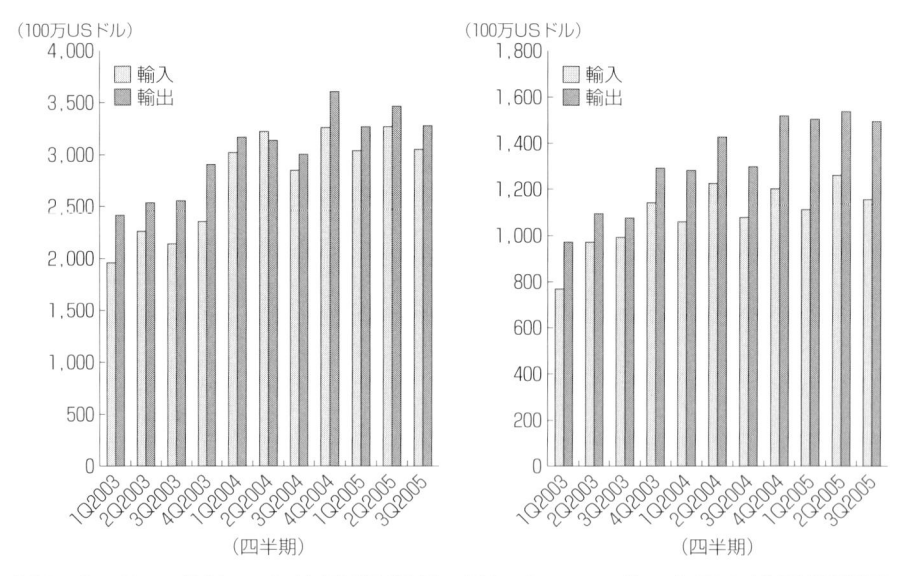

図6-8　ハンガリーの対EU15貿易　図6-9　スロヴァキアの対EU15貿易
（2003〜05年）　　　　　　　　　　（2003〜05年）

注）チェコに関しては05年第3四半期のデータは入手できない（06年1月17日現在）.
出所）図6-6〜図6-9はOECD, *Monthly Statistics of International Trade*（http://lysander.sour
ceoecd.org/, 2006年1月17日閲覧）より作成.

表6-5　ポーランドの対内直接投資

（単位：100万ユーロ，%）

	2002年	2003年	2004年	
	投資額	投資額	投資額	伸び率
EU15	5,516	5,119	5,507	7.6
フランス	742	617	1,576	155.4
ドイツ	562	807	1,175	45.7
オランダ	1,072	2,065	982	△ 52.5
スウェーデン	433	288	438	51.9
ベルギー	496	487	414	△ 15.1
英国	1,365	△ 48	204	—

表6-6　チェコの対内直接投資

（単位：100万ユーロ，%）

	2002年	2003年	2004年	
	投資額	投資額	投資額	伸び率
EU15	8,001	743	2,538	241.6
オランダ	1,305	△ 936	850	—
ドイツ	4,942	144	700	386.1
オーストリア	809	429	361	△ 15.9
フランス	151	603	139	△ 76.9
英国	△ 234	563	86	△ 84.7
ベルギー	464	△ 224	29	—

表6-7　ハンガリーの対内直接投資

（単位：100万ユーロ，%）

	2002年	2003年	2004年	
	投資額	投資額	投資額	伸び率
EU15	966	△ 792	669	—
ドイツ	157	149	501	236.3
オランダ	483	9	427	4,543.50
ベルギー	42	53	95	79.1
オーストリア	42	305	△ 268	—
ルクセンブルク	21	△ 1,873	△ 268	—

注）表6-5～表6-7：各投資額はフロー，国際
　　収支ベース．
　　表6-5：100万ドルを超える案件を計上．
　　表6-7：利益再投資，その他資本（親子会社
　　間の貸借など）を除く．
出所）表6-5～表6-7はJETRO（www.jetro.
　　go.jp/biz/world/europe，2006年1月20
　　日閲覧）．

188]．貿易パートナーとしての中東欧とEUとの関係は，加盟前の段階におい
て確立されていたのだった．

　表6-5，表6-6，表6-7はポーランド，ハンガリー，チェコの対内直接
投資を国・地域別に示したものである．ポーランドに関しては04年のEU15カ
国（東方拡大以前の加盟国）からの投資の伸び率（変化分を前年度額で割り100を掛けた
数値）は7.6％でありそれ程大きな変化は無く，またハンガリーについては縮小
していた．チェコは241.6％の伸び率を示したが，これは前年の03年投資額が
02年の9.3％と10分の1以下に縮小したことが原因である．2003年のチェコの
経済成長率は3.2％と順調に推移していたため，この大幅縮小については国内
経済の影響ではなく，最大の貿易・投資相手国であるドイツからの投資が，国
内経済の低迷により激減したことにあった．03年にドイツは東西統一以来のマ

イナス成長（−0.2%）となり，ドイツの対チェコ投資は49.4億ユーロから1.4億ユーロに減少した．したがって，04年の投資額の伸びは加盟による効果というよりは前年の極端に縮小した投資が，ドイツ経済の回復（成長率1.6%）に伴ない増加した結果であった．

　また04年の経済成長において新加盟国は順調な伸びを達成しており，ポーランドが5.4%，ハンガリーが4.2%，チェコが4.4%，スロヴェニアが4.2%，リトアニアが7.3%の成長を示した．このような経済成長の要因としては賃金上昇が個人消費に波及し内需が拡大したとみられていた．2000年以降の中東欧の経済成長にはFDIも重要な役割を果たしているが，大規模なグリーンフィールド投資は当時さほど実施されておらず，国営企業の民営化に伴う大規模投資は拡大以前にほぼ終了したという指摘もあった［Johnson 2005：200-201］．02年末までのFDIストックでみると，EU15から新加盟国に対する累積額は1200億ユーロとなっており，その内37%がポーランド，24%がチェコ，22%がハンガリー向けであり，全体の83%がこれらの3カ国に投資されていた［European Commission 2005b：36］．

　前節で確認したように，加盟による共同体からの新加盟国への財政移転は予定通り進められていたが，貿易と投資に関しては拡大効果と目されるような変化は見られなかった．この点において拡大以前にEUと中東欧の緊密な経済関係が成立していたという見解は，一定の説得力を持つであろう．しかしこのことは経済的パートナーシップの形成にとって拡大は必要条件ではなかったことを示すものではない．なぜなら1993年6月のコペンハーゲン欧州理事会において，中東欧の加盟に必要な政治・経済的基準が示されたわけだが，1990年代に進行した中東欧とEUとの経済的緊密化は，将来的な加盟を前提として一層進んだという解釈も成り立つからである．

4.3　さらなる拡大

　2004年の加盟から外れたブルガリア，ルーマニアの加盟に向けた交渉は順調に進んでいた．欧州委員会が05年10月に発表した報告書［European Commission, 2005d］によると，両国とも加盟基準（注1）の達成に向けて堅実な進展が認められた．特に04年の加盟から外れる理由としてあげられていた経済的基準に関

しては，市場経済の機能の点で高い評価を得ており，EU 法の受容に関しても
アキに必要な行政及び裁判能力こそ要請されてはいたが，全体として順調な進
展が認められた．ただし両国については07年 1 月の加盟が予定されていたが，
同報告書は進展の度合いによっては 1 年延期される可能性も示唆されていた
（実際は07年 1 月加盟）．クロアチアは04年 6 月に加盟候補国として認められたが，
旧ユーゴ紛争の戦犯摘発の遅れから加盟交渉が中断されていた.

　しかし，05年10月に EU はクロアチアが国連の旧ユーゴスラビア国際刑事法
廷（ICTY）に全面的に協力していることを評価し，同国との加盟交渉の開始を
決定した．トルコについても05年10月の緊急外相理事会で加盟交渉開始が合意
され，翌日に EU 議長国・英国のストロー外相，トルコのギュル外相らが出席
して式典が開かれ交渉が開始された[60]．さらにマケドニアも05年12月の欧州理事
会において正式に加盟候補国として認められた［European Council
15&16/12/2005］．欧州委員会はこの他にも潜在的な加盟候補国として，アルバ
ニア，ボスニア・ヘルツェゴビナ，セルビア・モンテネグロ，コソボをあげた.

　このように EU は，全ての旧ユーゴスラヴィア諸国との間で加盟ないし加盟
準備の交渉に向けて動き始めた．05年 4 月に欧州委員会はセルビア・モンテネ
グロが「安定化・連合協定（SAA）[61]」の準備を整えたとする報告書を採択し，
EU 加盟国に交渉開始を勧告した．05年10月の EU 外相理事会においてセルビ
ア・モンテネグロとの SAA 交渉の開始が承認され，同年11月に SAA 交渉の
第 1 回ラウンドテーブルがベオグラードで開始された．EU が旧ユーゴスラ
ヴィア諸国との交渉を進展させる理由として，元伊首相でバルカン国際委員会
のアマート座長はバルカン地域での将来的な民族紛争を抑えるためにも現状維
持は危険であり，EU 加盟に向けた具体的計画の策定の必要性を訴えた[62].

　安全保障上の必要性を訴えて拡大を正当化する論法は，EU 加盟国政府や欧

---

60)　ただしトルコについては，当時ですら交渉が10年以上続くとみられていたが，その後
　　の状況変化により，予想よりも困難なものとなっている.

61)　SAA（the Stabilisation and Association Agreement）は西バルカン諸国が EU 加盟
　　に向けて準備するための枠組み協定で，締結国は EU との貿易自由化促進，諸制度の
　　EU 基準への接近を目指すものであり，マケドニア，クロアチアとの SAA はすでに発
　　効していた.

州委員会が繰り返し用いてきたものであった．ただしこの論法は東方拡大という政策選択を正当化する政治的ロジックに留まらず，欧州の「不戦」を補強するために，これまで EU が自覚的に行ってきた戦略の本質を示している[63]．不戦共同体として出発した EU が冷戦終結を契機として中東欧を新たな加盟国として迎え入れたという事実は，不戦範囲の拡大として捉えることが可能であろう．

おわりに

　東方拡大によって EU は中東欧に対する公的資金移転という財政コストを強いられるが，中東欧諸国の加盟による単一市場拡大等の経済的利益に加え，政治・安全保障上の利益を優先する選択を行ったとみることができる．さらに東方拡大は，中東欧での地域紛争発生による潜在的コストを回避するための予防外交としても機能すると捉えられた．また国家及び共同体の費用便益を経済面に限定せず政治面にも広げることにより，合理的行為者モデルは EU 拡大に対しても適合し得ることを示した．

　本章では，政治領域を費用便益分析の対象とすることにより，規範，価値，アイデンティティといった構成主義的概念をも合理主義の中に包摂しうることを示した．この点において合理主義と構成主義の接点は，政治的費用便益分析の中に存在する．中東欧の政治的安定や民主主義の波及といった政治的要素を合理主義が取り入れること自体が合理主義の理論的前提を崩すことに繋がるというシメルフェニグの批判は合理主義を経済合理性に限定して捉えていること

---

62)　この発言は2005年4月12日にブリュッセルで開かれたバルカン国際委員会による報告会におけるものである．またアイスブール委員（仏戦略研究財団所長）は同報告会において西バルカンの人口合計が2500万人と EU の5％にすぎないこと，ポーランド等旧コメコン諸国が体制転換から僅か15年で加盟を果たしたことを指摘し，西バルカン諸国の EU 加盟に時間がかかると決め付ける必要は無いと発言した．

63)　近隣諸国政策と EU の安全保障戦略を分析した蓮見は，近隣諸国政策について「EU の生み出した制度と理念の『輸出』によって，EU の作り出してきた紛争の平和的解決のモデルを拡張し，域内外の安全保障を確保しようとするソフト・セキュリティ戦略である」と規定した上で，EU の安全保障戦略が「西バルカンの経験を踏まえて，紛争の平和的解決のモデルに，ハード・セキュリティによる補完という修正を加えようとしている」と指摘した［蓮見 2005：165：178］．

に起因する．シメルフェニグは合理主義を矮小化して理解することにより批判を容易なものとしていたといえよう．

　構成主義は，アイデンティティや規範といったそれまでの国際政治学においては軽視されてきた要素を説明変数として用いた点や行為体間または行為体と構造との相互作用等，注目すべき理論的内容を有していることは確かである．しかし，価値やアイデンティティ等の概念を用いた社会学的アプローチによる国際政治研究はすでに存在しており［馬場 1980］，また行為体間，行為体とシステム間の相互作用という指摘はウォルツの古典的論考でも確認できる［Waltz 1979：74-75：邦訳 98］[64]．このように構成主義は分析概念や理論的主張に新しさがあるわけではないが，リアリズムとリベラリズムの 2 つの理論を合理的行為者モデルと位置付け，両者をまとめて批判した点に，構成主義の魅力があったといえる．合理主義批判として登場した構成主義と合理主義との関係は，その後，接合や相互補完といった方向に変わりつつある．各行為者が自らの合理的選好を正当化するために共同体エートスを戦略的に用いるというシメルフェニグの議論も，その潮流の中にあったといえるだろう．次章では，冷戦後の EU の安全保障体制を取り上げる．

---

64)　2 つの行為体が相互に影響し，また行為体はその相互作用によって生まれる状況（システム）からも影響を受けるとウォルツは論じた．

第7章
冷戦後の欧州の安全保障秩序
—— NATO，OSCE，EU の展開——

は じ め に

　本章では，1990年代から2000年代前半までの欧州における安全保障体制の展開を考察する．冷戦時代，NATO（北大西洋条約機構）は西欧の集団防衛を担っていたが，冷戦終結後，ワルシャワ条約機構が解体されたため，その存在意義が問い直されていた．一部にはNATO不要論も出されるなか，NATOは中東欧諸国を新加盟国に迎え，それと並行してロシアとのパートナーシップを確立することにより，その存在感を示していた．

　またEUも冷戦後，独自の安全保障体制の強化に努め，共通外交安全保障政策（CFSP）を打ち立て，ペータースベルク任務（人道的救済，平和維持活動，危機管理における戦闘部隊の任務）を目的とした即応部隊の創設が合意された[1]．

　他方，CSCE から OSCE へと組織改変を遂げた欧州の「協調的安全保障体制」は，軍事力に基づく強制的手段とは異なるアプローチで紛争予防・危機管理を担い始めていた．本章では，NATO と OSCE，及び EU の CFSP に焦点を当て，冷戦後の欧州を舞台とした安全保障体制を考察する[2]．

---

1 ）　この部隊の創設に合意したものの，実際には作戦遂行能力を持たせるには至らなかった．その後，2022年3月にEU外相・国防相理事会で，2030年までの安全保障戦略となる「戦略羅針盤」を採択し，5000人規模の即応部隊の創設が改めて決定された．ただしこの部隊の役割も，欧州の集団防衛の基盤としてのNATOを補完するものであることが明記されていた．

2 ）　冷戦後の欧州の安全保障について，NATO，OSCE，EU と WEU，中東欧とロシアを題材として広範に考察した論考に［Park and Ree eds. 1998］がある．

1. 冷戦後の NATO の展開

1.1 統一ドイツの NATO 加盟と欧州の安全保障構想

　冷戦時代の欧州は，米ソの覇権，イデオロギー及び政治経済体制間の対立，NATO とワルシャワ条約機構の軍事的対立によって規定されていた．しかしこの政治的，経済的，軍事的環境は，1989年の東欧革命，91年のワルシャワ条約機構の解消とソ連邦の崩壊によって大きく変化し，冷戦時代に創設された組織もその意義を問い直される状況に至った．90年代初頭における NATO 不要論はこの文脈の中で主張され，NATO はその存在意義を再度確定する必要に迫られていた．このような状況下において NATO の政策課題となっていたものが，統一ドイツの NATO 帰属と中東欧諸国の加盟問題であった[3]．

　ワルシャワ条約機構解消後，中東欧に生じた「安全保障の空白（security vacuum）[4]」の処理は，統一ドイツの NATO 加盟承認や欧州安全保障協力機構の再編と関連した問題であった．欧米各政府は，統一ドイツの NATO 加盟に固執していたが，ソ連政府はドイツ統一に同意した後も，統一ドイツの NATO 加盟には強く反対しドイツの中立を主張し，CSCE を土台とする欧州安全保障構想を譲ろうとはしなかった．他方，CSCE を中心とした欧州安全保障体制の再編構想に対しては，英米が NATO の権限縮小につながりかねないとして難色を示していた．中欧各政府は，欧米が主張する統一ドイツの NATO 加盟を支持する一方で，ソ連が主張する CSCE という全欧的な機構を通じた欧州集団安全保障体制の構築を唱えた[5]．

　このような状況下において，欧米とソ連との間で妥協が成立し，ソ連が統一ドイツの NATO 加盟を認める代わりに，欧米が NATO の東方拡大を控え，かつ CSCE の強化を図る見通しとなった［Eyal 1997：698-699］．また冷戦終結に先立ち，独政府は独自に対ソ連経済協力（50億マルク融資）を約束し，1989年7

---

3) これらの問題を扱っているものに Rauchhaus ed［.2001］，Sandler and Hartley［1999］，David and Lévesque eds.［1999］がある．

4) この言葉はワルシャワ条約解消後，中東欧の専門家や実務家の間で頻繁に使われていた［Latawski 1998：81-82］．

月，コール西独首相の訪ソの時点でソ連政府は，統一ドイツの NATO 加盟に合意していた[6].

　中東欧諸国の NATO 加盟に関してソ連政府は，クビチンスキー・ドクトリンを掲げ，中東欧に生じた安全保障の空白が NATO に利用されることを避けようとした[7]．このドクトリンは，中東欧を中立国に留め，NATO 加盟を事実上禁じるものであったため，ルーマニアを除く中東欧各政府の厳しい抵抗にあった［秋野 1991：100-102］.

　しかし，この構想は91年 8 月の保守派によるクーデター失敗とソ連邦の崩壊によって実現されることはなかった．また，91年 1 月のリトアニアとラトヴィアに対するソ連軍による武力行使，93年秋の大統領派と議会派の銃撃事件，同年12月の議会選挙における民族派及び共産勢力の台頭，チェチェン紛争へと続くソ連邦及びロシアの混乱は，中東欧各政府に新生ロシアの脅威を認識させるものであった．

　前述のように，当初 CSCE を基盤とする全欧安全保障体制を主張していた中東欧各政府がそのような楽観主義を捨て NATO 加盟へ転換したのも，このようなロシアの状況が影響したと考えられる．他方，NATO の東方拡大は，ワルシャワ条約機構に対峙していた集団防衛機構がロシア国境に迫ってくることを意味するため，伝統的なロシアの安全保障を著しく損なうという認識をロ

---

　5 ）　1980年代後半から90年代初頭にかけて中東欧諸国においては，欧州の安全保障の担い手として CSCE に対する期待が高まっていた．チェコスロヴァキア大統領のハヴェルは，CSCE が効果的な集団安全保障組織に成り得るため，NATO は無用となるという発言した．しかしこのような期待は一時的なものであり，再び NATO が欧州における唯一の効果的な国際的安全保障組織であるという考え方が支配的になっていった［伊東 1992：223］.

　6 ）　統一ドイツに関するソ連政府の見解は，「非武装中立」，「NATO 加盟反対」，「NATO とワルシャワ条約機構への同時加盟」，「フランス型の NATO 政治機構のみへの加盟」と揺れ動いていたが，西独の対ソ連経済協力，NATO とワルシャワ条約機構間の不可侵宣言の合意等により，ソ連政府は統一ドイツの NATO 加盟承認へ傾いたという見解もある［植田 1992：264］.

　7 ）　クビチンスキー外務第一次官（ソ連）の名をとって付けられたこのドクトリンは，「ソ連の安全保障のためには」中東欧諸国の主権が制限されることもやむを得ないとする政策であり，1991年 8 月のクーデター後，コズイレフ・ロシア外相はこのようなソ連外務省の「旧思考」を批判した［小泉 1992：118］.

シア政府は持っていた．しかもNATOの対セルビア軍事介入は，東方正教徒のスラブ系住民に対する攻撃であったため，ロシアを一層刺激する結果となった[8]．このような理由からロシアは，NATOの東方拡大を承認することを頑なに拒否していたのである．

　例えば，93年9月にエリツィン大統領は米，英，仏，独に書簡を送り，NATOの東方拡大はドイツ統一を定めた条約の趣旨に反すると警告した．この書簡は，NATO拡大に代わり，ロシアとNATOが協力して中東欧の安定を保障すべきという主張が述べられていた．しかしこの書簡が送られる1カ月前の93年の8月に，エリツィンはポーランドを訪問し，ポーランド政府との共同声明において，ワレサ大統領がポーランドのNATO加盟を望む旨を表明したのを受けて，エリツィンはこれを「理解をもって受け入れ」，「主権国家であるポーランドのこの決定は，長期的にはロシアを含めた他国の利益にも矛盾しない」と語っていた．エリツィン政権のこのような態度変更は中東欧諸国からの反発を買い，中東欧諸国のNATO加盟への意欲をますます高める結果となった．またチェコのハヴェル大統領は93年10月の演説において，中東欧は西欧の文化領域に属しており，市民社会，議会，民主主義，多元的政治システム，法の支配，人権等の価値を共有しているのにもかかわらず，なぜ共同防衛への参加が認められないのかという不満を示した［Latawski 1998：90-91］．

1.2　NATOの東方拡大

　NATOの東方拡大に関するエリツィンの姿勢がわずか1カ月の間に転換した理由は明確ではないが，これ以後ロシア政府は一貫してNATOの東方拡大に反対した．例えば，プリマコフ外相は「NATOの東方拡大は受け入れられない」とする態度を変更せず，またロシア国防省も，NATOの境界線がロシア国境に接近する場合には，ロシアとしては，核兵器への依存を高める防衛ド

8）　ボスニア紛争においてNATOは，ロシアと同じ正教徒のスラブ系でかつ，連邦の盟主を自称したセルビアに対して軍事介入に踏み切った．軍事ドクトリンにおいて，CIS諸国に残留する2500万のロシア人同胞を軍事力によって保護することを想定していたロシア政府にとって，NATOの対セルビア軍事介入は，将来の対ロシア軍事介入への先例として捉えられかねない状況であった．

クトリンへの意向を余儀なくされるなどの発言を重ねた.

　これらの発言は，欧米に対する単なる牽制とも考えられるが，この態度変更が欧米や中東欧の外交担当者を少なからず混乱させたといえるだろう．しかし，ロシア政府には NATO の東方拡大を押しとどめるだけのパワー・ソースは存在しなかった．エリツィンの態度変更や，ロシア政府の牽制的発言は，欧米政府との交渉を少しでも有利に運ぶためのものであったと考えられる．事実，その後のロシア政府と米政府との交渉においては，牽制的発言に見られる強硬的態度とは裏腹に，ロシア政府は柔軟な姿勢で臨んだ.

　この点について，伊東孝之はロシア側の資料を用いて次のように指摘した.「世論はロシアが超大国時代と同じように西側によって対応に扱われないことに激昂する．政府は世論を現実に直面させることができなくて，自らも激昂してみせる．しかし，実際にはいやおうなしに現実に適用せざるを得ない．その後の事態の発展を見れば，ロシア政府がその公式の言説にもかかわらずかなり早い時点で NATO 拡大を受け入れていたことは明らかである．セヴォードニャ紙は，すでに一九九七年三月はじめに，プリマコフ＝ソラナ間で基本的合意が達成されたと報道している」[伊東 1999：234].[9]

　このようなロシア政府の態度に対し NATO は，ロシアとの友好関係の維持か，それとも中東欧の安定化を第一義に考えて安全保障の空白を埋めるかの二者択一を迫られることになった．1994年1月の PfP（Partnership for Peace）は，NATO がロシアとの友好関係を維持するために創設されたものであり，ロシアを孤立させずに中東欧の安全保障を確保するための措置であった．PfP は，欧州の安全保障の強化を目指し，NATO が中東欧諸国などと2国間ベースで安全保障上の協定を結ぶものだった．94年2月から3月にかけて，中東諸国は相次いで PfP に参加し，95年6月にはロシアも，PfP に参加した．ロシアが加盟を決意した背景には，ロシア政府が NATO 拡大を阻止するための手段として PFP をみなしていたことが指摘された［Michael 1994：34-45].

　他方，PfP への参加が将来的な NATO 加盟へつながることを認めているも

　9）　ここでの「世論」とは，通常の意味ではなく，「外交政策の決定に影響を及ぼすことができるような地位にあるエリート」を指している［伊東 1999：218].

のの，その時点での加盟を認めるものではなく，また PfP 調印国に対し NATO は防衛義務を持たず，領土保全や政治的独立に対して直接的脅威を受けた場合には，協議をすることに留められていた [NATO 10-11 January 1994a]．このようは NATO の姿勢は，中東欧各政府の要望を満足させるものではなかった．

NATO 拡大に関する議論は PfP の創設によっても収まらず，PfP は NATO 加盟を約束するものではないが，NATO 加盟を拒否するものではないという議論が台頭していた．94年1月のブリュッセルにおける NATO 首脳会議において，NATO 諸国は東方拡大の可能性を正式に認めた．首脳会議の宣言文書12項には，「我々は東方の民主諸国との絆の強化を望む．ワシントン条約10条に規定されるように，北大西洋地域の安全保障に貢献しうる他の欧州諸国に対し，NATO 加盟は開かれていることを再確認する．我々は，東方の民主諸国にまで NATO の拡大が到達することを期待し，歓迎する」[NATO 10-11 January 1994b] と記されていた．

またクリントン米大統領は，94年1月に中東欧諸国首脳との会談において，NATO の東欧拡大に向けて積極的な発言を行った．さらに96年にクリントンは公式見解として NATO 東方拡大の決意表明をし，97年7月の NATO マドリッド・サミットにおける第1次加盟候補（ポーランド，ハンガリー，チェコ）を選定した．

NATO の東方拡大に最後まで反対していたロシア政府が，中東欧諸国の NATO 加盟承認へ向けて態度を軟化させたことが明確になったのは，97年5月にパリで NATO16カ国首脳とロシア政府首脳との間で調印された「NATO・ロシア連邦間の相互関係，協力及び安全保障に関する設立規定」[NATO, 27 May 1997a] であった．この文書の第2項において，「NATO・ロシア常設合同理事会」は，「共通の関心事項である安全保障問題について，共同決定と共同行動のための協議と調整を最大限に行うメカニズムを提供する」と規定されていた [NATO 27 May 1997a]．同時に，NATO と NATO 加盟国及び

---

10) この文書には，PfP への積極的参加は NATO 拡大のプロセスにおいて重要な役割を果たすであろうという指摘もある．

ロシアの内部問題については協議対象とはしないことも明記された［NATO 27 May 1997a］.

　第 4 項の政治軍事の事項において，「NATO 加盟国は新たな加盟国の領土に核兵器を配備する意図も計画も理由もない（"no intention, no plan, no reason"）こと，また将来に渡り NATO の核政策を変更する必要性もないことを再度確認する」という規定が盛り込まれた［NATO 27 May 1997a］.

　これらの規定は，拡大 NATO がロシアの軍事的脅威にはならないように，NATO 側が慎重に配慮したことを表していた．そして 6 週間後の1997年 7 月の NATO 首脳会議において，ポーランド，ハンガリー，チェコの 3 カ国が新規加盟招請国として決定された.[12] ポーランド，チェコ，ハンガリーの 3 カ国は費用負担や加盟に伴う条件を詰めた上で，97年12月に議定書が調印された．そして99年 3 月，コソボ紛争のさなか，NATO 首脳会議で中東欧 3 カ国の正式加盟が承認された.

　その後の NATO とロシアの関係に変化をもたらしたものが，2001年 9 月の同時多発テロ事件であった．事件直後の10月，ワシントン条約第 5 条（集団的自衛権）の適用によって対処すべき事態であることを宣言した．これに対し，ロシア政府は国際テロが冷戦後の世界的な脅威であるという認識の下に，米軍と英軍のアフガニスタンに対する軍事行動への支持を明確にした．さらにロシアは，自国の勢力圏とみなしてきた中央アジアの旧ソ連邦構成国であるウズベキスタンやタジキスタン内の軍事基地を米軍が使用することを容認した．また97年に創設された「NATO・ロシア常設合同理事会」においてもロシアは，国際テロと戦うための情報交換と協議を NATO と緊密に行っていく意思を表明した.

---

11)　この会議の議長について，佐瀬は「NATO 事務総長，加盟各国代表，ロシア代表の間の輪番制となる」［佐瀬 2009：191］と述べているが，設立規定には NATO 事務総長，輪番制による加盟国の 1 国の代表，ロシア代表の合同議長により運営されるとある［NATO 27 May 1997a］.

12)　NATO 加盟希望を表明したのは，ビシェグラード 4 カ国（チェコ，ハンガリー，ポーランド，スロヴァキア），旧ユーゴスラヴィアのうち 2 カ国（スロヴェニア，マケドニア），バルカン 3 カ国（ルーマニア，ブルガリア，アルバニア），バルト 3 国（エストニア，ラトヴィア，リトアニア）の計12カ国であった.

　このようなNATOとロシアの協力関係は，その後，より緊密に制度化されることになった．2002年5月，ロシア政府首脳とNATO加盟国首脳との間で，「NATO・ロシア理事会（NATO-Russia Council）」の新設が正式に調印された．これによりロシアはNATOにおける協議と意思決定において対等の発言権（集団防衛案件等を除く）を獲得した．ロシア政府には拒否権が認められていないものの，ロシアは「準加盟国的地位」を得たとの評価も当時は存在していた[NATO 28 May 2002, Financial Times 28/05/2002]．[13)]

　カプチャン（Charles A. Kupchan）は2001年の論考において，ロシアのNATO加盟が最重要課題であると主張した[Kupchan 2001：127-48]．カプチャンは，ロシアのNATO加盟が必要となる理由として，ロシアが依然として欧州の大国の一角を担っており，欧州安定の決定要因であること，ロシアの加盟によって，バルト3国，バルカン諸国，ウクライナ，ベラルーシ，モルドバがグレーゾーンになることが避けされること，ロシアの加盟により北大西洋コミュニティが前ソ連圏における影響力を確保することをあげた[Kupchan 2001：138-139]．

　この点に関して，プーチン大統領が2016年のインタビューで，2000年に4回にわたり行われたクリントン大統領との最後の会談において，ロシアのNATO加盟の可能性に言及したという驚くべき発言をした．「ロシアのNATO加盟の可能性を排除していない」というプーチンの発言に対し，クリントンが「良いじゃないか（"Why not?"）」と反応したが，米代表団は非常に神経質な反応を示したと語っていた[Stone 2017：156；邦訳 249]．[15)] 仮にこの対話内容が事実だったとすれば，第1次プーチン政権は欧米との協力関係の構築にとどまらず，欧米の枠組みの一員になることを模索していたことになる．プーチンの同様な発言は，2000年のBBCとのインタビューでも確認できる．ここで[14)]

---

13)　この理事会に対する評価は分かれており，同盟の根幹に関わる戦略概念の策定，共同防衛体制をめぐる審議からロシアは除外されていた点を重視し，「準加盟」という評価に対する疑問も提示されていた[金子 2008：335-337]．

14)　2000年にプーチンはクリントンと4回にわたる会談を行った[BBC 05/03/2001]．

15)　プーチンは，クリントンがロシアのNATO加盟に賛同したにもかかわらず，側近が反対した理由として，ロシアの加盟により外敵がなくなると，NATOの存在理由がなくなることを指摘した[Stone 2017：156；邦訳 249]．

プーチンは，「対等に扱われる限り，ロシアが NATO に加盟しない理由は存在しない」と発言した［BBC 05/03/2000］．また「ロシアは NATO と協力する用意があり」，「NATO 加盟に至る（"right up to joining the alliance"）」ことすら示唆し，さらに「私の国が欧州から孤立することは想像できない」と発言していた［BBC 04/09/2023］．

　2000年代前半にロシアを NATO に正式加盟させ，冷戦の本質である米・露間の政治的・軍事的対立を制度的に解消すれば，その後の展開は全く違っていただろう．2008年以降のプーチン政権の軍事的展開を防ぐチャンスは，この時にこそ存在していた．その後のプーチン政権の外交政策は，欧米とロシア間の政治軍事的安定を維持するための条件として，「NATO・ロシア理事会」の創設だけでは不十分だったことを示している．

　クロフォードはこのようなカプチャンの見解に対して批判的であり，欧米の政治指導者は冷戦後の欧州の安全保障同盟からロシアを排除するため，ロシアを NATO の拡大対象とはみなしていないと主張した．ロシアを排除する根拠としてクロフォードは，NATO の東方拡大に正当性を与える結果となったボスニア紛争での教訓が，欧米の政治指導者に対し，欧州の安全保障のためにはロシアが参加する他の制度（OSCE，PfP，国連等）では十分ではないと認識させたと指摘した［Crawford 2001：39-59］．ただしクロフォードも，ボスニア紛争のような欧州における安全保障上の危機が訪れた場合は，その解決のためにロシア政府との協力関係が必要となり，そのためにも OSCE や PfP は欧州の安全保障にロシアを組み入れる役割を果たすであろうと指摘し，ロシアとのパートナーシップの必要性には言及していた［Crawford 2001：57-58］．

　1989年12月のマルタ会談における米ソ両首脳による「冷戦の終結宣言」により，冷戦は終結したと一般的には認識されている．しかし冷戦の本質が米ソ間の政治的・軍事的対立にあったことを考えれば，米・露間の対立が解消されない限り，「冷戦は存続している」ことになる．ソ連邦の崩壊により，一時的に両国の政治的緊張は著しく低減したが，解消されたわけではなかった．「NATO・ロシア理事会」の発足は，ロシアを欧米の軍事的枠組の中に引き入れる第一歩であったが，これだけでは十分ではなかった．2000年にプーチン大統領が示した NATO への加盟意欲を引き上げ，ロシアを正式に加盟させな

かったために，真の意味での「冷戦構造の解消」には至らなかったわけである．

1.3 NATO東方拡大をめぐるリアリズムとリベラリズムの論争

　伝統的な勢力均衡論によれば，中東欧諸国のNATO加盟は，軍事ブロックの一方に属していた諸国が敵対していた側に帰属することになり，この地域における「力の均衡」は損なわれることになる．そしてこの事態は欧州における不安定要因として認識され，その勢力上のアンバランスが原因となって武力紛争の可能性が高まると考えられる．

　リアリズムの代表的論者であるウォルツによれば，冷戦後の国際政治を把握する上でのリアリズム理論の重要性はNATOを例にとっても確認しうるとし，「冷戦に勝利した唯一の超大国は，抑制を持たない権力が通常行うことをやっているに過ぎず」，「NATOは米政府が望むゆえに存続し，拡大する」と指摘した［Waltz 2001：34-35］．かつてウォルツは，ソ連がNATO加盟国にとって直接的脅威となっている限り，NATOは軍事同盟として存続すると述べていたが，冷戦後は米政府がそれを望むゆえに存続し，拡大していると主張した［Waltz 2001：34-36］．ウォルツは，NATOの維持と拡大は米政府の意図によって説明されるとし，「制度」的説明は適合しないことを強調したのである［Waltz 2001：35］．

　またリアリズム理論は，冷戦の終結がNATOの解消につながると予測したが，この予測の誤りはリアリズム理論が国際政治を理解することに失敗したためではなく，米政府の「愚行（folly）」を過小評価したためであるとウォルツは述べた［Waltz 2001：34］．ウォルツは，リベラル制度主義者がNATOの存続やその拡大を説明する枠組みを提供していないのではないかという疑問を呈し，リベラル制度主義者はリアリズムの代替論にはならないと主張した［Waltz 2001：35］．さらにウォルツは，制度主義はその核の部分に構造的リアリズムを有しており，制度の起源と機能に構造理論を適用していると指摘した［Waltz 2001：35］．

　他方，リベラル制度主義の代表的論者であるコヘインは，冷戦後の欧州が軍事的紛争を避けるためには，「制度化された協調（institutionalized cooperation）」の継続が必要となると指摘した［Keohane 1993b：51-53］．この場合の制度とし

てコヘインが想定するのは NATO, EU, OSCE のことであり, 欧州の平和が維持されるために必要となる状況として, 以下の点をあげた. NATO の東方拡大が友好的な形で実現し, それによりポーランド, ハンガリー, チェコの軍事増強へ至る傾向を抑制すること, EU が経済同盟だけではなく政治同盟としても形成され, 少なくとも共通外交政策が進展すること, OSCE が強化され, 国家間の相互信頼の形成に役立つこと, の3点である.

このようなコヘインの見解に対し, ウォルツはリベラル制度主義者の見解が正しいとしても, 「制度化された協調パターン」を維持するのは何か, という疑問は残るとし, リアリストによる解釈の優位性を強調した [Waltz 2001 : 34-36]. ある制度が効果的か否かは, その制度を用いる国家の意図に依存しているというのがウォルツの見解である [Waltz 2001 : 34-36].[16]

制度と国家の関係において, どちらが一義的な優位性を持つかという問題は, 個々のケースにおいて異なるだろう. 制度がゲームのルールとして機能する限りにおいて, 参加するプレーヤーの行動を規定する. しかしルールが機能するには, ウォルツが指摘するように各プレーヤーの意図と能力が必要となるといえるだろう.

1990年代の国際社会は, 新しいゲームのルールを創出している過程にあった. EC/EU は, 冷戦期から時間をかけて統合が進み, 関税同盟, 単一市場, 経済通貨同盟による経済面での制度化と EPC (欧州政治協力), CFSP (共通外交安全保障政策) による政治的制度化とが両輪となって進行していた. さらに EU は中東欧への拡大という歴史的課題に向き合っていた. また前節でも触れたように欧米とロシアとの協力関係は, 「NATO・ロシア理事会」の設立によって大きく進展したかに見えていた.

冷戦後の欧州の安全保障は, ハード・セキュリティにおいてはロシア政府と緊密な協力関係を制度化している NATO が役割を果たし, また実現には至らなかったものの EU がペータースベルク任務 (人道的救済, 平和維持活動, 危機管理における戦闘部隊の任務) を目的とした即応部隊を創設することで合意し,

---

16) 「制度化された協調パターン」が維持されるか否かは, その制度に参加する国家次第であるとウォルツは考える.

OSCE は「協調的安全保障」機能の担い手として，両者の補完的役割を担うという重層的な安全保障体制を目指していた．このような 3 つの制度的枠組みにおいて，「制度化された協調 ("institutionalized cooperation")」[Keohane 1993b : 53] が継続する限り，欧州の安全保障上の安定は保たれると，当時は期待されていた．

2．冷戦後の OSCE の展開

2.1　1989年から90年代初頭にかけて

　ホーネッカー東独書記長辞任の 1 週間後にあたる1989年10月，ゴルバチョフソ連議長はフィンランドを訪問し，フィンランド政府と共同宣言を発表した．この共同宣言には，CSCE 参加国の首脳レベルでの新会議開催が盛り込まれた[17]．ミッテラン仏大統領は，1989年12月の東独訪問時に，90年にパリで CSCE 首脳会議を開催することを提案し，90年 1 月の EC 外相会議では，EC 加盟国12カ国間で，年内開催の基本合意が成立した[18]．そしてベルリンの壁崩壊翌年の90年11月，15年振りにパリで CSCE 首脳会議が開催された[19]．

　この会議に先立ち，1989年 3 月から開催されていた欧州通常戦力削減交渉が異例の速さで合意に達したが，その背景としては次の点が指摘できる．ソ連政府は当時，冷戦後の欧州の安全保障の枠組みとして CSCE の強化を主張しており，そのためにも CSCE 首脳会議の早期実現を提案していた．それに対し，NATO 加盟国は CSCE 首脳会議の開催と欧州通常戦力（CFE）削減交渉をリン

---

17)　ゴルバチョフは，CSCE 首脳会議の開催という提案を1989年11月のイタリア訪問の際にも行っていた．このような提案に対し，89年12月の NATO 外相理事会コミュニケでは，92年 3 月からの開催がすでに決定されていたヘルシンキ再検討会議に先立つ CSCE 会議は慎重な準備と明確な目的が必要であるとし，検討するという文言に留められた．

18)　1990年 6 月，CSCE コペンハーゲン（人的側面）会議では，35カ国外相が CSCE 首脳会議の準備委員会を設置し，首脳会議前に米国で外相会議を開催することを決定した．CSCE プロセスで米国が初めてホスト国となった90年10月の外相会議では，同年11月にパリで首脳会議を開催することが合意された．

19)　冷戦後の CSCE/OSCE に関して，欧州の研究者を中心とした論考を集めたものに Bothe, Ronzitti and Rosas eds. [1997] がある．また72年から94年までの CSCE/OSCE について通史的に扱ったものに Hong [1997] がある．

クさせたわけである．それまでの欧州通常戦力削減交渉はソ連の態度が硬化していたため停滞していたが，このリンケージにより CFE 交渉は加速され，CFE 条約及び NATO とワルシャワ条約機構間の不可侵宣言も1990年11月19日に調印され[20]，同日，CSCE 加盟34カ国首脳会議が開幕した．

　この会議が採択したパリ憲章は，ヨーロッパの東西対立の終焉，民主主義の強化，武力行使・威嚇の自制，不戦条約，CFE 条約の調印とドイツ統一の歓迎，CSCE の機構整備等を定めた．パリ憲章の採択から半年後の1991年 6 月，ベルリンで開催された第 1 回 CSCE 外相理事会では，紛争防止，解決機能として，緊急会合の召集などを含む緊急メカニズムの設置や，全欧信頼醸成・安全保障会議（CSBM），コミュニケーション網の緊急時における適用が決定された．

　1991年12月のソ連邦の崩壊直後の92年 1 月のプラハの第 2 回外相理事会では，独立国家共同体（CIS）構成国（グルジアを除く）10カ国の加盟が決定され，加盟国数は48カ国になった（バルト 3 国は91年 9 月のモスクワ人権会議ですでに加盟した）[Kemp 1996：3]．さらに，外相理事会に代えて高級事務レベル委員会を日常的に CSCE の統括機関とすること，人権，民主主義，法の支配などの侵害に関する政策決定における「コンセンサス・マイナス方式（問題の当事国を除外したコンセンサス）」の採用，自由選挙事務所を拡大，改組し，民主制度・人権事務所とすること，自由主義市場経済への以降と発展のための提言及び活動を行う「経済フォーラム」の設立等が決められた．

　さらに1992年 7 月には，51カ国が参加する CSCE 首脳会議がヘルシンキで開催され，紛争対応能力強化を柱とする「ヘルシンキ文書92」が採択された．この会議では，民族紛争多発への懸念と民族主義に対する危機感が表明された．同時に，CSCE が国連憲章 8 章に基づく地域的取り決め（地域的安全保障機構）であり，NATO と協力関係にあること，平和維持機能を備えた機構への改編も明記された．民族紛争の早期解決のために，「少数民族高等弁務官」を新設

---

20)　CFE 条約は，NATO・ワルシャワ条約機構の通常兵力の数量制限・削減，締約国の視察の権利と受け入れ義務などを盛り込んだものであり，両機構間の相互不可侵を誓った不戦条約は22カ国の共同宣言であった．また CFE 関連 3 条約も調印された．国際法の立場から OSCE を扱ったものに Nooy［1996］がある．

し，軍備管理と安全保障のための交渉の場として「安全保障協力フォーラム
〔FSC〕」の設立，CSCE 紛争防止センターの強化等も定められた．

2.2　OSCE への発展

　1994年12月の CSCE 首脳会議は，OSCE への機構化を決定した会議であり，
「ブタペスト文書」が採択された．この会議での合意内容は，機能強化された
対応手段を持つ欧州安全保障協力機構（OSCE）への進展（95年5月発足），独自
の国際連合平和維持活動（PKO）への兵力派遣，国内紛争に対しての軍や治安
部隊の「安全保障の軍事・政治的側面に関する行動規範」，信頼醸成機能の強
化，FSC の任務拡大，21世紀の欧州安全保障モデルの検討，NPT の無期限・
無制限延長，生物科学兵器の開発・生産・貯蔵・使用の禁止と廃棄等であった．
信頼醸成機能強化に関しては，軍事情報の把握と交換を加盟国全域及び海外派
遣軍にも拡大し，陸海空軍全てを対象とすることが決定された．

　ブタペスト文書採択によって，CSCE は国連憲章第8条に基づく地域機関へ
と性格を変え，欧州の地域紛争の予防と処理にあたることになった．それまで
の CSCE は，「国連の欧州版」と評されてきたが，「紛争予防と危機管理の主
要な手段」として機構化された．また「行動規範」は加盟国に軍事力の使い方
を規定し，従来の内政不干渉の原則を変えて国内問題に踏み込んだこと，人権
や基本的自由を遵守することなどを謳った．またロシアの孤立を避けるため，
94年8月にバルト3国からロシア軍が撤退したことを評価するバルト宣言も採
択した．さらに，95年に全加盟国（当時52ヵ国）による「欧州安定協約」を締結
し，96年リスボン首脳会議において，「共通包括安全保障の欧州モデル」宣言
を行った．

　この会議は，CSCE の安全保障機能を一層強化し，機構の充足を意図したが，
それは90年11月のパリ首脳会議とは異なり，ヨーロッパの現状に対する悲観的
認識を強く印象付けた．会議の政治宣言の中には，「市場経済及び社会正義へ
の前途は困難」という認識が示されていた．その背景には，NATO の東方拡
大をめぐるロシアの対立姿勢，旧ソ連や旧ユーゴスラヴィアにおける地域紛争
等があった．

　90年代初頭，CSCE を汎欧州集団安全保障機構（"pan-Europe collective security

organization"）として発展させるべきとする議論があったが，欧州においてはこ[21]のような議論はすぐに影を潜めた．なぜなら，91年以降のユーゴスラヴィアと旧ソ連各地での民族紛争と内戦の勃発に対し，「協調的安全保障機構」としてのCSCEは有効な解決手段を取れなかったからである．米軍を中心としたNATOによるボスニア・ヘルツェゴビナ紛争への介入は，NATOの軍事力のプレゼンスを誇示する結果となった．この点に関してスミス（Martin A. Smith）とタイム（Graham Timmins）は次のように述べた．冷戦の終結は欧州におけるハード・セキュリティの役割が低下するか，あるいはその役割をEUが担うという希望を与えたが，ボスニアとコソボの経験はNATOの重要性を再認識させた［Smith and Timmins 2000：17］．

　「ブタペスト文書」においては，PKOへの兵力派遣が謳われているが，この規定によって「協調的安全保障機構」から「集団安全保障機構」へ発展したとは言えず，地域紛争解決の主体としての地位を確立したわけではなかった．あくまでもOSCEの役割は，NATOの紛争処理活動を補完するものであった．その代表的事例として，紛争終了後のボスニア・ヘルツェゴビナで，OSCEが「デイトン合意」に定められた地域安定化措置を担ったことが指摘できよう[22]．またコソボ紛争においても，OSCEはNATOの活動を補完する役割を担っていた．

21）　前節で見たように，チェコ，ハンガリー，ポーランドなどの政府首脳が主張していた．米国の国際政治学会でもこの議論はあったが，一部には「集団防衛」と「集団安全保障」を混同するものもあったという指摘もある［Kupchan and Kupchan 1991：114-157］．

22）　「デイトン合意」の決定過程と実施に関してはWinn and Lord［2001：Ch. 5］の文献がある．マケドニア共和国におけるOSCEの活動を分析したものに西村［2000］，大庭［2000］がある．CSCE/OSCEは，92年9月からマケドニア共和国に長期滞在使節団として「スコピエ紛争波及防止使節団」を派遣している．マケドニアにおけるOSCEの予防外交の実践は，この長期滞在使節団の活動を軸にして，問題の性質ごとに，少数民族高等弁務官による勧告や調停，民主制度・人権事務所による選挙監視などが行われた．

3．EU の共通外交安全保障政策（CFSP）

3.1　マーストリヒト条約

1970年代から EC 加盟国間の外交政策調整は，EPC（欧州政治協力）が担ってきたが，EPC は NATO との競合を懸念し，軍事防衛問題は協議の対象外としていた。[23] 1987年7月の単一欧州議定書の発効により EPC は法的裏付けを持ち，その議題に「安全保障の政治的経済的側面」が加えられたが，依然として軍事防衛問題は除外された状態にあった［臼井 1995：189-203］．しかしマーストリヒト条約（欧州連合条約）により CFSP（共通外交安全保障政策）が規定され，ここにおいて初めて安全保障に関する全ての議題が加盟国の協議対象となった．マーストリヒト条約第2章「共通外交安全保障政策」第1節第Ⅲ-294条1項で，「対外行動の諸原則および諸目標の文脈において，連合は外交および安全保障政策の全ての領域を対象とする共通外交安全保障政策を策定し実施するものとする．」と規定された．この規定によって，EU は独自の安全保障政策を追求するための法的根拠を得た．つまり，欧州共同体はこれまでタブー視してきた防衛問題を含めた安全保障の全てに関与することが可能になったのである．[24]

ただし留意しなければならない点は，独自防衛体制への法的枠組みが成立したことと防衛体制の実態との区別である．EC/EU はボスニア・ヘルツェゴビナ紛争において，軍事的アセット及び軍事衛星等による情報収集能力に関して

---

23)　NATO との競合を極力避けようとする EU の姿勢はその後も継続し，CFSP は非軍事的危機管理に限定し，集団防衛は NATO に任せていた．他方，EU の独自防衛構想を根拠付ける ESDI（欧州安全保障・防衛アイデンティティ）という概念は，1993年12月の北大西洋理事会コミュニケにおいて公式に登場したものであり，米政府は経費や人的資源の面から EU が独自の安全保障外交政策を進めることを歓迎する姿勢を示していた．しかし ESDI も NATO との補完関係において認めるだけであり，欧州における米国のプレゼンスの放棄を指すものではなかった．この点は，コソボ紛争における米国の軍事的関与が示す通りである．

24)　冷戦後の EU の安全保障政策を扱っている文献に，Winn and Lord［2001］，Spering ed.［1999］，Gartner［2001］がある．また1950年代初頭から80年代初頭までの「政治安全保障連合（Political-Security Union）」の模索から冷戦後の CFSP まで通史的に扱っているものに，Tsakaloyannis［1996］がある．

米軍に依存しなければならなかった．その結果，独自防衛力構想に対し最も積極的であった仏政府でさえ，NATO の枠外に完全に独立した防衛体制の整備は現実的な選択肢ではないことを認めるようになった［Pappas and Vanhoonacker 1996：7-8］．

　他方，クリントン政権は欧州防衛の中核に NATO を位置づけながら，限定的に ESDI（欧州安全保障・防衛アイデンティティ）を認める政策に転じた[25]．1994年1月の NATO 首脳会議において，ESDI を明確に認め，NATO の同盟国が参加しない平和支援作戦を実施することを可能とする「共同統合任務部隊（CJTF）」の導入を決定した．CJFT の導入により，欧州の NATO 加盟国は，「西欧同盟（WEU）」指揮下の平和維持活動（米軍不参加）に取り組むことが可能となり，欧州独自防衛への道を切り開くものとなった[26]．

3.2　EU の独自防衛力の進展

　1998年10月，ペルチャッハでの非公式欧州理事会において，ブレア英首相は，EU が危機管理のための独自防衛力を有するべきであると発言した．同年12月のフランスのサンマローにおいて英仏首脳会議が開かれ，国際的危機に対処するために，EU が信頼できる軍事力に支えられ，自律的な行動を取れる防衛能力を有すべきとする共同宣言を行った．それまで米国との関係から NATO を重視し，独自防衛力整備を唱えていた仏政府に対しても牽制的であった英政府がこのような姿勢を示したことは，EU の独自防衛力構想にとって大きな転機

---

25)　ESDI は，「NATO と WEU の相互補完関係（complementarity）の重要性を確認する文脈の中で初めて公式に登場した言葉」であり，米政府は「経費や人的資源の面からは，ヨーロッパ諸国が EU を軸とした独自の安保外交政策を進めることを歓迎する一方で，こうしたヨーロッパ諸国の動きを NATO の枠組みの中にとどめ置こうと企図したのである」［金子 2000：44］．つまり米政府にとって ESDI は NATO との補完関係において認められるだけであり，欧州におけるアメリカの軍事的プレゼンスの放棄を指すものではなかった．

26)　CJTF の導入によって，仏政府は NATO 内部で ESDI を構築する方向に転じたと考えられる．これを契機として仏政府は NATO へ接近し，仏政府は，ボスニアの平和維持活動に地上軍の主力を出していた．この作戦が NATO で議論される場合は軍事委員会に出席する方針に転換し，1994年9月には NATO 国防大臣会議に仏国防大臣が28年ぶりに出席した．

となった.

　ブレアは，欧州の自律的防衛力をあくまでNATOを補完するものと位置付けたが，米国が関与しない場合にも，EUは自律的に軍事行動をとる必要があると主張した［*International Herald Tribune*, 14,15/01/1998］[27]．ブレア提案の直接的な背景としては，ボスニアやコソボ紛争において欧州は有効な影響力を発揮できなかったことへの反省があり，軍事力によって支えられない欧州の発言は信憑性を持って受け取られないという危機感があったと指摘された［植田 1999：198］.

　このようなブレアの提案によって，EUの独自防衛力構想は大きく進展した.98年のサンマロー英仏首脳会議の翌年，ケルン欧州理事会（99年6月）において，WEU（西欧同盟）のEUへの統合が決定され，EUに軍事行動力を与えることで加盟国首脳は合意した．ケルン欧州理事会の最終合意文書において，EUが国際舞台において十分な役割を果たすべきであるという認識を示し，紛争を防止し，ペータースベルク任務（人道的救済，平和維持活動，危機管理における戦闘部隊の任務）による責任を果たすために必要な手段と能力を与えることを宣言した［European Council 1999b］.

　この目的においてEUは，NATOの行動を損なうことなく，軍事力に支えられた自律的防衛能力とこれを発動する権限を有し，国際危機に対処する能力を備えるべきとされた．このために，インテリジェンス機能（情報収集力），輸送，指揮統制面での強化の必要性を記していた．その他，欧州防衛産業及びテクノロジー強化の観点から欧州の防衛産業の再編についても言及した[28].

　99年12月のヘルシンキ欧州理事会において，2003年までに上記のペータースベルク任務を目的とした即応部隊を5〜6万人規模（60日以内に配備，最低1年以上駐留）でEUに創設することが合意された．EUはNATOとの協力関係を維持する一方で，「独自の防衛体制」[29]の形成に着手したのである[30]．さらに2000年11月にブリュッセルで開かれた国防相・外相理事会において，ヘルシンキでの

27）　ただしEUの独自防衛力をNATOの枠に位置づけようとする英政府の姿勢は，その独自性を主張していた仏政府とかみ合うものではなく，英仏政府間で意見調整の余地はあった.

28）　欧州防衛産業の再編に関して，臼井［1999：242-260］がある.

合意内容の実現を確認し，独，仏，英，伊が各々1万人以上の兵士を派遣することが合意され，中東欧各政府も協力を表明した．チェコ，ハンガリー，ポーランド，スロヴァキア，エストニアの各政府が兵士派遣の意思を表明した［*Financial Times* 21/11/2000］．これら中東欧各政府は，EU加盟の前段階において，EUの安全保障政策への協同姿勢を明確にしたのである．しかしその後の即応部隊に関しては，作戦遂行能力を持たせるには至らないまま経過した．ようやく2022年3月にEU外相・国防相理事会で，2030年までの安全保障戦略となる「戦略羅針盤」を採択し，5000人規模の即応部隊の創設が改めて決定された．ただしこの部隊の役割も，欧州の集団防衛の基盤としてのNATOを補完するものであることが明記されていた．

　最後に，EUの東方拡大との関係について触れたい．EUの東方拡大の経済的側面に関しては6章で検討したが，中東欧諸国は単一市場への参入にとどまらず，外交・防衛政策においてもEUと協同することになる．EUと中東欧の候補国との加盟に向けた31項目にわたる交渉において，CFSPに関しては，早い段階で中東欧全10カ国がEUとの交渉を終了していた．旧ソ連陣営であった中東欧が経済的パートナーになるだけではなく，政治・軍事的パートナーとなることにより，EUの安全保障体制は強化されると考えられた．また旧ユーゴスラビアで起こったような地域紛争に対応するためのコストを考えれば（軍事介入と平和維持活動及び難民保護のコスト等），東方拡大は一層重要な意味を持って

---

29)　部隊に創設により，国際危機に対処するための「EU主導の軍事作戦」は遂行可能となる一方で，米政府の懸念を考慮し「欧州軍（European Army）の創設を目指す意図がないことを言明した」［金子 2008：308］．

30)　EUが独自防衛構想に向かった背景として，ホフマンはコソボ紛争における米欧間の対立と米国側の高圧的な外交姿勢を指摘した［Hoffmann 2000：194-198］．また，コソボ紛争はEUの軍事的対米依存とEU諸国軍の脆弱性（衛星偵察能力の欠如，重装備空輸システムの不備，遠距離攻撃用兵器不足等）を露呈したことも，欧州の指導者を独自防衛構想に向かわせる要因となった．98年12月の英仏首脳によるサンマロー宣言に至る背景には，このような事情があったと考えられる．

　またCFSP上級代表のソラーナ（J. Solana）はEU独自の防衛構想に懸念を表明する米政府に対し，EUが独力で対処することにより米国は全ての紛争に介入する必要がなくなることを米国側の利点として指摘し，EU独自の防衛構想が「両者の利益（"win-win situation"）」となることを強調した［*The Guardian* 25/5/2000］．

いた.

NATO と EU の拡大に関しては，中東欧諸国が双方に加盟することによって政治・経済的に安定し，地域紛争の可能性が減少すると想定されていた．ハンガリー，ポーランド，チェコの NATO 加盟（99年3月）を皮切りに，2002年11月に開かれた NATO 首脳会議において，バルト3国を含む中東欧7ヶ国の NATO 加盟が決定された．NATO と EU の拡大は，相互補完的に中東欧の政治的安定に寄与すると考えられていた．この点に関して，スパリング（James Sperling）は，「欧州の安全保障秩序は，NATO と EU が並行的に拡大することによって最も安定する」と指摘した［Spering, ed. 1999 : 7］.[31]

さらに加盟のために要求される基準の中に民主主義の確立，マイノリティの保護等が含まれていた（図5-1）．つまりこれらの基準を満たし，加盟を実現するためには国内の政治的安定は不可欠であり，中東欧各政府はマイノリティに配慮した政策を実施する必要があった．[32] そして加盟後も中東欧の政治状況は EU の監視下に置かれることになり，東方拡大は，中東欧での地域紛争による膨大な潜在的コストを回避するための予防外交としても位置付けることができたわけである.

おわりに

本章では，1990年代から2000年代前半までの欧州の安全保障体制に関して考察した．ワルシャワ条約機構の解消の後，不要論まで叫ばれた NATO も旧ユーゴスラビア紛争においてその存在意義を示す結果となった．これは同時に，欧州における米軍への依存を，EU の政治指導者に再認識させ，英仏政府主導

---

31) ただしスパリングの考察は，NATO が軍事面を担い，EU が経済面を担当するといった図式に基づいており，EU 独自の防衛力構想は軽視している.

32) 1997年の欧州委員会の意見書では，ハンガリー系マイノリティの言語使用に関する法的不整備等を理由として，スロヴァキアが加盟候補国の中で唯一，政治的基準が満たされていないと判断された［European Commission 09/1997b : 15-20 ; 75-79］．99年の意見書（*Regular Report*）以降，スロヴァキアは政治的基準を満たしているが，欧州委員会による97年の判断はマイノリティの権利保護を重視する姿勢を中東欧各政府に対し印象付けた.

の欧州独自防衛力構想による即応部隊創設が決定されるに至った.

　OSCE は, マケドニア共和国における紛争予防活動に代表されるように, 「協調的安全保障機構」として NATO のハード・セキュリティを補完する役割を果たしていた. また「NATO・ロシア理事会」の創設により, NATO とロシアの協調関係が進展していたが, 第 1 次プーチン政権の対欧米協調姿勢が示されていた2000年代前半は, ロシアが NATO に加盟する可能性すら存在していたというのが筆者の見解である（本章1.2節）.

　1990年代の国際社会は, 新しいゲームのルールを創出している過程にあった. 西欧においては冷戦期から時間をかけて統合が進み, 関税同盟, 単一市場, 経済通貨同盟による経済面での制度化と EPC（欧州政治協力）, CFSP による政治的制度化とが両輪となって進行していた. さらに冷戦後, EU は中東欧への拡大という歴史的課題を実現する過程にあった.

　当時の欧州の安全保障は, ハード・セキュリティにおいてはロシア政府との協力関係を制度化した NATO が担い, また EU も地域紛争に対応し得る程度の防衛力を整備する構想が生まれ, OSCE は「協調的安全保障」としてソフト・セキュリティを担い, 双方の補完的役割を担うという重層的な構造になっていた. しかしこの体制が, ロシアと NATO の政治軍事的安定に寄与していた期間は, 20年に満たなかったことも注記すべきことだろう.

　2022年 3 月に EU 外相・国防相理事会で, 30年までの安全保障戦略となる「戦略羅針盤」を採択し, 5000人規模の即応部隊の創設が改めて決定された. ただしこの部隊の役割も, 欧州の集団防衛の基盤としての NATO を補完することが明記されており, NATO に依存する姿勢は継続されている. 次章では, 冷戦期と冷戦後を通じて, 中東欧に対する EC/EU の経済外交戦略の連続性を取り上げる.

終 章

EC/EU の東方経済外交の連続性
—— 冷戦期の「東西欧州貿易」と EU 東方拡大をつなぐ視点 ——

は じ め に

　ドイツ統一の後，EU にとって残された歴史的課題が東西欧州の統一であった．他方，中東欧にとって伝統的欧州への回帰は，単に経済的欲求だけではなく，文化的・心理的欲求に根ざしていた．つまり東西欧州分断という特異な経験を強いられたことに対する反動が，「拡大と回帰」の動きとして現れていたといえるだろう．2004年に EU は，中東欧 8 カ国を新加盟国として迎え入れた．中東欧という旧共産圏諸国を段階的に EU へ加盟させるこの計画は，当時のEU と中東欧双方に対し重大な課題を突きつけていた．EU にとっては，農業支出を中心とする財政改革，政策決定に関する制度改革，欧州委員会等の機構改革であり，中東欧にとっては，加盟のために要求される政治，経済，法的基準を満たすことであった（5章）．

　EC は1980年代の南欧への拡大に際して，南欧と EC 加盟国の経済格差是正のために開発支援（構造政策等）を行ってきた．仮に EU が中東欧に対しても当時の基準で構造政策を適用するのであれば，南欧諸国よりもはるかに経済水準の低い中東欧に対する財政支援は一層必要となることが見込まれた．中東欧の1 人当たり GDP 平均（99年）は，購買力平価換算でも EU 平均の41.6%（加重平均値）[1] しかなかった．しかも中東欧諸国は計画経済から市場経済への転換途上にあっただけではなく，民主主義の定着，人権の尊重，法制度の整備，環境問題等，多くの困難な課題を抱えていた．また共通農業政策（CAP）を中東欧

　1）　この計算は各国 GDP の規模によって加重し筆者が算出した．

に適用すれば，ポーランドを始めとする中東欧農業国に対する支出が年間110億 ECU（欧州委員会97年試算）となり，EU 財政を圧迫することが予想された．この金額は，99年の EU 予算の12.6％に相当するものであった．

　それでは，EU はなぜこのような財政コストを負担しても，東方拡大を実行したのであろうか．換言すれば，拡大に伴う財政コストに釣り合う利益を，EU 各国首脳や欧州委員会はどのように確保する計画だったのだろうか．

　拡大に関する費用便益分析は 6 章で行ったが，EU の拡大戦略を理解するには，安全保障面から見た分析が必要となる．中東欧諸国が EU に加盟することは，EU の単一市場に参入するだけではなく，共通外交安全保障政策（CFSP）においても EU と同調することを意味していた．冷戦時代に旧ソ連陣営に組み込まれていた中東欧が，外交・安全保障政策においても EU と協同するということは，EU にとって重要な政治的意味を持っていた．中東欧の新加盟は，EU にとって単一市場の拡大という経済的利益にとどまらず，政治的利益をもたらすことになる．90年代に分裂した旧ユーゴスラビアを始めとする中東欧において，21世紀においても地域紛争が起きた場合に対処するコスト（軍事介入，平和維持活動及び難民保護のコスト等）を考えれば，拡大による経済コストは相対的に安価なものとなろう[2]．そしてこのような東西欧州統一へ向けた動きは冷戦終結後，突如生まれたものではなく，2 章〜 4 章で見たように冷戦体制下の「東西欧州貿易」がその基盤を形成していたのである．

　また，90年以降の EU の対ロシア外交を見ても，2022年 2 月のロシア軍によるウクライナ侵攻までは，天然ガス輸入を始めとする貿易，融資，直接投資等を軸とした経済取引が活発に行われていた．他方，ロシア政府も2000年代前半までは，欧米との政治・経済的パートナーシップの確立を重要視していた．ロシア政府は，NATO の東方拡大（99年 3 月にチェコ，ハンガリー，ポーランドが加盟）を認めるなど欧米に対し譲歩し，さらに2002年 5 月，NATO とロシアの

2）　軍事介入等のコストは介入の規模と期間，地上軍派遣の有無，紛争当事国政府の対応，難民の規模等，平和維持軍の規模と期間等，様々な要因によって影響されるため，拡大の財政コストと簡単には比較し得ない．しかし旧ユーゴスラビア紛争の例を見ても，拡大は EU の指導者にとって危機管理の手段としても魅力的な選択肢であったといえるだろう．

協力関係が制度化され，NATO・ロシア理事会（NATO-Russia Council）の新設が正式に調印された．これによりロシア政府は NATO における協議，意思決定において対等の発言権（集団防衛案件等を除く）を獲得し，拒否権こそ認められていないが，「準加盟国的地位」を得たという評価も当時は存在していた [NATO 28 May 2002；*Financial Times* 28/05/2002]．2002年の NATO・ロシア理事会の発足は，ロシアを欧米の軍事的枠組の中に引き入れるものであり，米・ロ間の政治的緊張の解消へ向けた措置となる可能性も，2000年代前半までは存在していたと考えられる（7章）．

89年12月のマルタ会談における米ソ両首脳による「冷戦の終結宣言」により，冷戦は終結したと一般的に捉えられている．しかし冷戦の本質は，米ソの政治的・軍事的対立だったわけであり，米・ロ間の対立が解消されなければ，冷戦は継続していることになる．2022年2月のロシア軍によるウクライナ侵攻の背景には，NATO の東への拡大があり，ソ連邦の崩壊後，米・ロ間の政治的緊張度は低減したが，解消されたわけではなかった．

1．EU における東方拡大の経済的利益

EU の経済的利益としては，単一市場の拡大による貿易コストの軽減と規模の経済効果，世界市場における EU の位置付けの強化，人的資源（質の高い労働力等）の利用が指摘できる．EU は貿易経済協力協定を格上げして，1991年12月にハンガリーとポーランドとの間に欧州協定を締結した．この欧州協定は，政治対話，財，サービス，人，資本等の自由移動，経済協力，文化協力，財政協力にわたる広範な協力協定であった．当初，欧州理事会及び欧州委員会は将来的な加盟を約束する文言の記載を拒んでいたが，中東欧各政府の強い要望を受け，その前文には将来的な欧州共同体への加盟が明記された．このように中東欧各政府の「欧州への回帰」へ向けた熱意に押される形で，東方拡大の計画は開始されたわけである．

3）　この理事会に対する評価は分かれており，同盟の根幹に関わる戦略概念の策定，共同防衛体制をめぐる審議からロシアは除外されていた点を重視し，「準加盟」という評価に対する疑問も提示されていた［金子 2008：335-337］.

貿易分野において EU と中東欧は，この欧州協定によって原則的に自由貿易関係にあり，すでに EU は対中東欧貿易で大幅な黒字を計上していた．98年における EU の対中東欧貿易での黒字額は，221.7億ユーロとなっており，最大の貿易相手国であるポーランドとは119.5億ユーロの黒字であった（6章3.1節）.

　また，中東欧の高い教育水準に裏打ちされた良質で安価な労働力は，生産拠点の移転を狙う欧州の多国籍企業にとって大きな魅力となっており，この点は特に，南東欧（ブルガリア，ルーマニア等）への投資動機の最上位にあった［EBRD 2000：116-117]．中東欧へ投資する企業の動機としては，その他に中東欧市場へのアクセス，本国市場との接近，優遇税制等もあった［EBRD 2000：116-117]．中東欧諸国が単一市場に入ることで資本移動の自由が保障され，投資に伴うリスクが大幅に軽減されることは在欧州企業の投資をより促進していた.

　さらに，経済的格差が広がるという予測すら一部に出されていた南欧への拡大が一定の成果を上げ，キャッチアップが比較的順調になされた背景には在欧州企業の対南欧投資の効果が指摘できる．これと同様，1990年代に活発化した在欧州企業による対中東欧投資は，中東欧の経済成長を牽引する要因となった．特に，銀行，電力，通信等の主要な国営企業を外国資本に売却したハンガリーやポーランドのようなケースでは，FDI が民営化の直接的な原動力となっていた.

　ただし EU 財政上の費用便益の観点から見れば，中東欧諸国に対しては，加盟前援助と FDI 等によって牽引される経済発展を見守り，その後で拡大計画を実行に移す方が経済合理性に適った戦略といえただろう．しかし2001年6月のイエーテボリ欧州理事会では，04年6月の欧州議会選挙前に東方拡大を実行することが合意された［European Council 15&16 June 2001：2]．それではなぜ，EU は比較的短期間に，東方拡大の実現に向けて動いたのであろうか．EU の東方拡大を理解するには，外交・安全保障面から見た説明が必要となる.

2．EC/EU の東方経済外交

2.1　冷戦下の「東西欧州貿易」における EC の東方経済外交
第2次大戦後，欧州は米ソ冷戦により東西に分断された．欧州の歴史におい

て東西分断という事象はきわめて特殊な経験であり，それ故その引き金となった冷戦構造が崩れると即座に，その特殊性を払拭しようとする動きが欧州において顕在化したのは自然なことであった．この動きを西欧から見れば EU の東方拡大となり，中東欧から見れば「欧州への回帰（"Return to Europe"）」として表現された．つまり東西欧州分断という特異な枠組みに押し込められていたことに対する反動が，「拡大と回帰」として現れたのだった．

　それではこのような動きは，冷戦の崩壊によって突然生まれたのであろうか．本書では，冷戦初期から東西欧州双方に「拡大と回帰」へ向かう動機が存在し，冷戦後においてこの動きが顕在化したと考える．冷戦下での「東西欧州貿易」が，この点を明示している．2 章で検討したように，ココム（対共産圏輸出統制委員会，1949年11月発足）規制によって貿易が停滞したのは50年代前半の僅かな時期でしかなく，54年 8 月のココムリスト改正を契機として増大傾向に転じた．この傾向は，停滞状態にあった米・コメコン間貿易とは対照的な動きであった．西欧各政府には，冷戦初期から欧州における米政府の外交戦略を相対化する意図が存在し，対コメコン諸国との関係において貿易を軸とした中長期的宥和外交を行っていたといえるだろう[4]．また中東欧が西欧との経済的相互依存関係を積極的に推し進めていた動機は，西欧から輸入する高度技術品[5]と輸出による外貨獲得が第一義的な目的だったのではなく，欧州への回帰を目指した歩みが経済領域において開始されていたと見ることができよう．

　79年12月のソ連軍によるアフガニスタン侵攻を契機として米ソ間の緊張が高

---

4)　2 章でも触れたが，この点がより鮮明に表れるのが，西独のブラント首相によって着手され，その後シュミット首相に受け継がれた東方外交である．ギャッジー（Anthony Gadzey）は，西独政府の東方外交の動機を次のように説明している．西独政府は，60年代に米国核戦略の手詰まり状況を見て，ドイツ統一のためには「冷戦自体の最終的解決」が不可欠であるという認識に立ち，アメリカの対ソ連戦略に替わるオルタナティヴを必要としていた［Gadzey 1994：178-179］．

5)　1984年 7 月にコンピューター輸出を自由化する代わりに，ソフトウエアーとテレコム技術に関して新たな制限を設けるという妥協がアメリカ政府と西欧諸国政府との間で成立した（*Financial Times*, 16/07/1984. *New York Times*, 17/07/1984）.

　　ココムに関する決定は非公開であるが，82年から84年にかけて，3 回のココム交渉が開かれ，コンピューター製品等に関する規制が強化され，特に80年にココムの例外規定が対ソ連輸出に関しては廃止されたといわれている［Mastanduno 1988：267-268］．

まり，翌年に米政府による対ソ連経済制裁が行われ，EC もこれに形式的に同調した．しかし 3 章で検討したように，80年においても西欧とコメコン諸国の貿易が大きく進展した事実は西欧の外交戦略が米政府の意向に左右されないだけの自律性を獲得し，またソ連・中東欧にもこれに呼応する関係が確立されていたと考えるのが適当であろう．この点に関し，シュメリョフ（Nikolaj Shmelyov）は，「東側も西側経済との互恵的協力関係が平和共存とデタントの物的基盤（"material foundation"）を提供し，（中略）政治的局面での相互に受け入れ可能な解決策を見い出すのに役立つ」という認識を有していたと指摘した［Shmelyov 1983：65］．

　もっともアフガニスタン問題を契機として EC とコメコンの非公式交渉も凍結され，また70年代にソ連軍により配備された SS20 に対抗し，83年に中距離核ミサイルの西欧配備を西欧各政府が承認したことによって，西欧とコメコン諸国との軍事的緊張が高まったことも確かである．しかしこの政治・軍事的緊張によって，西欧とコメコンの経済関係が切断されることがなかったのはなぜだろうか．この事象を説明するには，両者の経済関係が軍事的緊張に対する緩衝材として機能しており，双方の指導者もそのことを外交戦略として意識していたと考えるべきであろう．

　このような経済を軸とする西欧とコメコン諸国の友好関係が，政治的関係において公式に樹立されたのが，88年の「ルクセンブルグ宣言（EC・コメコン間の公式関係樹立の共同宣言）」である．ゴルバチョフ書記長の新思考外交により，それまで凍結されていた EC とコメコンの非公式交渉が86年 9 月に再開された．88年 6 月，EC とコメコンは「ルクセンブルグ宣言」に調印し，両機構の協力関係を正式に樹立した．この宣言によって，それまで EC の公式承認を拒んできたコメコン諸国がその外交姿勢を大きく転回させたのである．

2.2　中東欧加盟と EU の東方経済外交

　EU の東方拡大が「欧州の平和と安全」に寄与するということは，繰り返し欧州委員会が指摘していたが［European Commission 1997a：95-96］，第 2 次大戦後 EC/EU は，この概念を具体化する努力を積み重ねてきた．本節では，まず EC/EU の外交政策に関する協議機構の発展を見ていきたい．

　1970年代から EC 加盟国間の外交政策調整機能は，EPC（欧州政治協力）が担ってきた．しかし EPC は NATO との競合を懸念し，軍事防衛問題は協議の対象外とされていた[6]．87年7月の単一欧州議定書の発効により EPC は法的裏付けを持ち，その議題に「安全保障の政治的経済的側面」が加えられたが，依然として軍事防衛問題は除外された状態にあった［臼井 1995：189-203］．

　マーストリヒト条約（93年11月発効）により CFSP（共通外交安全保障政策）が規定され，ここにおいて初めて安全保障に関する全ての議題が加盟国の協議対象となった．CFSP がアムステルダム条約（99年5月発効）によって強化された後，ケルン欧州理事会（99年6月）において西欧同盟（WEU）の EU への統合が決定され，加盟国首脳は，EU に軍事行動力を与えることで合意した．99年12月のヘルシンキ欧州理事会において，ペータースベルク任務（人道的救済，平和維持活動，危機管理における戦闘部隊の任務）を目的とした即応部隊を2003年までに5～6万人規模（60日以内に配備，最低1年以上駐留）で EU に創設することが合意された．EU は NATO との協力関係を維持する一方で，独自の防衛体制の形成に着手したのである[7]．CFSP 上級代表のソラーナ（J. Solana）は，EU 独自の防衛構想に懸念を表明する米政府に対し，EU が独力で対処することにより全ての紛争に介入する必要がなくなることをアメリカ側の利点として指摘し，EU 独自の防衛構想が「両者の利益（win-win situation）」となることを強調した［*The Guardian*, 25/05/2000］．さらに2000年11月にブリュッセルで開かれた国防

　6）　NATO との競合を極力避けようとする EU の姿勢はその後も続いており，CFSP は非軍事的危機管理に限定し集団防衛は NATO に任せている．他方，現在の EU の独自防衛構想を根拠付ける ESDI（欧州安全保障・防衛アイデンティティ）という概念は本来93年12月の北大西洋理事会コミュニケにおいて公式に登場したものであり，米政府は経費や人的資源の面から EU が独自の安全外交政策を進めることを歓迎する姿勢を持っていた．しかし ESDI も NATO との補完関係において認めるだけであり，欧州における米国のプレゼンスの放棄を指すものではなかった．このことはコソボ紛争における米国の軍事的関与が示すところである．

　7）　EU が独自防衛構想に向かった背景としてホフマンは，コソボ紛争における米欧間の対立とアメリカ側の高圧的な外交姿勢を指摘した［Hoffmann 2000：194-98］．またコソボ紛争は，EU の軍事的対米依存と EU 諸国軍の脆弱性（衛星偵察能力の欠如，重装備空輸システムの不備，遠距離攻撃用兵器不足等）を露呈したことも欧州の指導者を独自防衛構想に向かわせる要因となった（1998年12月の英仏首脳によるサンマロー宣言）．即応部隊は作戦遂行能力を持たないまま経過したが，これについては7章4.2節参照．

相・外相理事会において、ヘルシンキでの合意内容の実現を確認し、独、仏、英、伊が各々１万人以上の兵士を派遣することが合意され、中東欧各政府も協力を表明した。中東欧諸国はEU加盟によって、単一市場への参入にとどまらず、外交・防衛政策においてもEUと協同することになる。

表終-1は、2000年11月時点での加盟候補国の評価を表したものである。政治的基準は全候補国が満たしているが、経済的基準とアキの受容に関しては、ブルガリア、ルーマニアに厳しい評価がなされており、この２国が04年加盟か

8) チェコ、ハンガリー、ポーランド、スロヴァキア、エストニアも派遣の意思を表明したことは注目すべきさである（*Financial Times*, 21/11/00）。つまりこれらの中東欧各政府は、EU加盟の前段階において安全保障政策に関してEUと共同する意思を明確にしたのである。

表終-1　加盟候補国の評価 (2000年11月)

	政治的基準	経済的基準	アキ受容
ブルガリア	○	×'	×'
チェコ	○	○'	△
エストニア	○	○'	△
ハンガリー	○	○'	○'
ラトビア	○	△	△
リトアニア	○	△	△
ポーランド	○	○'	△
ルーマニア	○	×	×'
スロヴァキア	○	△	△
スロヴェニア	○	○'	△
キプロス	○	○	△
マルタ	○	○	△

○＝基準クリア
○'＝短期的実現
△＝中期的実現
×'＝中期的には困難
×＝相当な努力が必要

注）アキ受容に関しては、基準達成時期に関する評価はなされていない。この表でハンガリーを○'と判断した理由は「加盟準備として良好なレベルに達している」という表現が用いられていることにある。
出所）European Commission. *Regular Report* 2000各国版より作成.

ら外さることを示唆する内容であった．**表終-2**は2000年12月時点での加盟交渉の進捗状況を示しており，31項目にわたる加盟交渉の中でCFSP.に関しては，中東欧全10カ国がすでにEUとの交渉を終了していた．冷戦時代，ソ連陣営に組み込まれていた中東欧が経済的パートナーになるだけではなく，政治・軍事的パートナーとなることは，「不戦共同体」の範囲が拡大することを意味する．さらに，旧ユーゴスラビアで起こったような地域紛争に対応するためのコスト（軍事介入，平和維持活動及び難民保護等）と比較すれば，東方拡大は欧州の安全保障秩序を維持するために，「相対的に安価な」予防外交措置としても機能することが期待されていた．

　さらに加盟のために要求される基準の中に，民主主義の確立，マイノリティの保護等が含まれていた（5章1節）．つまり，これらの基準を満たすためには国内の民主的安定は不可欠であり，中東欧各政府はマイノリティに配慮した政策を行わなければならなかった．例えば97年の欧州委員会の意見書では，ハンガリー系マイノリティの言語使用に関する法的不整備等を理由として，スロヴァキアが加盟候補国の中で唯一，政治的基準が満たされていないと判断された［European Commission 09/1997b：15-20,：75-79］．99年の意見書以降，スロヴァキアは政治的基準を満たしていたが，欧州委員会による97年の判断は，マイノリティの権利保護を重視する姿勢を中東欧各政府に対し印象付けたわけである．

　そして中東欧の政治経済情勢は，加盟後もEUの監視下に置かれることになり，状況によっては是正勧告等の措置も発動されることになる．このように東方拡大は，マイノリティ問題等に起因する地域紛争による膨大な潜在的コストを回避するための予防外交としての意味もあった．

　冷戦体制下においても進展していたECと中東欧との経済関係は，冷戦後，より活発になった．冷戦下においては異体制間貿易という特殊な形態として行われていたEC・中東欧間貿易が，冷戦後の体制転換によってその特殊性が払拭されたことにより，さらに強化されたといえるだろう．西欧と中東欧の経済的結束は，冷戦期の「東西欧州貿易」を通じて醸成され，1990年代において加速的に進展したわけである．

　ただし，90年代のEU・中東欧間貿易とEUの対中東欧投資の活況は，89年の東欧市民革命とそれに続くソ連邦崩壊によって突然生じたものではない．冷

表終 - 2　加盟交渉進展状況

（2000年12月31日時点）

交渉項目	加盟候補国											
	Cyp	Cze	Es	Hun	Po	Slove	Bu	La	Li	Mal	Rom	Slova
1．財の自由移動	X	X	X	X	X	X	O	X	X	X	—	X
2．人の自由移動	X	X	(X)	X	(X)	X	O	X	X	X	—	X
3．サービスの自由移動	X	X	X	X	X	X	X	X	X	X	—	X
4．資本の自由移動	X	X	X	X	(X)	X	X	X	X	O	O	X
5．会社法	X	X	X	X	X	X	X	X	X	X	X	X
6．競争	O	O	X	O	O	X	O	X	X	O	O	O
7．農業	O	O	O	O	O	O	—	O	O	O	O	O
8．漁業	X	X	X	X	X	X	X	X	X	X	X	X
9．運輸	X	O	O	O	O	O	O	O	O	X	O	O
10．税制	O	X	O	X	O	X	O	O	O	O	O	(X)
11．経済通貨同盟	X	X	X	X	X	X	—	X	X	X	—	X
12．統計	X	X	X	X	X	X	X	X	X	X	X	X
13．社会政策	X	X	X	X	X	X	X	X	X	X	O	X
14．エネルギー	X	X	O	X	X	X	X	O	X	O	—	X
15．産業政策	X	X	X	X	X	X	X	X	X	X	—	X
16．中小企業	X	X	X	X	X	X	X	X	X	X	X	X
17．科学研究	X	X	X	X	X	X	X	X	X	X	X	X
18．教育と訓練	X	X	X	X	X	X	X	X	X	X	X	X
19．通信情報技術	X	X	X	X	X	X	X	O	X	X	O	X
20．文化とオーディオビジュアル政策	X	X	X	O	X	X	X	X	X	X	O	X
21．地域政策	O	O	O	O	O	O	O	O	O	O	—	O
22．環境	X	O	X	X	X	X	X	X	O	O	—	X
23．消費者保護	X	X	X	X	X	X	X	X	X	X	X	X
24．司法内務協力	X	X	O	X	O	X	O	O	O	O	—	O
25．関税同盟	X	X	O	X	X	X	X	X	O	O	O	X
26．対外関係	X	X	X	X	X	X	X	X	X	X	X	X
27．共通外交安全保障政策	X	X	X	X	X	X	X	X	X	X	X	X
28．金融規制	X	X	X	X	X	X	O	X	O	X	—	O
29．予算	O	O	O	O	O	O	O	O	O	O	—	O
30．制度	—	—	—	—	—	—	—	—	—	—	—	—
31．その他	—	—	—	—	—	—	—	—	—	—	—	—
交渉開始項目	29	29	29	29	29	29	26	29	29	29	17	29
交渉終了	24	24	20	23	19	25	13	22	21	19	9	21

o：交渉中
x：暫定的交渉終了
(X)：暫定的交渉終了（EU の終了提案を候補国受け入れず）
—：交渉前

Cyp	キプロス	Bu	ブルガリア
Cze	チェコ	La	ラトヴィア
Es	エストニア	Li	リトアニア
Hun	ハンガリー	Mal	マルタ
Po	ポーランド	Rom	ルーマニア
Slove	スロヴェニア	Slova	スロヴァキア

出所）European Commission, *General Report* 2000 （www.europa.eu.int/abc/doc/off/rg/en/2000/pt0703.htm，2002年11月8日閲覧）

戦期の「東西欧州貿易」を土台として，東西欧州の経済関係は形成されていたのである．この点において，東西の通商関係を政治的宥和策として用いた EC/EU の東方経済外交は，冷戦期と冷戦後において連続性があると考えられる．「東西欧州貿易」は，冷戦と冷戦後を通じて東西欧州の通商関係における連続性を示す事象であり，さらにこの貿易を支えた EC/EU の東方経済外交も同様に，連続性があったといえるだろう．

　4 章でも触れたが，この点に関してクロフォードは次のように分析した．「冷戦期において西欧が東側との経済的結びつきを維持しようとした戦略は，90年代に入り東西の断絶が解消されるに伴い，東西貿易において西欧が強力な立場にあったことを説明する上で有益である．新時代においてソ連・中東欧との新たな貿易秩序を創るにあたり西欧諸国が主導的立場を担うのも，第 2 次大戦後，西欧が一貫して追及してきた『独自戦略（"strategies of self-assertion")』に起因するのである」[Crawford 1990：279][9]．

　クロフォードは「連続性」という表現を用いていないが，冷戦後の対ソ連・中東欧貿易における西欧の主導的役割を理解するには，冷戦期を通じて西欧が追及していた独自の通商戦略を踏まえなければならないと指摘したのである．この点において，クロフォードも冷戦期と冷戦後を通じて西欧の東方経済外交には「連続性」が存在するという認識を持っていたと考えられる．

お わ り に

　本書は，2 〜 4 章で扱った冷戦体制下の「東西欧州貿易」と 5・6 章で扱った冷戦後の EU 東方拡大の分析を踏まえて，以下の点を示した．EU の東方拡大は，1990年代に外交交渉の場に現れた課題であるが，冷戦初期から東西欧州双方に「拡大と回帰」を目指す動機が存在し，「東西欧州貿易」として体現されていたこの志向が冷戦後に顕在化したのである．つまり「冷戦期の『東西欧州貿易』」は，冷戦後の EU 東方拡大の経済的基盤を形成しており，この点にお

9）　東西経済関係においてクロフォードは，一般的な「東西貿易」という用語を使用していた．

いて，EC/EU の東方経済外交には，冷戦期と冷戦後を通じて連続性が存在する」ということが本書の主張である．

　また EU は，東方拡大によって中東欧に対する公的資金移転（農業補助金と開発支援等）という財政コストを強いられるが，中東欧加盟による政治・安全保障上の利益を優先する選択を行ったと見ることができる．さらに東方拡大は，中東欧での地域紛争に対応する潜在的コストを回避するための予防外交措置でもあったといえよう．

　ただし本書では，冷戦下の「東西欧州貿易」と冷戦後の EU の中東欧への拡大を対象としているため，NATO とロシアを扱った 7 章を除き，冷戦後のロシアについてはほとんど触れていない．ロシア軍のウクライナ侵攻により，ロシアが EU 拡大の対象となるには極めて長期的視点が必要となるが，7 章 1 節でも確認したように2000年代前半までは，EU とロシアの政治・経済的パートナーシップ樹立の可能性は残されていた．2002年 5 月にロシアで発表された世論調査では，EU 加盟を望む声が53％に達し，反対は18％であった〔*Financial Times*, 27/05/2002〕．同時期の中東欧諸国民に対する調査では，加盟賛成が58％，反対が22％であったことを見れば，この当時のロシア国民は，中東欧諸国民とほぼ同程度に EU 加盟を望んでいたことが分かる〔European Commission December 2001 *Monthly Research Bulletin*〕．

　当時のロシア政府は NATO の第 1 次東方拡大を認めるなど，欧米に対し譲歩策をとり，さらに2002年 5 月，NATO とロシアの協力関係が制度化され，NATO・ロシア理事会（NATO-Russia Council）の新設が正式に調印された．これによりロシアは，NATO における協議，意思決定において対等の発言権（集団防衛案件等を除く）を獲得した．ロシアには拒否権こそ認められなかったが，「準加盟国的地位」を得たという評価すら当時は存在した．

　もっともソ連邦の崩壊により米・ロ間の政治的緊張度は短期的に低減したが，解消されたわけではなかった．NATO・ロシア理事会の発足は，ロシアを欧米の軍事同盟の中に引き入れるものであったが，その後の NATO・ロシア関係は，全く異なった展開を見せている．7 章 1 節で確認したように，2000年にプーチン大統領が示した NATO への加盟意欲を取り込み，ロシアを正式な加盟国として迎え入れなかったことが，その後の混乱の最大の要因であろう．

　ロシアの現状について触れれば，2008年の NATO 理事会において，ジョージアとウクライナの将来的加盟が宣言され，プーチン大統領が激しく反発して以来，現在（2024年11月）に至るまで，ロシア政府の軍事的展開は，第 1 次プーチン政権の対米協調姿勢とは全く異なる様相を見せている．この対立は，「東西欧州貿易」を土台とした EU 加盟国とロシアのエネルギー資源を媒介とする相互依存関係にも影響を及ぼしている．

　2022年 3 月，欧州委員会は2030年までに段階的に化石燃料輸入の対ロ依存を低下させる計画を発表した．対ロ依存率55％のドイツを始め，足並みはそろわないものの，2021年の EU の化石燃料輸入の対ロ依存率は45％から，2023年には15％に減少した．しかし液化天然ガス（LNG）については，ウクライナ侵攻前より，対ロ輸入が30％増加している．

　米政府も，EU に対し天然ガスについては新規プロジェクトの停止のみを要求し，違約金等が生じる既存の契約に基づく輸入は認めている．対ロ天然ガス輸入が侵攻前の約25％程度に低下したものの，液化天然ガスについては増加しているのが現状である．LNG の輸入増加は，エネルギー資源の対ロ依存を簡単に停止することはできないことの証だが，プーチン政権が継続する限り，EU の対ロ外交も転換を迫られていることは確かである．

　しかしこのような現状であるがゆえに，冷戦初期から「東西欧州貿易」によって西欧とソ連・中東欧の経済的相互依存が形成され，その通商関係を土台として，2004年に中東欧が EU に加盟し東西分断という歴史を克服した過程を描くことは，意味のあることだと考えている．

おわりに

1980年代前半の学部生時代に，「東西欧州貿易」という現象と「経済的相互依存」論に出会って以来，関心を持ち続けてきたが，これらのテーマに関する論稿をまとめたものが本書である．学部時代の学生論集に，「軍拡の要因とその転換の契機——東西の経済的相互依存の政治的意味——」という論稿を掲載したことがあったが，この時から考えていることは今とさほど変わらない．

振り返えると20代での出会いが，私にとって貴重なものだった．まず大学1年の秋に，すでにゼミ生だった源川真希氏（現東京都立大学教員）を通じてゼミに入れて頂いて以来，温かく接して下さっている雨宮昭一氏（日本政治史）に感謝したい．入ゼミ直後，平和研究の初歩的な報告をした際，先生から「お前が今言ったことは，『世界』とか『朝日ジャーナル』に書いてあるだろう．お前のオリジナリティはどこにあるんだ‼」と熱く指導して頂いたことを懐かしく思い出す．当時の雨宮ゼミは週2回あり，毎回14時半から19時過ぎまで行われていた．ゼミの方針は，最新の論文と古典の両方を読むというもので，火曜日は政治学会誌の論文などを読み，木曜日はヘーゲルや丸山眞男などを読んでいた．ゼミの後は，近所のパン屋でパンの耳を購入し，それを肴に安酒を飲んで，深夜まで騒いでいたことは楽しい思い出である（当時は大学食堂でビールも普通に提供されており，構内での飲酒は問題にならなかった……気がする）．

館山豊氏（国際経済学），金子勝氏（財政学），磯谷明徳氏（経済学）の読書会にも参加させて頂き，ボードリヤールなどを読んだことも良い経験だった．館山氏からは，「君がこの前話していた内容に関係しているよ」と，東西（欧州）貿易に関する論稿を紹介して頂き，金子氏はご出身の大学図書館から分厚い国連の貿易データを借りて来て下さり，磯谷氏は私の原稿を読んで，丁寧に感想を述べて下さった．また古井伸哉氏（理論物理学）とは，私が著名思想家K氏（当時は気鋭の批評家）の講演会を学内で主催した際，その宣伝のために研究室にお邪魔したことがきっかけで，時折お話をさせて頂いていた．故中野実氏（政治

学）からは，大学院入学前にアドバイスを頂戴し，「大学院のゼミ選択が就職
だ」と言われたのだが，その言葉の本当の意味を理解できたのは大学院入学後
であった．

　他大学出身の筆者を大学院に受け入れてくれた故馬場伸也氏（国際関係論）に
も感謝したい．一度，大阪の北新地に連れて行って頂いた際，先生は "I Left
My Heart in San Francisco" をアカペラで熱唱されていたのだが，「教師はエ
エ商売やぞ．お前，良い教師になれよな」と言葉をかけて頂いた．（現在の自分
が「良い教師」かは別として，学生たちとの付き合いは楽しみながらやっている．）

　また当時は若手研究者として注目を浴びていた真渕勝氏（行政学）にも公私
にわたりお世話になった．先生が午前中と午後で異なった論文を書かれていた
姿は，今思い返しても驚くべきことだった．松浦好治氏（法哲学），松井茂記
氏（憲法学），多胡圭一氏（日本政治史），竹中浩氏（政治思想史），非常勤で来学され
ていた故五百旗頭真氏（外交史）の演習にも参加させて頂いた．

　大学院の友人たちからも刺激を受けた．後に大学や国連等で活躍することに
なる馬場ゼミ生を始め，故山口聡氏（元國學院大學法学部教員），山本陽一氏（現
香川大学法学部教員），山本芳幸氏（元国連職員）との出会いも貴重なものだった．

　『現代思想』編集者の採用面接を受けたのは，この少し後の頃だった．三浦
雅士氏が編集長をしていた頃の『現代思想』がいかに魅力的だったかを書いた
私の応募書類に，青土社創業者の故清水康雄氏が興味を示し面接に呼んで頂い
たのだった．結果は不採用だったが，高校時代から手に取っていた雑誌の創業
者と話ができたのは思い出深いことだった．

　それからの30代は，予備校，高校，短大等で非常勤講師をしながら，2つの
研究科に籍を置き，調査は何とか継続していた．筆者が専任の職に就けたのは
38歳の頃で，その後も勤務先の民事再生等の困難な状況に遭遇したが，全ては
私の経験として生かされているように思う．その頃に学会で知り合った蓮見雄
氏（EU経済論）は，東西関係について氏が収集された資料と文献を段ボール箱
に詰めて，当時の勤務先に送って下さった．「自分はエネルギー関連にテーマ
を移したので……」ということが氏の言葉だったと記憶しているが，改めて感
謝したい．

　また以前，馬場ゼミ関係者と『国際社会を学ぶ』を出版した際に担当して頂

いた晃洋書房の丸井清泰氏と本書の最終工程を担当された徳重伸氏には大変お世話になった.

　　2024年12月30日

永 澤 雄 治

初 出 一 覧

　本書は，終章を除き，1999年から2018年までの筆者の公表論文をもとに，加筆修正を加えたものである．章ごとに初出論文名を記す．

第 1 章
　永澤雄治「紛争と協調の経済的相互依存──分析概念の検証──」『総合政策論集』（東北文化学園大学），17(1)，2018年，3-18頁．
第 2 章
　永澤雄治「冷戦期における西欧諸国の対ソ連政治経済戦略──新冷戦までの東西貿易を中心として──」『研究年報 経済学』（東北大学），60(4)，1999年，165-182頁．
第 3 章
　永澤雄治「東西欧州貿易の歴史的意味──冷戦期における EC の経済外交戦略──」『ロシア・ユーラシア経済──研究と資料──』（ユーラシア研究所）926，2009年，2-21頁．
第 4 章
　永澤雄治「冷戦末期の東西欧州貿易と EU 拡大」『総合政策論集』10(1)，2011年，229-245頁．
第 5 章
　永澤雄治「EU の東方拡大と財政改革──『アジェンダ2000』とベルリン欧州理事会を中心として──」『研究年報 経済学』62(3)，2000年，103-124頁．
第 6 章
　永澤雄治「合理的行為者モデルによる EU 拡大分析──構成主義的分析による合理モデル批判を受けて──」『総合政策論集』5(1)，2006年，97-118頁．
　永澤雄治「EU 拡大をめぐる合理主義と構成主義の検討── F. Schimmelfennig 等による構成主義分析と合理主義の接点──」『総合政策論集』6(1)，2007年，89-104頁．
第 7 章
　永澤雄治「冷戦後の欧州における安全保障秩序── NATO の東方拡大と OSCE の展開および EU の安全保障政策──」『総合政策論集』2(2)，2003年，45-63頁．

参 考 文 献

欧州委員会報告書，欧州理事会合意文書，経済統計資料，定期刊行物等

European Commission [1986] *Communication from the Commission to the Council on Natural Gas,* December 11.

————— [1990] "Statistical Aspects of the Natural Gas Economy in 1989," in *Rapid Reports : Energy and Industry,* Statistical Office of the European Community.

————— [1-22 June 1993] "Copenhagen European Council 2 Conclusions of the Presidency," *Bulletin of EC.* No. 6.

————— [1995] "Madrid European Council 15-16 December 1995 Conclusions of the Presidency", *Bulletin of EU.* No. 12.

————— [1997a] *Agenda 2000 : For a stronger and wider Union,* COM（97）2000final.

————— [09/1997b] *Agenda 2000, Commission opinion on Slovakia's application for membership of the European Union,* Bulletin of the European Union Supplement.

————— [11/1997c] *Agenda 2000, Commission opinion on Estonia's application for membership of the European Union,* Bulletin of the European Union Supplement.

————— [30/10/1997d] *Opinion of Economic and Social Committee on Commission Communication Agenda 2000.*

————— [April 1997e] *Compliance Costing for Approximation of EU Environmental Legislation in the CEEC.*

————— [1997f] *Central and Eastern Eurobarometer 7.*

————— [1998a] *Financing the European Union,* COM（1998）560final.

————— [18/03/1998b] *On the Establishment of a New Financial Perspective for the Period 2000-2006,* COM（1998）164final.

————— [18/03/1998c] *Laying Down General Provisions on the Structural Funds,* COM（1998）131final.

————— [18/03/1998d] *Concerning the Reform of the Common Agricultural Policy,* COM（1998）158final.

————— [1998e] *Composite Paper 1998 : Progress made by the candidate countries towards accession.*

————— [11 March 1999a] *CAP reform safeguards farmers' future-Fischler,* Brussels.

————— [March 1999b] *Bulletin of the European Union.*

————— [2000a] *External and intra-European Union Trade : Statistical Yearbook1958-1999.*

————— [02/2000b] *EUR-OP News,.*

————— [14/07/2000c] *Enlargement-Weekly Newsletter.*

————— [08/11/2000d] *Enlargement Strategy Paper : Report on Progress Towards Ac-*

cession by each of the Candidate Countries.

———— [08/11/2000e] *Regular Report 2000 : from the commission on Estonia's progress towards accession.*

———— [December 2001] *Monthly Research Bulletin.*

———— [30/01/2002a] *Common Financial Framework 2004–2006 for the Accession Negotiations,* SEC (2002) 102 final.

———— [March 2002b] *Eurobarometer 2001.*

———— [2002c] *Eurobarometer 56.*

———— [18/06/2002d] *Weekly Enlargement.*

———— [22/10/2002e] *Enlargement Weekly.*

———— [2005a] *Annual Reports concerning the financial year 2004.*

———— [2005b] *European Union foreign direct investment yearbook 2005.*

———— [2005c] *Europe in figures Eurostat yearbook 2005.*

———— [25/10/2005d] *Communication from the Commission : Comprehensive monitoring report on the state of preparedness for EU membership of Bulgaria and Romania,* COM (2005) 534.

———— [May 2006] *European Economy 24.*

———— *EUR–OP News.*

———— *European Economy.*

———— *Monthly Research Bulletin.*

———— *Official Journal.*

———— *Bulletin of the European Communities.*

———— *Bulletin of the European Union.*

———— *Weekly Enlargement.*

———— *Regular Report,* various countries, various years.

———— *General Report,* various years.

———— Enlargement Strategy Paper, various years.

———— *Central and Eastern Eurobarometer (Candidate Countries Eurobarometer),* various years.

———— *Eurobarometer,* various years.

European Council [1993] *Copenhagen European Council 21–22 June 1993 Conclusions of the Presidency.*

———— [1995] *Madrid European Council 15–16 December 1995 Conclusions of the Presidency.*

———— [24&25 March 1999a] *Presidency Conclusions, Berlin European Council.*

———— [3&4 June 1999b] *Presidency Conclusion, Cologne European Council.*

———— [15&16 June 2001] *Presidency Conclusions Gothenburg.*

———— [12&13/12/2002] *Presidency Conclusions, Copenhagen European Council.*

———— ［15&16/12/2005］ *Presidency Conclusion Burussels*,

———— ［14/15December2006］ *Presidency Conclusion*.

European Parliament ［2001］ *Task Force Enlargement Statistical Annex : Trade date including the year 2000*.

EDC ［April 1997］ *Compliance Costing for Approximation of EU Environmental Legislation in the CEEC*.

Eurostat ［2008］ *European Union foreign direct investment yearbook*.

EBRD（European Bank for Reconstruction and Development）［various years］ *Transition Report*.

NATO ［10-11January 1994a］ *Partnership for Peace : Invitation, Ministerial Meeting of the North Atlantic Council*/North Atlantic Cooperation Council, NATO Headquarters, Brussels, 10-11January（http://www.nato.int/docu/comm/49-95/c940110a.htm, 2024年11月16日閲覧）.

———— ［10-11 January 1994b］ *Declaration of the Heads of State and Government Participating in the Meeting of the North Atlantic Council Held at NATO Headquarters*, Brussels（https://www.nato.int/docu/comm/49-95/c940111a.htm.2024年11月16日閲覧）.

———— ［10-11 January 1994c］ *Declaration of the Heads of State and Government, Ministerial Meeting of the North Atlantic Council/North Atlantic Cooperation Council*.

———— ［10-11 January 1994d］ *Ministerial Meeting of the North Atlantic Council/ North Atlantic Cooperation Council, NATO Headquarters, Brussels*（https://www. nato.int/docu/comm/49-95/c940111a.htm, 2024年11月16日閲覧）.

———— ［27 May 1997a］ *Founding Act on Mutual Relations, Cooperation and Security between NATO and the Russian Federation signed in Paris, France*（https://www. nato.int/cps/en/natohq/official_texts_25468.htm, 2024年11月15日閲覧）.

———— ［December 1997b］ Ministerial Meeting of the North Atlantic Council, Press Communiqué.

———— ［28 May 2002］ *NATO-Russia Relations : A New Quality*, Declaration by Heads of State and Government of NATO Member States and the Russian Federation（http://www.nato.int/docu/basictxt/b020528e.htm, 2024年11月19日閲覧）.

IMF ［various years］ *International Trade Statistics Yearbook*.

OECD ［various years］ *Monthly Statistics of International Trade*.

UN ECE（Economic Commission for Europe）［1973］ *Analytical Report on Industrial Co-operation among ECE countries*. E/ECE/844/Rev. 1.

———— ［various years］ *Economic Bulletin for Europe*.

———— ［various years］ *Economic Survey for Europe*.

UN ［various years］ *Yearbook of International Trade Statistics（International Trade Sta-*

tistics *Yearbook*）．

UNCTAD［various years］*World Investment Report.*

Agence Europe.

Economist.

Guardian.

Financial Times,

International Herald Tribune.

New York Times.

BBC［05/03/2000］（http://news.bbc.co.uk/2/hi/europe/666768.stm, 2023年 9 月 8 日閲覧）．

BBC［05/03/2001］（http://news.bbc.co.uk/1/hi/world/europe/1203336.stm, 2023 年 9 月 8 日閲覧）．

BBC［04/09/2023］（https://www.bbc.com/news/world-europe-66509180, 2023年 9 月 8 日閲覧）．

BBC（https://www.bbc.com/news/world/europe）

ソ連東欧貿易会［各月版］『ソ連東欧貿易会調査月報』．

ソ連東欧貿易会［1984］『東西貿易要覧』ソ連東欧貿易会．

ソ連東欧貿易会［1989］『東西貿易要覧（改訂版)』ソ連東欧貿易会．

日本貿易振興会［各月版］『ユーロトレンド』．

日本貿易振興会［各年版］『海外市場白書・貿易編』日本貿易振興会．

日本貿易振興会［各年版］『海外市場白書・投資編』日本貿易振興会．

欧文文献

Ackrill, Robert W.［2000］"Cap Reform 1999: A Crisis in the Making？" *Journal of Common Market Studies,* 38(2), pp. 343-353.

Adler-Karlsson, Gunnar［1968］*Western Economic Warfare 1947-1967 : A Case Study in Foreign Economic Policy,* Almguist and Wiksell.

————［1976］*The Political Economy of East-West-South Co-operation,* Springer-Verlag.

Allison, Graham T.［1971］*Essence of Decision : Explaining the Cuban Missile Crisis,* Little, Brown and Company（宮里政玄訳『決定の本質——キューバミサイル危機の分析——』中央公論社，1977年）．

Allison, Graham T. and Gregory F. Treberton eds.［1992］*Rethinking America's Security,* W. W. Norton.

Allison, Graham T. and Philip Zekkow［1999］*Essence of Decision : Explaining the Cuban Missile Crisis,* Pearson Ｐ Ｔ Ｒ（漆島稔訳『決定の本質——キューバミサイル危機の分析——』第 2 版，日経BP，2016年）．

Anderson, Kym and Richard Blackhurst eds.［1993］*Regional Integration and the Global Trading System,* Harvester Wheatsheaf.

Anderton, Charles H. and john R. Carter [2009] *Principles of Conflict Economics : A Primer for Social Scientists,* Cambridge University Press.

Ardy, Brian [1999] "Agricultural, Structural Policy, the Budget and Eastern Enlargement of the European Union," in Henderason, Karen, ed., *Back to Europe : Central and Eastern Europe and the European Union,* UCL Press.

Ash, Timothy Garton [1993] *In Europe's Name : Germany and the Divided Continent,* Vintage Books.

Baldwin, David A. [1985] *Economic Statecraft,* Princeton University Press.

──── [1990] *East-West Trade and the Atlantic Alliance,* Macmillan Press.

──── [1993] "Neoliberalism, Neorealism, and World Politics," in David, A Baldwin. ed., *Neorealism and Neoliberalism : the Contemporary Debate,* Columbia University Press, pp. 3-28.

──── [2020] *Economic Statecraft new edition,* Princeton University Press（佐藤丙午監修，国際経済連携推進センター訳）『エコノミック・ステイトクラフト──国家戦略と経済的手段──』産経新聞出版，2023年）.

Baldwin, Richard E. [1994] *Towards an Integrated Europe,* Center of Economic Policy Research.

Baldwin, Richard E. et al eds. [1995] *Expanding Membership of the European Union,* Cambridge University Press.

Baldwin, Richard E. et al. [1997] "The costs and benefits of eastern enlargement: the impact on the EU and central Europe," *Economic Policy,* 12(24), pp. 125-176.

Baldwin, Richard E., Berglof, Erik. Giavazzi, Francesco and Mika Widgren, eds. [2001] *Nice Try : Should the Treaty of Nice Be Ratified ?* Center of Economic Policy Research,

Barker, Elisabeth [1983] *The British between the Superpowers 1945-50,* University of Toronto Press.

Barbieri, Katherine [1996] "Economic Interdependence: A Path to Peace or a Source of Interstate Conflict ? ", *Journal of Peace Research,* 33(1), pp. 29-49.

──── [2005] *The Liberal Illusion : Does Trade Promote Peace ?* University of Michigan Press.

──── [2013] "Economic Interdependence: A Path to Peace or a Source of Interstate Conflict ?" in S. M. Mitchell and J. A. Vasquez eds., *Conflict, War, and Peace,* CQ Press, pp. 231-257.

Barbieri, Katherine and Jack S. Levy [1999] "Sleeping with the Enemy: The Impact of War on Trade", *Journal of Peace Research,* 36(4), pp. 463-479.

Barnes, Ian and Pamela M. Barnes [1995] *The Enlarged European Union,* Addison Wesley Longman Publishing.

Bartlett, David [2000] "Foreign Direct Investment and Privatization Policy: the Causes and Consequences of Hungary's Route to Capitalism," in M. Donald Hancock and John Logue eds., *Transiton to Capitalism and Democracy in Russia and Central Europe*, Praeger Publishers, pp. 135-154.

Bastian, Jens [1998] *The Political Economy of Transition in Central and Eastern Europe : The Light at the end of the Tunnel*, Ashgate.

Bauer, Patricia [1998] "Eastward Enlargement: Benefit and Costs of EU Entry for the Transition Countries,"*Intereconomics*, 33(1), pp. 11-19.

Bertsch, Gary K. ed. [1988] *Controlling East-West Trade and Technology Transfer : Power, Politics, and Policies*, Duke University Press.

Bertsch, Gary K. and John R. Mclntyre eds. [1983] *National Security and Technology Transfer : The Strategic Dimensions of East-West Trade*, Westview Press.

Bertsch, Gary K. and Steven Eliott-Gower eds. [1992] *Export Controls in Transition : Perspectives, Problem, and prospects*, Duke University Press.

Blanchard, Jean-Marc F., Edward D. Mansfield and Norrin M. Ripsman eds. [2000] *Power and the Purse : Economic Statecraft, Interdependence and National Security*, Frank Cass.

Blinken, Antony J. [1987] A*lly vs. Ally : America, Europe, and The Siberian Pipeline Crisis*, Praeger.

Bothe, Michael, Natalino Ronzitti and Allan Rosas eds. [1997] *The OSCE in the Maintenance of Peace and Security : Conflict Prevention, Crisis Management and Peaceful Settlement of Disputes*, Kluwer Law International.

Bow, Brian [2009] *The politics of Linkage : Power, Interdependence, and Ideas in Canada-US Relations*, UBC Press.

Brabant, Jozef M. van ed. [1999] *Remaking Europe : The European Union and the Transition Economies*, Rowman Littlefield Publishers.

Brennan, John O' [2006] *The Eastern Enlargement of the European Union*, Routledge.

Brenton, Paul and Stefano Manzocchi [2002] "Enlargement, Trade and Investment: a Reviewe of Economic Impacts," in Paul Brenton and Stefano Manzocchi eds., *Enlargement, Trade and Investment : The Impact of Barriers to Trade in Europe*, CEPS.

Cooper, Richard N. [1968] *The Economics of Interdependence : Economic Policy in the Atlantic Community*, McGraw-Hill.

——— [1986] *Economic Policy in an Interdependence World : Essays in World Economics*, MIT Press.

Copeland, Dale C. [1996] "Economic Interdependence and War," *International Security*, 20(4), pp. 5-41.

——— [2000a] "Trade Expectations and the Outbreak of Peace: Detente 1970-74 and the End of the Cold War 1985-91," in Jean-Marc F. Blanchard, Edward D.

Mansfield, Norrin M. Ripsman, eds., *Power and the Purse : Economic Statecraft, Interdependence and National Security,* pp. 15–58.

―――― [2000b] *The Origins of Major War : America's Strategy to Subvert the Soviet Bloc, 1947–1956,* Cornell University Press

―――― [2015] *Economic Interdependence and War,* Princeton University Press.

Crawford, Beverly [1988] "Western Control of East-West Trade Finance: The Role of U. S. Power and the International Regime," in Gary K. Bertsch ed., *Controlling East-West Trade and Technology Transfer : Powe, Politics, and Policies,* Duke University Press, pp. 280–312.

―――― [1990] "the Roots of European Self-Assertion in East-west Trade," in Beverly Crawford and Peter W. Schulze eds., *The New Europe Asserts Itself : A Changing Role in International Relations,* IAS, University of California at Berkeley, pp. 251–283.

―――― [1992] "Changing Export Controls in an Interdependent World: Lessons from the Toshiba Case for the 1990s," in Gary K. Bertsch and Steven Eliott-Gower eds., *Export Controls in Transition,* Duke University Press, pp. 249–290.

―――― [1993] *Economic Vulnerability in International Relations : East-West Trade, Investment, and Finance,* Columbia University Press.

―――― [2001] "The Bosnian Road to NATO Enlargement," in Robert W. Rauchhaus ed., *Explaining NATO Enlargement,* Frank Cass Publishers, pp. 39–59.

Crawford, Beverly and Peter W. Schulze eds. [1993] *European Dilemmas After Maastricht,* the Regent of University of California.

Crescenzi, Mark J. C. [2005] *Economic Interdependence and Conflict in World Politics.*

Czepurko, Aleksander [1975] *East-West Trade Prospects up to 1980,* Winer Institut fur Internationale Wirtschaftsvergleiche.

Dabrowski, Marek and Jacek Rostowski, eds. [2001] *The Eastern Enlargement of the EU,* Kluwer Academic Publishers.

Daugbjerg, Carsten [1999] "Reforming the CAP: Policy Networks and Broader Institutional Structures," *Journal of Common Market Studies,* 37(3), pp. 407–428.

David, Charles-Philippe and Jacques Lévesque, eds. [1999] *The Future of NATO : Enlargement, Russia, and European Security,* McGill-Queen's University Press.

Devuyst, Youri [1999] "The Community-Method after Amsterdam," *Journal of Common Market Studies,* 37(1), pp. 109–120.

Dominik, Mary F. ed. [1981] *Human Rights and the Helsinki Accord : A Five Year Road to Madrid,* William S. Hein & Co., Inc.

Drezner, Daniel W., Henry Farrell and Abraham L. Newman, eds. [2021] *The Uses and Abuses of Weaponized Interdependence,* Brookings Institution Press.

Eyal, Jonathan [1997] "NATO Enlargement: Anatomy of a Decision," *International Af-*

*fairs*73(4), pp. 695-719.

Eyler, Robert [2007] *Economic sanctions : International policy and political economy at work.* Palgrave Macmillan.

Evans, Andrew [1999] *The EU Structural Funds,* Oxford University Press.

Fanacek, Kamil [1997] "Cost and Benefits of Czech Membership in the EU," in Marc Maresceau ed., *Enlarging the European Union.* Longman, pp. 287-315.

Farrell, Henry and Abraham L. Newman [2021] "Weaponized Interdependence: How Global Economic Networks Shape State Coercion," in Daniel W. Drezner, Henry Farrell, and Abraham L. Newman, eds. *The Uses and Abuses of Weaponized Interdependence,* Brookings Institution Press, pp. 19-66.

Førland, Tor Egil [1991] "Economic Warfare and Strategic Goods: A Conceptual Framework for Analyzing COCOM," *Journal of Peace Research,* 28(2), pp. 191-204.

Gadzey, Anthony Tuo-Kofi [1994] *The Political Economy of Power : Hegemony and Economic Liberalization,* St. Martin's Press.

Galloway, David [1999] "Keynote Article: Agenda2000-Packaging the Deal," *Journal of Common Market Studies,* 37(1), pp. 9-35.

Gartner, Heinz, Adrian Hyde-price, and Erich Reiter. eds. [2001 *Europe's New Security Challenges,* Lynne Rienner Publishers.

Gedeon, Peter [1997] "Hungary: German and European Influences on the Post-Socialist Transition," in Peter Katzenstein ed., *Mitteleuropa : Between Europe and Germany,* Berghahn Books, pp. 101-148.

Genscher, Hans-Dietrich [1982] "Toward an Overall Western Strategy for Peace, Freedom and Progress," *Foreign Affairs,* 61(1), pp. 42-66.

——— [1998] *Rebuilding a House Divided,* trans. Thornton, Thomas, Broadway Books.

Gilpin, Robert [1971 "The Politics of Transnational Economic Relations," in Robert O. Keohane and J. S. Nye eds., *Transnational Relations and World Politics,* Harvard University Press, pp. 48-69.

——— [1977] "Economic Interdependence and National Security in Historical Perspective," in Klaus Knorr, and Frank N Trager eds., *Economic Issues and National Security,* University Press of Kansas, pp. 19-66.

——— [1987] *The Political Economy of International Relations,* Princeton University Press（佐藤誠三郎・竹内透監訳『世界システムの政治経済学』東洋経済新報社，1990年）.

——— [2000] *The Challenge of Global Capitalism : The World Economy in the 21st Century,* Princeton University Press.

——— [2001] *Global Political Economy : Understanding the International Economic Order,* Princeton University Press.

Goodby, James E. [1998] *Europe Undivided : The New Logic of Peace in U. S.-Russian Relations*, United States Institute of Peace Press.

Gowa, Joanne [1989] "Bipolarity, Multipolarity, and Free Trade," *American Political Science Review* 83(4), pp. 1245-1256.

———— [1994] *Allies, Adversaries, and International Trade*, Princeton University Press.

Gowa, Joanne and Edward D. Mansfield [1993] "Power Politics and International Trade," *American Political Science Review*, 87(2), pp. 408-420.

Grabble, Heather [2001] *Profiting from EU enlargement*. Centre for European Reform.

———— [2006] *The EU's transformative power : Europeanization through conditionality in Central and Eastern Europe*, Palgrave Macmillan.

Grabble, Heather and Kirsty Hughes [1998] *Enlarging the EU Eastwards*, the Royal Institute of international Affairs.

———— [1999] "Central and East Europe Views on EU Enlargement: Political Debates and Public Opinion," in Karen Henderson, ed. *Back to Europe : Central and Eastern Europe and the European Union*. UCL Press, pp. 185-202.

Grieco, Joseph M. [1988] "Anarchy and the Limits of Cooperation: A Realist Critique of the Newest Liberal Institutionalism," *International Organization*, 42(3), pp. 485-507.

———— [1990] *Cooperation Among Nations : Europe, America, and Non-Tariff Barriers to Trade*, Cornell University Press.

———— [1993] "Understanding the Problem of International Cooperation," in David A. Baldwin, ed., *Neorealism and Neoleberalism : the Contemporary Debate*, Columbia University Press, pp. 301-338.

Hanson, Philip [1988] *Western Economic Statecraft in East-West Relations : Embargoes, Sanctions, Linkage*, Royal Institute of International Affairs.

Henderason, Karen, ed. [1999] *Back to Europe : Central and Eastern Europe and the European Union*, UCL Press.

Hirschman, Albert [1945] *National Power and the Structure of Foreign Trade*, University of California Press.

Helicher, Brad A. [2000] "Klaus's Middle Game: Repercussions of Privatization and Democratization in the Czech Republic," in Hancock M. Donald and John Logue eds., *Transition to Capitalism and Democracy in Russia and Central Europe*, Praeger Publishers, pp. 154-182.

Hoffmann, Stanley [1978] *Primacy or World Order : American Foreign Policy since the Cold War*, McGraw-Hill.

———— [1993] "French Dilemmas and Strategies in the New Europe," in Robert O. Keohane, Joseph F. Nye and Stanley Hoffmann, eds., *After the Cold War : Interna-*

tional Institutionss and State Strategies in Europe, 1989-1991, Harvard University Press, pp. 127-147.

――――― [1995] *The European Sisyphus : Essays on Europe, 1964-1994*, Westview Press.

――――― [2000] "Towards a Common European Foreign and Security Policy," *Journal of Common Market Studies*, 38(2), pp. 189-198

Hong, Ki-Joon [1997] *The CSCE Security Regime Formation : An Asian Perspective*, Macmillan Press.

Hunter, David W. [1991] *Western Trade Pressure on the Soviet Union : An Interdependence Perspective on Sanctions*, St. Martin's Press.

Hufbauer, Gary Clyde, Jeffrey J. Schott, and Kimberly Ann Elliott [1990] *Economic Sanctions Reconsidered : History and Current Policy*, Second Edition, Institute for International Economics.

Jackson, Ian [2001] *The Economic Cold War : America, Britain and East-West Trade, 1948-63*, Palgrave Macmillan.

Jentleson, Bruce W. [1986] *Pipeline Politics : the Complex Political Economy of East-West Energy Trade*, Cornell University Press.

――――― [1988] "The Western Alliance and East-West Energy Trade," in Gary K. Bertsch ed., *Controlling East-West Trade and Technology Transfer : Power, Politics, and Policies*, Duke University Press, pp. 313-343.

――――― [2022] *Sanctions : What Everyone Needs to Know*, Oxford University Press（本多美樹訳『制裁：国家による外交戦略の謎』白水社，2024年）.

Jervis, R. [1999] "Realism in the Study of World Politics," in P. Katzenstein, Robert O. Keohane and Stephen Krasner eds., *Exploration and Contestation in the Study of World Politics*, the MIT Press, pp. 331-351.

Johnson, Debra [2005] "Developments in the Economies of the New Member States and the Candidate Countries," *Journal of Common Market Studies*, 43(1), pp. 199-214.

Karasinska-Fendler, Maria, and Kazimierz Sobotka et al. [2000] "Poland," in Helena Tang, ed., *Winners and Losers of EU Integration : Policy Issues for Central and Eastern Europe*, World Bank, pp. 162-188.

Katzenstein, Peter ed. [1978] *Between Power and Plenty*, Wisconsin University Press.

Katzenstein, Peter, Robert O. Keohane and Stephen Krasner eds. [1999] *Exploration and Contestation in the Study of World Politics*, MIT Press.

Kemp, Walter A. [1996] *The OSCE in a New Context : European Security Towards the Twenty-first Century*, The Royal Institute of international Affairs.

Keohane, Robert O. [1993a] "Institutional Theory and the Realistic Challenge After the Cold War," in David A. Baldwin, ed., *Neorealism and Neoleberalism : the Contempo-*

rary Debate, Columbia University Press, pp. 269-300.

──────── [1993b] "The Diplomacy of Structural Change: Multilateral Institutions and State Strategies," in Helga Haftendorn and Christian Tuschoff eds., *America and Europe in an Era of Change*, Westview Press, pp. 43-59.

Keohane, Robert O., Joseph S. Nye and Stanley Hoffmann eds. [1993] *After the Cold War : International Institutions and State Strategies in Europe, 1989-1991*, Harvard University Press.

Keohane, Robert O. and Joseph S. Nye [2001] *Power and Interdependence*, 3rd ed., Longman（滝田賢治訳『パワーと相互依存』ミネルヴァ書房，2012年）.

Knorr, Klaus [1975] *The Power of Nations : The Political Economy of International Relations*, Basic Books

──────── [1977a] "Economic Interdependence and National Security," in Klaus Knorr and Frank N. Trager eds., *Economic Issues and National Security*, University Press of Kansas, pp. 1-18.

──────── [1977b] "International Economic Leverage and its Uses," in Klaus Knorr and Frank N. Trager eds., *Economic Issues and National Security*, University Press of Kansas, pp. 99-126.

Knorr, Klaus and Frank N. Trager eds. [1977] *Economic Issues and National Security*, University Press of Kansas.

Kratochwil, Friedrich [1989] *Rule, norms, and decisions : on the conditions of practical and legal reasoning in international relations and domestic affairs*, Cambridge University Press.

Krasner, Stephen [1978] "United States Commercial and Monetary Policy: Unravelling the Paradox of External Strength and Internal Weakness," in Peter Katzenstein ed., *Between Power and Plenty*, Wisconsin University Press, pp. 51-87.

──────── [1978] *Defending the National Interest*, Princeton University Press.

Kupchan, Charles and Clifford Kupchan [1991] "Concerts, Collective Security, and the Future of Europe," *International Security*, 16(1), pp. 114-161.

──────── [2001] "The Origins and Future of NATO Enlargement," in Robert W. Rauchhaus ed., *Explaining NATO Enlargement*, University Frank Cass Publishers, pp. 127-148.

──────── [2010] *How Enemies Become Friends : The Sources of Stable Peace*, Princeton University Press.

Latawski, Paul [1998] "Central Europe and European Security," in William Park and G. Wyn Ree eds., *Rethinking Security in Post-Cold War Europe*, Addison Wesley Longman, pp. 81-95.

Lenway, Stefanie Ann and Beverly Crawford [1986] "When Business Becomes Politics: Risk and Uncertainty in East-West Trade," in James Post ed., *Research in Corpo-*

rate Social Performance and Policy 8. JAI Press, pp. 29-53.

Leonardi, Robert [1995] *Convergence, Cohesion and Integration in the European Union,* Macmillan Press.

Levy, Jack S. and Katherine Barbieri [2004] " Trading with the Enemy during War-time," *Security Studies,* 13(3), pp. 1-47.

Lippert, Barbara [2001] *British and German Interests in EU Enlargement,* the Royal Institute of international Affairs.

Mannin, Mike [1999] "Policy towards CEEC," in Mike Minnin ed., *Pushing Back the Boundaries : The European Union and Central Eastern Europe,* Manchester University Press, pp. 31-69.

Mansfield, Edward D. [1993] "The Effects of International Politics on Regionalism in International Trade," in Kym Anderson and Richard Blackhurst eds., *Regional Integration and the Global Trading System,* Harvester Wheatsheaf, pp. 207-217.

————— [1994] *Power, Trade, and War,* Princeton University Press.

Maresceau, Marc [1992 "The European Community, Eastern Europe and the USSR," in John Redmond ed., *The External Relations of the European Community : The International Response to 1992,* St. Martin's Press, pp. 93-119.

Maresceau, Marc ed. [1997] *Enlarging the European Union : Relations Between the EU and Central and Eastern Europe,* Longman.

Maresceau, Marc and Erwan Lannon eds. [2001] *The EU's Enlargement and Mediterranean Strategies : A Comparative Analysis,* Palgrave Publishers.

Martin, Roderick [1999] *Transforming Management in Central and Eastern Europe,* Oxford University Press.

Mastanduno, Michael [1988a] "Trade as a Strategic Weapon: American and Alliance Export Control Policy in the Early Postwar Period," *International organization,* 42 (1), pp. 121-150.

————— [1988b] "The Management of Alliance Export Control Policy: American Leadership and the Politics of COCOM," in Gary K. Bertsch ed., *Controlling East-West Trade and Technology Transfer,* Duke University Press, pp. 241-279.

————— [1992] *Economic Containment : CoCom and the Politics of East-West Trade,* Cornell University Press.

————— [1999] "Economic and Security in Statecraft and Scholarship," in Peter, J. Katzenstein, Robert O. Keohane and Stephen Krasner eds., *Exploration and Contestation in the Study of World Politics,* MIT Press, pp. 185-214.

Mayhew, Alan [1998] *Recreating Europe : The European Union's Policy towards Central and Eastern Europe,* Cambridge University Press.

Mearsheimer, Jhon J. [1990] "Back to the Future: Instability in Europe after the Cold War," *International Security,* 15(1), pp. 5-56.

——— [1992] "Disorder Restored," in Graham Allison and Gregory F. Treberton eds., *Rethinking America's Security*, W. W. Norton, pp. 213-237.

——— [2001] *The Tragedy of Great Power Politics*, W. W. Norton&Company.

Mitchell, S. M. and J. A. Vasquez eds. [2013] *Conflict, War, and Peace*, CQ Press.

Morse, Edward E. [1976] *Modernization and the Transformation of International Relations*, Free Press.

Moyer, Homer E. and Linda A. Mabry [1985] *Export Controls as Instruments of Foreign Policy : The History, legal Issues, and Policy Lessons of Three Recent Cases*, International Law Institute.

Newnham, Randall E. [2000] "More Flies with Honey: Positive Economic Linkage in German Ostpolitik from Bismarck to Kohl," *International Studies Quarterly*, 44(1), pp. 73-96.

——— [2002] *Deutsche Mark Diplomacy : Positive Economic sanction in German-Russian Relations*, The Pennsylvania State University.

Nooy, Gert de [1996] *Cooperative Security, the OSCE, and its Code of Conduct*, Kluwer Law International.

Padoa-Schioppa, Tommaso [1987] *Eficiency Stability and Equity : a strategy for the evolution of the economic system of the European Community*, Oxford University Press.

Pappas, Spyris A. and Sophie Vanhoonacker [1996] *The European Union's Common foreign and Security Policy : The Challenges of the Future*, European Institute of Public Administration.

Park, William and G. Wyn Ree eds. [1998] *Rethinking Security in Post-Cold War Europe*, Addison Wesley Longman Limited.

Pavlik, Peter [2000] "The Czech Republic," in Helena Tang ed., *Winners and Losers of EU Integration : Policy Issues for Central and Eastern Europe*, World Bank, pp. 121-143.

Pollard, Robert A. [1985] *Economic Security and the Origins of the Cold War, 1945-1950*, Columbia University Press.

Preston, Christopher [1997] *Enlargement and Integration in the European Union*, Routledge.

Price, Victoria C. [1999] "Reintegrating Europe: Economic Aspect," in Victoria C. Price et. al. eds., *The Enlargement of the European Union : Issues and Strategies*. Routledge, pp. 25-55.

Rauchhaus, Robert W. ed. [2001] *Explaining NATO Enlargement*, Frank Cass Publishers.

Redmond, John ed. [1992] *The External Relations of the European Community : The International Response to 1992*, St. Martin's Press.

Redmond, John and Glenda G. Rosenthal eds. [1988] *The Expanding European Union : Past, Present, Future,* Lynne Rienner Publishers.

Rosecrance, Richard [1986] *The Rise of the Trading State : Commerce and Conquest in the Modern World,* Basic Books.

——— [1989] "War, Trade and Interdependence," in James N. Rosenau and Hylke Tromp, eds., *Interdependence and Conflict in World Politics,* Avebury, pp. 48-57.

——— [1993] "Trading States in a New Concert of Europe," in Helga Haftendorn and Chrisian Tuschoff eds., *America and Europe in an Era of Change.* Westview Press, pp. 127-145.

——— [1999] *The Rise of the Virtual State : Wealth and Power in the Coming Century,* A Member of the Perseus Books Group (鈴木主税訳『バーチャル国家の時代：21世紀における富とパワー』日本経済新聞出版，2000年).

Rosecrance, Richard ed. [2001] *The New Great Power Coalition : Toward a World Concert of Nations.* Rowman & Littlefield Publishers.

Sandler, Todd and Keith Hartley [1999] *The political economy of NATO : past, present, and into the 21 century,* Cambridge University Press.

Schimmelfennig, Frank [2003a] *The EU, NATO and the Integration of Europe : Rules and Rhetoric,* Cambridge University Press.

——— [2003b] "Strategic Action in a Community Environment: The Decision to Enlarge the European Union to the East," *Comparative Political Studies,* 36 (1/2), pp. 156-183.

Schimmelfennig, Frank [2006] "Community-Building in Eastern Europe: Strategic Action in an International Community" (2006年10月，日本国際政治学会50回大会提出ペーパー).

Schimmelfennig, Frank and Ulrich Sedelmeier [2002] "Theorizing EU enlargement: research focus, hypotheses, and the state of research," *Journal of European Public Policy,* 9(4), pp. 500-528.

Schimmelfennig, Frank and Ulrich Sedelmeier eds. [2005a] *The Politics of European Union Enlargement : Theoretical Approaches,* Routledge.

——— [2005b] *The Europeanization of Central and Eastern Europe,* Cornell University Press.

Schimmelfennig, Frank, Stefan Engert and Heiko Knobel [2006] *International Socialization in Europe,* Palgrave Macmillan.

Sedelmeier, Ulrich [2005] *Constructing the Path to eastern enlargement : The uneven policy impact of EU identity,* Manchester University Press.

Seers, Dudley, Bernard Schaffer, and Marja-Liisa Kiljunen eds. [1979] *Underdeveloped Europe : Studies in Core- Periphery Relations,* Humanities Press.

Shmelyov, N. [1983] "Economic Sanctions: An Instrument of US Hegemonistic Policy,"

International Affairs, August, pp. 58-66.

Sizoo, J. and Rudolf Jurrjens [1984] *CSCE Decision Making : the Madrid Experience*, Martinus Nijhoff Publishers.

Sjursen, Helene [2002] "Why Expand ?: The Question of Legitimacy and Justification in the EU's Enlargement Policy," *Journal of Common Market Studies*, 40(3), pp. 491-513.

Smith, Alan [2000] *The Return to Europe : The Reintegration of Eastern Europe into the European Economy*, Macmillan Press.

Smith, Karen E. [1999] *The Making of EU Foreign Policy : The Case of Eastern Europe*, Macmillan Press.

————— [2003] *European Union Foreign Policy in a Changing World*, Polity Press.

Smith, Martin A. and Graham Timmins [2000] *Building a Bigger Europe : EU and NATO Enlargement in Comparative Perspective*, Ashgate.

Snidal, Duncan [1991] "Relative Gains and the Pattern of International Cooperation," *American Political Science Review*, 85(3), pp. 701-726.

Spering, James ed. [1999] *Two Tiers or Two Speeds : The European security order and the enlargement of the European Union and NATO*, Manchester University Press.

Stent, Angela [1981] *From Embargo to Ostpolitik : The Political Economy of West German-Soviet Relations 1955-1980*, Cambridge University Press.

————— [1982] *Soviet Energy and Western Europe*, Praeger Publishers.

————— [1999] *Russia and Germany Reborn : Unification, the Soviet Collapse, and the New Europe*, Princeton University Press.

Stent, Angela ed. [1985] *Economic Relations with the Soviet Union*, Westview Press.

Stone, Oliver [2017] *The Putin Interviews : Oliver Stone interviews Vladimir Putin*, Hot Books（土方奈美訳『オリバー・ストーンオンプーチン』文藝春秋，2018年）.

Tang, Helena ed. [2000] *Winners and Losers of EU Integration : Policy Issues for Central and Eastern Europe*, World Bank.

Tsakaloyannis, Panos [1996] *The European Union as a Security Community : Problems and Prospects*, Nomos Verlagsgesellschaft.

Vachudova, Milada Anna [2005] *Europe Undivided : Democracy, Leverage & Integration after Communism*, Oxford University Press.

Winn, Neil and Christopher Lord [2001] *EU Foreign Policy Beyond the Nation-State : Joint Actions and Institutional Analysis of the Common Foreign and Security Policy*, Palgrave Macmillan.

Waltz, Kenneth N. [1979] *Theory of International Politics*, McGraw-Hill（河野勝・岡垣知子訳『国際政治の理論』勁草書房，2010年）.

————— [2001] "NATO Expansion: A Realist's View," in Robert W. Rauchhaus ed.,

Explaining NATO Enlargement, University Frank Cass Publishers, 23-38.

Wallace, William V. and Roger A. Clarke [1986] *Comecon, Trade and the West,* St. Martin's Press.

Weidenfield, Werner ed. [1997] *A New Ostpolitik : Strategies for a United Europe,* Bertelsmann Foundation Publishers.

Welfens, Paul J. J. [1999] *EU Eastern Enlargement and the Russian Transformation Crisis,* Springer.

Wendt, Alexander [1992] "Anarchy is what states make of it," *International Organization,* 46(2), pp. 391-425.

———— [1999] *Social Theory of International Politics,* Cambridge University Press.

Wilczynski, J. [1969] *The Economic and Politics of East-West Trade : A Study of Trade Between Developed Market Economies and Centrally Planned Economies in a Changing World,* Macmillan.

Winn, Neil and Christopher Lord [2001] *EU Foreign Policy Beyond the Nation State : Joint Actions and Institutional Analysis of the Common Foreign and Security Policy.* Palgrave Publishers.

邦文文献

秋野豊 [1991]「ソ連・東欧関係の新段階」『ソ連研究』13, 85-109頁.

浅見政江 [1994]「EC・国家・地域関係と補完性原理」『EC・国家・地域』(日本 EC 学会年報), 14, 1-14頁.

荒川潤・片山安輔 [1994]「EC の地域政策」『EC・国家・地域』(日本 EC 学会年報), 14, 37-72頁.

芦田文夫 [1999]『ロシア体制転換と経済学』法律文化社.

飯田敬輔 [2007]『国際政治家経済学』東京大学出版会.

石田淳 [1998]「均衡としてのアナーキー」『国際政治』117, 49-65頁.

板橋拓己 [2022]『分断の克服1989-1990——統一をめぐる西ドイツ外交の挑戦——』中央公論新社 (中公選書).

市川顕・髙林喜久生編 [2021]『EU の規範とパワー』中央経済社.

伊東孝之 [1992]「ドイツ統一と CSCE」, 百瀬宏・植田隆子編『欧州安全保障協力会議』日本国際問題研究所, 196-232頁.

———— [1999]「NATO 拡大問題とロシア・ポーランド世論」, 山本武彦編『国際安全保障の新展開』早稲田大学出版部, 216-241頁.

磯野喜美子 [1992]「共通農業政策 (CAP) の現状と課題」『EC 統合の深化と拡大』(日本 EC 学会年報), 12, 87-105頁.

———— [1999]「Phare プログラム——EU の対中東欧援助政策——」『社会科学』(同志社大学), 62(62), 1-29頁.

———— [2000]「共通農業政策 (CAP) 改革の現段階」『21世紀へ向かう EU』(日本 EU

学会年報），20，235-257頁．

─────［2001］「EU の農業──共通農業政策（CAP）改革の方向性──」，内田勝敏・清水貞俊編『EU 経済』ミネルヴァ書房，211-232頁．

植田隆子［1992］「CSCE の常設機関化と今後の展望」，百瀬宏・植田隆子編『欧州安全保障協力会議（CSCE）1975-92』日本国際問題研究所，263-314頁．

─────［1995］「勢力均衡・集団安全保障・協調的安全保障」『総合研究』（津田塾大学），3，17-27頁．

─────［1998］「欧州における軍事同盟の変容と協調的安全保障構造」『国際政治』117，175-190頁．

─────［1999］「欧州連合の防衛力──共通外交安全保障政策の強化問題──」，村田良平編『EU ──21世紀の政治課題──』勁草書房，189-224頁．

臼井実稲子［1995］「安全保障政策」，大西健夫・岸上慎太郎編『EU の政策と理念』早稲田大学出版部，189-203頁．

─────［2000］『ヨーロッパ国際体系の史的展開』南窓社．

臼井楊一郎編［2015］『EU の規範政治──グローバルヨーロッパの理想と現実──』ナカニシヤ出版．

遠藤乾編［2008］『ヨーロッパ統合史』名古屋大学出版会．

遠藤乾・川嶋周一編［2004］『ヨーロッパ統合史史料総覧──米欧各国のヨーロッパ統合史史料集の採録史料一覧──』（非売品）．

大矢根聡［2002］『日米韓半導体摩擦──通商交渉の政治経済学──』有信堂．

小川和男［1975］『共産圏市場へのアプローチ』日本経済新聞社．

─────［1977］『東西経済関係──日本の対応と選択──』時事通信社．

─────［1982］「東西経済の相互依存性」『経済評論』31（3），34-57頁．

小川有美［2001］「『EU ヨーロッパ』の拡大」，秋元英一編『グローバリゼーションと国民経済の選択』東京大学出版会，217-243頁．

小川洋司編［1999］『東欧経済』世界思想社．

小原善雄［1985］「東西貿易をめぐる先進国間の経済摩擦」『国際法外交雑誌』84（3）261-310頁．

加藤洋子［1992］『アメリカの世界戦略とココム　1945-1992』有信堂．

金子讓［1999］「新生 NATO の行方──東方への拡大からミッションの拡大へ──」『防衛研究所紀要』2（1），52-71頁．

─────［2000］「米欧安全保障関係の展開──冷戦後の軍事ミッションを巡る米欧の角逐を中心に──」『防衛研究所紀要』3（1），42-64頁．

─────［2001］「EU と NATO ── EU の緊急展開軍創設構想と米国の対応──」『防衛研究所紀要』4（1），22-39頁．

─────［2006］「欧州における安全保障構造の再編」『防衛研究所紀要』9（2），19-44頁．

─────［2008］『NATO 北大西洋条約機構の研究──米欧安全保障関係の軌跡──』彩流社．

鴨武彦［1990］「EC 統合と安全保障」『国際政治』94, 144-160頁.

鴨武彦編［1988］『相互依存の理論と現実』有信堂.

鴨武彦・山本吉宣編［1982年］『相互依存の国際政治学』第 2 版, 有信堂.

河野勝・竹中治堅編［2003］『アクセス国際政治経済学』日本経済評論社.

川原彰［1992］「東中欧における共産党体制の改革と『市民社会』」『国際政治』99, 37-52頁.

吉川元［1989］「全欧州安全保障協力会議とソ連の『新思考』」『ソ連研究』8, 131-153頁.

――――［1992］『ソ連ブロックの崩壊』有信堂.

――――［1993］『東中欧の民主化の構造――1989年革命と比較政治研究の新展開――』有信堂.

――――［1994］『ヨーロッパ安全保障会議（CSCE）――人権の国際化から民主化支援への発展過程の考察――』三嶺書房.

吉川元編［2000］『予防外交』三嶺書房.

クーニャ, アルリンド, スウィンバンク, アラン［2014］『EU 共通農業政策改革の内幕――マクシャリー改革, アジェンダ2000, フィシュラー改革――』（市田知子・和泉真理・平澤明彦訳）, 農業統計出版.

久保庭真彰・田畑伸一郎編［1999］『転換期のロシア経済』青木書店.

久保広正［1999］「EU における統合と拡大」『国際金融』1027, 72-77頁.

クラフチック, マリウシュ［1999］『東欧の市場経済化』九州大学出版会.

小泉直美［1992］「東欧の冷戦」『国際政治』100, 104-125頁.

小久保康之［1995］「欧州連合（EU）の対中・東欧政策の現状」『外交時報』1319, 22-36頁.

――――［1998］「EU の東方拡大と『アジェンダ2000』」『外交時報』1346, 18-33頁.

――――［2000］「EU の東方拡大――歴史的経緯と今後の見通し――」『静岡県立大学国際関係学部研究紀要』13, 131-141頁.

古城佳子［1996］『経済的相互依存と国家』木鐸社.

――――［1998a］「国際政治経済学の動向（上）」『国際問題』456, 70-80頁.

――――［1998b］「国際政治経済学の動向（下）」『国際問題』457, 57-66頁.

児玉昌巳［1990］「EC の市場統合とエネルギー戦略」『国際政治』94, 51-65頁.

小林公司［1991］「ドイツ統一に至る東ドイツの法および経済基盤整備」『1992年 EC 市場統合と世界』（日本 EC 学会年報）, 11, 111-135頁.

坂口泉・蓮見雄［2007］『エネルギー安全保障』東洋書店.

佐瀬昌盛［1999］『NATO ――21世紀からの世界戦略――』文藝春秋（文春新書）.

庄司克宏［1999］「EU 経済通貨同盟の法的構造」『EU 通貨統合』（日本 EU 学会年報）, 19, 1-45頁.

篠原孝［2000］『EU の農業交渉力』農村漁村文化協会.

島野卓爾［1991］「中・東欧の変化と EC」『1992年 EC 市場統合と世界』（日本 EC 学会年報）, 11, 93-110頁.

シュミット, ヘルムート［1991］『ドイツ人と隣人たち 下巻』（永井清彦訳）, 岩波書店.

鈴木基史［2000］『国際関係』東京大学出版会.

鈴木基史・岡田章［2013］『国際紛争と協調のゲーム』有斐閣.

高柳先男［1984］「欧州における中心―周辺構造」『国際政治』77，23-41頁.

辰巳浅嗣［1990］「欧州政治協力（EPC）の20年」『国際政治』94，128-143頁.

―――[2001]『EU の外交・安全保障政策』成文堂.

田所昌幸［2020］「武器としての経済力とその限界――経済と地政学――」，北岡伸一・細谷
　　雄一編『新しい地政学』東洋経済新報社，73-115頁.

田中信世［2003］「EU 拡大と新規加盟国への資金移転」『季刊 国際貿易と投資』51，3-18頁.

田畑伸一郎編2008『石油・ガスとロシア経済』北海道大学出版会.

辻悟一［2003］『EU の地域政策』世界思想社.

永澤雄治［1999］「冷戦期における西欧諸国の対ソ連政治経済戦略」『研究年報 経済学』（東
　　北大学），60(4)，637-654頁.

―――[2000]「EU の東方拡大と財政改革」『研究年報 経済学』（東北大学），62(3)，
　　519-540頁.

―――[2003]「冷戦後の欧州における安全保障秩序―― NATO の東方拡大と OSCE の
　　展開および EU の安全保障政策――」『総合政策論集』（東北文化学園大学），2(2)，45-
　　64頁.

―――[2006]「合理的行為者モデルによる EU 拡大分析――構成主義的分析による合理
　　モデル批判を受けて――」『総合政策論集』（東北文化学園大学），5(1)，97-118頁.

―――[2007]「EU 拡大をめぐる合理主義と構成主義の検討―― F. Schimmelfennig 等
　　による構成主義分析と合理主義の接点――」『総合政策論集』（東北文化学園大学），6
　　(1)，89-104頁.

―――[2009]「東西欧州貿易の歴史的意味――冷戦期における EC の経済外交戦略――」
　　『ロシア・ユーラシア経済――研究と資料――』926，2-21頁.

―――[2011]「冷戦末期の東西欧州貿易と EU 拡大」『総合政策論集』（東北文化学園大
　　学），10(1)，229-245頁.

―――[2017]「地域統合と平和」，中村都編『新版 国際関係論へのファーストステップ』
　　法律文化社，46頁.

―――[2018]「紛争と協調の経済的相互依存――分析概念の検証――」『総合政策論集』
　　（東北文化学園大学），17(1)，3-18頁.

―――[2019]「戦争のない世界は実現可能か？」，戸田真紀子・三上貴教・勝間靖編『国
　　際社会を学ぶ』改訂版，晃洋書房，119-132頁.

中西優美子［2002］「EU 条約および EC 条約におけるより緊密な協力制度」『ニース条約と
　　欧州統合の新展開』（日本 EU 学会年報）22，107-131頁.

中村民雄［2002］「EU 憲法秩序の形成とニース条約」『ニース条約と欧州統合の新展開』
　　（日本 EU 学会年報）22，1-28頁.

西村可明［1997］「市場経済への移行期における所有権構造」『経済研究』（一橋大学），46
　　(3)，260-281頁.

西村可明編［2000］『旧ソ連・東欧における国際経済関係の新展開』日本評論社.

西村可明・渡辺博史・上垣彰［1998］「中・東欧諸国における外国直接投資」『経済学研究』（一橋大学），49(4)，336-361頁．

野尻武敏［1981］「東西の経済交流——その展開と将来——」，五井一雄・野尻武敏編『ソ連東欧の経済——計画と市場——』中央大学出版部，41-68頁．

蓮見雄［1999a］「EU の東方拡大と財政問題(1)」『調査月報』（ロシア東欧貿易会），11月号，13-33頁．

———［1999b］「EU の東方拡大と財政問題(2)」『調査月報』（ロシア東欧貿易会），12月号，33-58頁．

———［2005］「近隣諸国政策とは何か」『慶應法学』2，141-187頁．

蓮見雄編［2009］『拡大する EU とバルト経済圏の胎動』昭和堂．

長谷川将規［2013］『経済安全保障』日本経済評論社．

長部重康・田中友義編［1998］『統合ヨーロッパの焦点』日本貿易振興会．

林泰三［1992］「1990年の EC 石油貿易」『EC 統合の深化と拡大』（日本 EC 学会年報），12，106-124頁．

馬場伸也［1980］『アイデンティティの国際政治学』東京大学出版会．

広瀬佳一・吉崎知典編［2012］『冷戦後の NATO』ミネルヴァ書房．

広瀬佳一編［2019］『現代ヨーロッパの安全保障』ミネルヴァ書房．

福田耕治［1990］「EC の地域政策と域内市場統合」『国際政治』94，35-50頁．

船橋洋一［1978］『経済安全保障論——地球経済時代のパワー・エコノミックス——』東洋経済新報社（東経選書）．

———［2022］『国民安全保障国家論——世界は自ら助くる者を助く——』文藝春秋．

宮川眞喜雄［1992］『経済制裁——日本はそれに耐えられるか——』中央公論社（中公新書）．

六鹿茂夫［1999］「欧州安全保障体制の再構築」，納家政嗣・竹田いさみ編『新安全保障論の構図』勁草書房，166-192頁．

———［1999］「NATO・EU 拡大効果とその限界」『ロシア東欧学会年報』27，11-21頁．

村山祐三［1996］『アメリカの経済安全保障戦略』PHP 研究所．

———［2003］『経済安全保障を考える』NHK 出版（NHK ブックス）．

百済勇［1998］「東欧諸国への直接投資の現状とその展望」『駒澤大学外国語部論集』47，149-182頁．

———［1999］『EU の東方拡大とドイツ経済圏』日本評論社．

———［2003］『EU・ロシア経済関係の新展開』日本評論社．

山影進［1994］『対立と共存の国際理論』東京大学出版会．

山根裕子［1995］『EU/EC 法 新版』有信堂．

———［1996］『ケースブック EC 法——欧州連合の法知識——』東京大学出版会．

山本健［2015］「レーガン政権の経済制裁と英仏の対応——天然ガス・パイプライン建設をめぐる西側同盟，1981〜1982年——」日本国際政治学会2015年度研究大会報告ペーパー．

山本武彦［1982a］『経済制裁』日本経済新聞社．

———［1982b］「東西ヨーロッパの安全保障と相互依存」，鴨武彦・山本吉宣編『相互依

存の国際政治学』第 2 版，有信堂，162-197頁.

─────［1982c］「包括的デタントの政治経済学」，鴨武彦編『安全保障と国際政治』日本
　　国際問題研究所，69-110頁.

─────［1983］「ココムの特徴と最近の動向」『ソ連東欧貿易調査月報』12月号，1-10頁.

─────［1988］「東西ヨーロッパの安全保障」，鴨武彦・山本吉宣編『相互依存の理論と現
　　実』有信堂，151-191頁.

─────［1992］「冷戦の遺産と国際政治経済システムの変容」『国際政治』100，255-269頁.

山本武彦編［1999］『国際安全保障の新展開』早稲田大学出版部.

山本草二［1998］『国際条約集』有斐閣.

山本吉宣［1989］『国際的相互依存』東京大学出版会.

吉竹広次［1999］「中央の移行経済改革と EU 加盟交渉」，青木健・馬田啓一編『地域統合の
　　経済学』勁草書房，51-80頁.

ラヴィーニュ，マリー［2001］『移行の経済学』（栖原学訳），日本評論社.

鷲江義勝［1990］「EC の政策決定の構造」『国際政治』94，20-34頁.

─────［2002］「ニース条約による EU 主要機関及び政策決定の改革」『ニース条約と欧州
　　統合の新展開』（日本 EU 学会年報），22，29-55頁.

人名索引

事項索引

《著者紹介》

永澤雄治（ながさわ　ゆうじ）

　1962年　仙台市生まれ
　1990年　大阪大学大学院法学研究科博士前期課程修了
　2001年　東北大学大学院経済学研究科博士後期課程満期退学
　現　在　尚絅学院大学人文社会学類教員

主要業績

『改訂版 国際社会を学ぶ』（共著，晃洋書房，2019年）
『新版 国際関係論へのファーストステップ』（共著，法律文化社，2017年）
『映画で学ぶ国際関係II』（共著，法律文化社，2013年）
「東西欧州貿易の歴史的意味──冷戦期における EC の経済外交戦略──」
　（『ロシア・ユーラシア経済──研究と資料──』926，2009年）

経済的相互依存と軍事対立
──冷戦期の東西欧州貿易と冷戦後の EU 東方拡大──

2025年3月20日　初版第1刷発行　　＊定価はカバーに
　　　　　　　　　　　　　　　　　表示してあります

著　者　　永　澤　雄　治©

発行者　　萩　原　淳　平

印刷者　　江　戸　孝　典

発行所　株式会社　晃　洋　書　房
〒615-0026　京都市右京区西院北矢掛町7番地
電話　075 (312) 0788番代
振替口座　01040-6-32280

装丁　尾崎閑也　　　　印刷・製本　共同印刷工業㈱
ISBN978-4-7710-3947-6

富樫 耕介 編著
激化する紛争への国際関与
——仲介の理論と旧ソ連地域の事例からの考察——
A 5 判 252頁
定価5,390円(税込)

月村 太郎 編著
紛 争 後 社 会 と 和 解
——ボスニアにおける国家建設——
A 5 判 208頁
定価4,180円(税込)

月村 太郎 編著
解体後のユーゴスラヴィア
A 5 判 320頁
定価4,730円(税込)

松浦 一悦 著
EU の 経 済・通 貨 同 盟
——ガバナンス改革と欧州単一通貨制度のゆくえ——
A 5 判 342頁
定価3,960円(税込)

葛谷 彩・小川 浩之・春名 展生 編著
国 際 関 係 の 系 譜 学
——外交・思想・理論——
A 5 判 292頁
定価3,850円(税込)

松嵜 英也 著
民 族 自 決 運 動 の 比 較 政 治 史
——クリミアと沿ドニエストル——
A 5 判 264頁
定価6,160円(税込)

市川 ひろみ・松田 哲・初瀬 龍平 編著
国 際 関 係 論 の ア ポ リ ア
——思考の射程——
A 5 判 250頁
定価3,520円(税込)

吉留 公太 著
ド イ ツ 統 一 と ア メ リ カ 外 交
A 5 判 550頁
定価9,900円(税込)

原田 徹 著
EU における政策過程と行政官僚制
A 5 判 314頁
定価3,520円(税込)

晃 洋 書 房